Die Deutsche Himalaja-Stiftung von 1936 bis 1998

Dokumente des Alpinismus
Band II

Paul Bauer (1896–1990)
in der Uniform der Gebirgsjäger
während seines Kriegseinsatzes
im Kaukasus.

Die Deutsche Himalaja-Stiftung von 1936 bis 1998
Ihre Geschichte und ihre Expeditonen

von Peter Mierau

Bergverlag Rudolf Rother

Diese Arbeit wurde initiiert vom Vorsitzenden
der ehemaligen Deutschen Himalaja-Stiftung,
Senator E. h. Gerhart Klamert.

Ausgeführt wurde sie am Zentralen Archiv
des Deutschen Alpenvereins auf der Praterinsel
in München von Peter Mierau
unter der Obhut des Kulturbeauftragten des DAV
und der wissenschaftlichen Betreuung
von Prof. Dr. Hans-Michael Körner
vom Institut für Bayerische Geschichte
an der Ludwig-Maximilians-Universität München.

Herausgegeben wird das Buch
von Senator E. h. Gerhart Klamert.

Es erscheint in der Reihe
„Dokumente des Alpinismus" des DAV.

© Deutscher Alpenverein e.V.
Vertrieb: Bergverlag Rudolf Rother, München
München 1999
Alle Rechte vorbehalten
Lektorat: Helmut Krämer
Gestaltung: Stark Grafik, München
Druck und Lithographie: Tappeiner AG, Lana (BZ)
Printed in Italy
ISBN 3-7633-8108-2

Widmung Paul Bauer

Je näher uns ein Mensch steht, 5
desto zögernder wagen wir über ihn zu sprechen.

Wir schätzen uns glücklich, in Paul Bauer einen treuen und aufrichtigen Freund gefunden zu haben.

Paul Bauer hat sich in der deutschen Bergsteigergeschichte markant eingeschrieben. Er war ein Pionier des Expeditionswesens, ein ausgezeichneter Organisator. Er war ein großer Bergsteiger, der auch mit der Feder schwierige Situationen zu meistern verstand. Sein klares Wort hat Richtungen gewiesen. Viele sagten, er sei nicht zugänglich gewesen. Ich muß dieser Behauptung widersprechen. Vielen von uns war er eng verbunden, ein Freund, allerdings streng im Umgang mit Fakten; für ihn war die Wahrheitssuche selten beendet.

Er wird für uns – seine Freunde – eine von zwei Kriegen geprägte und abgehärtete Persönlichkeit bleiben, die in ihrer Selbständigkeit gegenüber dem Zeitgeist stolz ihren Weg gegangen ist, ein wahrhaft freier Mensch.

Wir gedenken seiner in Treue und widmen ihm und den „Männern der ersten Stunde" – voran Fritz Bechtold – dieses Buch.

Gerhart Klamert
Stiftungsvorstand von 1965 bis 1998

Inhalt

Die drei Stiftungsgründer

Paul Bauer
während der Expedition
zum Kangchendzönga
1931.

Für seinen Expeditions-
bericht „Im Kampf um den
Himalaja" gewann Bauer
1932 eine Goldmedaille für
den besten Sporttext bei
den Olympischen
Spielen von Los Angeles.

Fritz Bechtold
(1901–1961),
einer der aktivsten
deutschen Expeditions-
bergsteiger der dreißiger
Jahre (Teilnehmer an den
Expeditionen 1932, 1934,
1937 und 1938) und
erster Stiftungsvorstand
der Deutschen Himalaja-
Stiftung.

Hans von Tschammer
und Osten
(1887–1943),
seit Juli 1933 Reichs-
sportführer und seit
1936 Vorsitzender
des Aufsichtskreises der
Deutschen Himalaja-
Stiftung.

„Bäuerle"
Eispickel statt Gewehr

von Reinhold Messner

10

Als ich Paul Bauer zum ersten Mal traf, war er ein alter Herr, und die große Zeit der Deutschen Himalaja-Stiftung lag mehr als drei Jahrzehnte zurück. Und doch war in seinem Kreis Neugierde zu spüren und Offenheit für das Tun einer jungen Generation von Bergsteigern. Ich stand Paul Bauer wegen seiner Haltung in der NS-Zeit nicht unkritisch gegenüber, und doch wurde ich in den Kreis seiner Himalaja-Stiftung eingeladen, der aus durchwegs gebildeten und tüchtigen Männern bestand, die im Beruf und am Berg hohe Ansprüche an sich stellten. Was mir dabei gefiel, war der kameradschaftliche Umgang aller miteinander und ein ganz besonderes Wohlwollen Paul Bauer gegenüber, der ihr Expeditionsleiter gewesen war – ein exzellenter Organisator. Alle nannten ihn „Bäuerle".

Die Diskrepanz zwischen diesem vornehm-zurückhaltenden Mann, den man „Bäuerle" nannte, und seinem Bild in der Öffentlichkeit, das den ehemaligen Leiter des Bergsteiger- und Wanderverbandes als Bara Sahib, den „großen weißen Führer" zeigte, könnte nicht größer gewesen sein. Aber versetzen wir uns mit ihm „zurück in die Jahre nach dem großen Ringen", wie er sich ausdrückte. „Als wir damals das Gewehr aus der Hand geben mußten, tastete die verwaiste Hand nach dem Pickel. Der letzten Grundlage des Lebens scheinbar für immer beraubt, trieb es uns suchend nach neuem Boden hinaus in die Natur, dorthin, wo sie einsam, wild und unberührt ist. Dort hat uns der Kampf mit den Bergen das stolze Bewußtsein der Ehre und Wehrhaftigkeit wieder gegeben. Dort haben auch die Generationen, die nach uns ins Mannesalter traten, einen Hauch davon gespürt."

Als Hitler den Aufbau der Wehrmacht beschloß, sah Paul Bauer „die Morgenröte einer besseren Zukunft" aufsteigen und verkündete: „Die deutschen Bergsteiger stehen als geschlossene Einheit zu dieser Maßnahme", und wieder einmal wurden „körperliche Tüchtigkeit, Wagemut, Besonnenheit" zu den wichtigsten Eigenschaften des deutschen Bergsteigens erklärt.

Paul Bauer war wie der Wiener Spitzenkletterer Eduard Pichl in erster Linie Nationalist, und in ihrer Vaterlandsliebe übertrafen sich die Alpinisten damals eher als in ihrer Vorsicht.

Pichl: „Wenn zu den wissenschaftlichen, künstlerischen, ethischen und sportlichen Beweggründen der Bergsteigerei [Eugen Guido] Lammer noch die Lust am Grauen, das Erleben der Angst vor dem drohenden Tode und die Erkenntnis der inneren menschlichen Feigheit und Erbärmlichkeit hinzuzählt, so möchte ich an Stelle der genannten Beweggründe als edelsten Antrieb die Liebe zu Volk und Vaterland rechnen und in dem deutschen Bergsteiger wachrufen. Der große Krieg hat es deutlich bewiesen, was deutsche Bergsteiger in der Verteidigung heimischer Berge schaffen, welche gewal-

tigen Dienste sie ihrem Vaterlande leisten können. Und niemand kann es sagen, wann der Tag kommen wird, wo die Entscheidung der Waffen zwischen einem übermütigen Gegner und dem deutschen Volk neuerlich angerufen werden wird. Dann muß der deutsche Bergsteiger, der seine Berge im Frieden und besonders die in bedrohten Landen kennengelernt haben soll, zur Stelle sein. Voraussetzung dafür ist aber, daß er dem schnöden Materialismus entsagt und heldischen Geist erwirbt; stolzes Volksbewußtsein und der eherne Wille nach Wiedergutmachung müssen ihn auf ihren Schwingen tragen, damit er dem hohen Fluge gewachsen ist, einen großen Gedanken ohne Rücksicht auf Not und Tod in die Tat umzusetzen und, wenn nötig, auch das eigene Leben zu opfern, so es eine erhabene, heilige Sache erfordert."

Paul Bauer war überzeugt davon, es gäbe nichts „Höheres, als den Dienst für Volk und Vaterland", trotzdem versuchte er später nie, mich zu „bekehren".

Obwohl ich mich als Südtiroler jeder Form von Nationalismus widersetzte und jedes Fähnchenschwingen auf den Achttausendern verweigerte, war es Paul Bauer mit seiner Himalaja-Stiftung, der mir in den siebziger Jahren Anerkennung zollte, und nicht jene selbst ernannten „Auslandsforscher", die mich im Diamir-Tal am Nanga Parbat allein gelassen hatten. Diese versuchten nur meinen Erfolg auszunützen und meine Honorare zu pfänden. Einer Sekte von Bergsteigern, die mehr von Neid als Ideen angetrieben war, standen die Männer der Himalaja-Stiftung gegenüber, und sie standen für gelebte Ideale und nicht für selbstherrliche Moral.

Ohne Bedingungen zu stellen und ohne Eigennutz stellte mir die Stiftung ein Jahrzehnt lang – für mich ein wichtiges Jahrzehnt – ihre Struktur zur Verfügung, um meine anarchischen Spiele auf dem Dach der Welt in Eigenregie zu veranstalten. Der Alleingang auf den Nanga Parbat, K2 ohne Sauerstoffmaske, Kangchendzönga-Nordwand wären ohne sie undenkbar gewesen – aus wirtschaftlichen Gründen.

Nie hat einer aus dem Stiftungsrat „soldatische Eigenschaften" von mir erwartet und nie wurde ich in „die Pflicht" genommen.

Die Deutsche Himalaja-Stiftung folgte einem Weg, den Paul Bauer mit seinen „Kantsch-Expeditionen" vorgegeben hatte, eine Alpinistik, der ich heute noch folge. Bauer hat den Abweg bereut, der das Bergsteigen in den Dienst des Krieges gestellt hatte, und großes Ansehen genossen. Nach und nach hat er sich zurückgezogen, nicht, „um so in jeder Bergfahrt zugleich der Freiheit und Unverletzlichkeit unseres Vaterlandes und seiner Berge", sondern um einem menschlichen Bergsteigen zu dienen.

Nun werden auch die Annalen der Deutschen Himalaja-Stiftung, die 1936 gegründet worden war, geschlossen. Sie hat drei Perioden des Höhenbergsteigens wesentlich bestimmt und getragen: die Erkundung des Nanga Parbat und Kangchendzönga in den Dreißigern; Beobachtung von Bergbewohnern im Himalaja und Karakorum in den Fünfzigern und die Förderung von Grenzgängern ohne Ideologie und Tricks in den Siebzigern und Achtzigern.

Sie hat ihre Aufgabe erfüllt.

Einleitung

Im Jahre 1936 wurde die Deutsche Himalaja-Stiftung gegründet.

Mit ihr war eine Organisation geschaffen worden, die sich die bergsteigerische und wissenschaftliche Erforschung des Himalaja[1] gleichermaßen zur Aufgabe gemacht hatte. Da es bei bisherigen Expeditionen zu Schwierigkeiten mit der Abrechung der abgelaufenen Fahrt und der Planung der nächsten Unternehmung gekommen war, und zusätzlich bislang alles vom Engagement einzelner Bergsteiger abhing, brachte die Einrichtung einer Stiftung erhebliche Vorteile: Ab 1936 stand ein Institut zur Verfügung, das ein planvolles Agieren über Jahre hinweg erst möglich machte. Doch im totalitären System des Nationalsozialismus war die Gründung einer Stiftung für die Ausrichtung aufsehenerregender Fahrten in ferne Gebirge auf alle Fälle auch ein politischer Akt. Die Stiftung mußte sich in der nationalsozialistischen sportpolitischen Verbands-

[1]
Im allgemeinen wird in diesem Buch die Schreibweise „Himalaja" nach dem Duden verwendet. Nur bei speziellen Expeditionsbezeichnungen bzw. im Zitat wird „Himalaya" vorgezogen. Vgl. hierzu Paul Bauer: Im Kampf um den Himalaja, München 1931, S. 9, Fußnote: „Das Wort wird nach Duden neuerdings in der letzten Silbe mit ‚j' statt ‚y' geschrieben, dieser Schreibweise habe mich jedoch nur ungern angeschlossen, da das ‚y' in der Literatur so ausschließlich gebraucht wird, daß mich das ‚j' fremdartig anmutet. Auch mit der Betonung [des] Dudens (Himálaja) kann ich mich nicht anfreunden."

Übersichtskarte aus den dreißiger Jahren mit den Zielen der damaligen Expeditionen: Im Westen des Himalaja der Nanga Parbat (8125 m) (1932, 1934, 1937, 1938, 1939). Im Osten der Kangchendzönga (8598 m), der von den Deutschen „Kantsch" genannt wurde (1929, 1931).

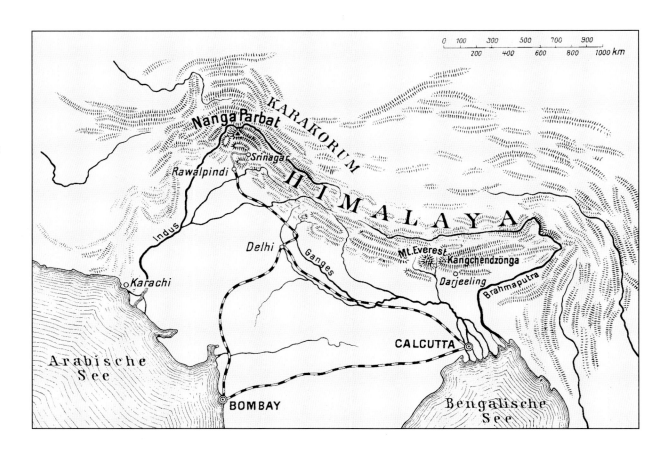

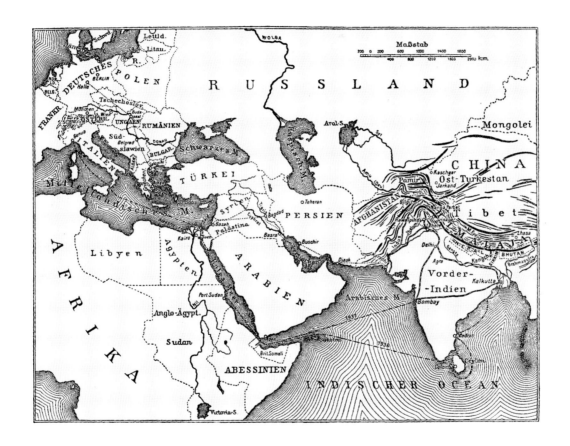

Übersichtskarte aus den dreißiger Jahren mit den Routen verschiedener Expeditionen:

1936 Schiffspassage nach Kalkutta (Ziel: Sikkim-Gebirge), 1937 Schiffspassage nach Bombay (Ziel: Nanga Parbat).

Die punktierte Linie zeigt die Flugroute der Bergungsmannschaft nach dem Unglück am Nanga Parbat 1937.

struktur behaupten und benötigte Fürsprecher. So wird in diesem Buch besonderer Wert auf die Geschichte der Deutschen Himalaja-Stiftung gelegt: die Umstände ihrer Gründung; die Planung eigener Expeditionen während des Nationalsozialismus in den Jahren 1936, 1937, 1938 und 1939; die Schwierigkeiten nach 1945, die Stiftungsarbeit wieder aufzunehmen; die Klärung des Verhältnisses zwischen der Himalaja-Stiftung und dem 1950 neugegründeten Deutschen Alpenverein sowie anderen Expeditionsorganisationen wie dem „Deutschen Institut für Auslandsforschung" des Münchner Arztes Karl Maria Herrligkoffer. Abschließend wird der Bogen in unsere Tage gespannt und das Ende der Himalaja-Stiftung in den neunziger Jahren behandelt.

Die Geschichte der Deutschen Himalaja-Stiftung verlief nicht losgelöst von den allgemeinen gesellschaftlichen und politischen Entwicklungen seit den dreißiger Jahren dieses Jahrhunderts. So hat es Sinn, sich auf die Suche nach diesen Querverbindungen zu machen.

Das höchste Gebirge der Welt, der Himalaja, wurde erst relativ spät das Ziel großangelegter Expeditionen. Im 19. Jahrhundert hatte es zwar einzelne Versuche gegeben, sich den Gipfeln der Achttausender zu nähern, doch sie scheiterten – wie etwa die abenteuerliche Reise des englischen Spitzenbergsteigers Albert

Frederick Mummery 1895 am Nanga Parbat – allesamt. Erst in den zwanziger Jahren dieses Jahrhunderts machten sich Bergsteiger aus Europa und Nordamerika erneut auf den beschwerlichen Weg, die Himalaja-Riesen zu bezwingen.

Während verschiedene englische Expeditionen seit 1921 sich vergeblich bemühten, den Mount Everest, den höchsten Berg der Erde und zugleich des Britischen Empire, zu besteigen, war bis 1929 keine deutsche Auslandsbergfahrt in den Himalaja zustande gekommen: Es fehlte an den organisatorischen Erfahrungen und den finanziellen Mitteln. Es galt jedoch, bei dem Wettlauf um die höchsten Gipfel der Welt mit den anderen Bergsteigernationen wie England, Frankreich, Rußland oder Italien mitzuhalten. So wurde der wohlhabende Hamburger Alpinist Willi Rickmer Rickmers durch sein privates Engagement zu einem der Väter deutscher Auslandsbergfahrten der zwanziger und dreißiger Jahre. 1928 organisierte er eine Pamir-Expedition, der die Erstbesteigung des Peak Lenin (7134 m) gelang. Im selben Jahr fuhr Paul Bauer, einer der wichtigsten und besten Expeditionsbergsteiger der Zeit nach dem Ersten Weltkrieg, als Leiter einer Expedition der Sektion Hochland des Alpenvereins in den Kaukasus.

Bei diesen Expeditionen und vor allem bei der Kundfahrt von Paul Bauer zum Kangchendzönga 1929 wurde ein neuer Stil des Bergsteigens entwickelt. In den Alpen konnten die Gipfel von kleinen Seilschaften von zwei bis vier Mann und ohne Träger erreicht werden. Im Himalaja dagegen wurde mit Hilfe von Sherpas eine Lagerkette mit teilweise mehr als zehn Lagern errichtet, über die der Nachschub in die Hochlager verlief. Mühsam und zeitraubend wurden diese am Berg vorangetrieben, eine Spitzenmannschaft legte ihre Lasten ab, kehrte zum letzten Lager zurück, um den Weg für die Sherpas zu spuren und zu sichern. Im Pendelverkehr mußten die unteren Lager von Trägerkolonnen andauernd versorgt werden. So war der Einsatz an Menschen und Material enorm, und er wuchs zwangsläufig mit der Zahl der notwendigen Lager. Die Taktik der Lagerkette war die einzige damalige Möglichkeit, obgleich die Bergsteiger die Schwächen dieses Vorgehens rasch erkannten. Verschlechterte sich das Wetter, konnte der Nachschub zum Erliegen kommen oder einzelne Lager abgeschnitten werden. Je länger am Berg um den Gipfel „gekämpft" wurde, desto größer wurde auch die Wahrscheinlichkeit, daß Lawinen oder Neuschnee das Vorhaben zum Scheitern brachten.

Die Gefahren dieses Expeditionsstils spitzten sich zu, wenn die sogenannte Todeszone erreicht wurde. Diese beginnt bei einer Höhe von 7000 bis 7500 Metern. Aufgrund der stark verringerten Sauerstoffzufuhr baut der menschliche Organismus danach stetig und schnell ab, weshalb auch heute noch Bergsteiger in diesen hohen Regionen sich nur kurze Zeit – wenn möglich ohne Übernachtung – aufhalten sollten. Die kurze Verweildauer in der Todeszone und das langsame Vorwärtskommen mit der Anlegung einer Lagerkette schlossen sich aber gegenseitig aus. An der Lösung dieses Problems wurde gearbeitet. Jedoch war es nach dem damaligen alpinistischen Vermögen unmöglich, einen kürzeren, direkten Weg bei einem Achttausender zu wählen. Die Nord- und die Südseite des Nanga Parbat sind Wände von über 3000 Metern Höhe, womit sie zu den höchsten der Welt gehören. Diese steilen Passagen mußten auf langen Umwegen umgangen werden, was zur Folge hatte, daß viele Lager und der dazugehörige große Versorgungstroß zu unterhalten waren. Die Determinanten Weg und Zeit ließen sich mit den damaligen Möglichkeiten somit kaum verändern.

Eine Minimierung der Probleme erhoffte man sich deshalb durch eine bewußte Auswahl der Teilnehmer. Durch gemeinsame Touren in den Alpen und nun auch in weit entfernten und fremden Gebirgen kannten sich die Bergsteiger untereinander, man fühlte und lebte die Bergkameradschaft. In den Schützengräben des Ersten Weltkrieges hatten diese jungen Bergsteiger die Grabenkameradschaft erfahren: Die unmenschlichen Entbehrungen des Fronteinsatzes hatten unter den Soldaten einen neuen Sinn für das gemeinsame Bestehen auch der alpinen Gefahren an einem Achttausender geschaffen. Das konkrete Erlebnis dieser neuen Dimension an Kameradschaft mußte Folgen für das Bergsteigen haben. Paul Bauer führt dazu im April 1935 aus:

Versetzen wir uns zurück in die Jahre nach dem großen Ringen. Als wir damals das Gewehr aus der Hand geben mußten, tastete die verwaiste Hand nach dem Pickel. Der letzten Grundlage des Lebens scheinbar für immer beraubt, trieb es uns suchend nach neuem Boden hinaus in die Natur, dorthin, wo sie einsam, wild und unberührt ist. Dort hat uns der Kampf mit den Bergen das stolze Bewußtsein der Ehre und Wehrhaftigkeit wieder gegeben. [2]

Bergsteigen bedeutete damals nicht die Ausübung eines beliebigen Sports. Vielmehr war es gelebtes Abenteurertum, bei dem eigene Werte galten, etwa das Durchstehen der alpinistischen Herausforderung in der Gemeinschaft mit Gleichgesinnten. Das war sicherlich nicht nur bei den Extrembergsteigern jener Jahre der ideelle Hintergrund. Doch je höher die Berge und je exponierter die Grate waren, um deren Ersteigung es ging, desto mehr mußte sich der hohe Anspruch der Bergkameradschaft bewähren. Im Sprachgebrauch der damaligen Zeit zeigt sich dies ganz deutlich. Die Kämpfe im Ersten Weltkrieg wurden ersetzt durch den Kampf gegen die noch unbezwungene Natur, ganz konkret gegen die Achttausender des Himalaja-Gebirges. Dabei beanspruchte die Elite der Bergsteiger aufgrund ihrer körperlichen Leistungsfähigkeit in gleichem Maße auch eine geistige Spitzenstellung. Der Akademische Alpenverein München (AAVM) oder der Österreichische Alpenklub (OeAK) wurden zu den Kritallisationspunkten dieses elitären Denkens. Nach strengen Aufnahmeregeln kamen hier die Bergsteiger zusammen, die für die kommenden Jahre bei Auslandsbergfahrten auf deutscher bzw. österreichischer Seite eine entscheidende Rolle spielen sollten.

Zu betonen ist, daß diese Überhöhung der Bergkameradschaft nicht allein ein deutsches Phänomen war. Zum Grundkanon der Expeditonsbergsteiger gehörte nämlich gerade die Pflege internationaler Kontakte. Sicherlich sollte dadurch auch die Zusammenarbeit mit englischen Stellen bei der Organisation von Expeditionen erleichtert werden. Doch über die staatlichen Grenzen hinweg entstand ein Gefühl der gemeinsamen Zugehörigkeit zu einem die Nationen übergreifenden Bergsteigeradel, der Ritterlichkeit,

2
Paul Bauer anläßlich des Gesetzes zum Wiederaufbau der Wehrmacht vom 16.3.1935, in: Mitteilungen des Fachamtes Bergsteigen im Deutschen Bergsteiger- und Wanderverband im Deutschen Reichsbund für Leibesübungen, München, April 1935, Nr. 7; abgedruckt in und zitiert nach: Helmuth Zebhauser u. Maike Trentin-Meyer (Hrsg.): Zwischen Idylle und Tummelplatz. Katalog für das Alpine Museum des Deutschen Alpenvereins in München, München 1996, S. 372.

Kameradschaft und Leistungswillen hochhielt. Britische Verbindungsoffiziere begleiteten die ausländischen Expeditionen nicht nur pflichtgemäß, sondern es entstanden wirkliche Freundschaften, die sich gerade bei den Unglücken am Nanga Parbat bewähren sollten. Paul Bauer und sein persönlicher Sherpa während der Expedition von 1938 hatten beide am selben Frontabschnitt in Belgien in den Schützengräben gekämpft – allerdings auf verschiedenen Seiten. Jetzt waren beide Teil eines bergsteigerischen Unternehmens und aufeinander angewiesen.

Expeditionen in ferne Gebiete waren bis in unsere Zeit nicht nur bergsteigerische Unternehmungen. Die Kenntnis des Expeditionsgebietes sollte insgesamt erweitert werden. Wissenschaftler, wie Geologen, Mediziner oder Kartographen, nahmen an den Fahrten teil, die teilweise unabhängig von den Bergsteigern vor Ort arbeiteten. Hervorzuhebende Ergebnisse dieser Forschungen sind die Karte des Nanga-Parbat-Gebietes des Kartographen Richard Finsterwalder (1934), die geologischen und geobotanischen Studien von Peter Misch (1934) und Carl Troll (1937) sowie die kartographischen Ergebnisse der Nachkriegsexpeditionen.

Doch in einem Buch über eine Organisation, die Expeditionen plante und durchführte, dürfen Berichte über diese Fahrten natürlich nicht fehlen. Jene teilweise auch heute noch sehr berühmten Expeditionen in den Himalaja sollen jedoch nicht nacherzählt werden. Bei aller zeittypischen Färbung in der Sprache sind die zahlreichen Buchveröffentlichungen der dreißiger bis fünfziger Jahre zur Lektüre über die Fahrten zum Kangchendzönga und zum Nanga Parbat auch heute noch durchaus zu empfehlen.[3] Die knappen und informativen Kapitel über die Expeditionen in diesem Buch sollen dem Leser eine Zusammenstellung der Erfolge und eine Anregung zur eigenen intensiveren Beschäftigung bieten. Dazu beitragen sollen auch die zahlreichen Photographien, die vielleicht der wertvollste Teil der inzwischen im Zentralarchiv des Deutschen Alpenvereins auf der Münchner Praterinsel lagernden Stiftungsgegenstände sind.

[3]
Paul Bauer: Im Kampf um den Himalaja. Der erste deutsche Angriff auf den Kangchendzönga 1929, München 1931; ders.: Kampf um den Himalaja. Das Ringen der Deutschen um den Kantsch, den zweithöchsten Berg der Erde, München 1934; Rudolf Skuhra: Sturm auf die Throne der Götter, 1. Aufl. Berlin 1938, erweiterte Auflage Stuttgart-Berlin 1950; Fritz Bechtold: Deutsche am Nanga Parbat, 1. Aufl. München 1935, erweiterte 8. Aufl. 1938; auch eine spätere Zusammenstellung aus dem Jahr 1987 von Texten von Paul Bauer ist hierbei zu nennen: Paul Bauer, Wegbereiter für die Gipfelsiege von heute, hrsg. von der Himalaja-Stiftung im DAV, Deutsche Himalaja-Stiftung, Berwang/Tirol 1987.

Kangchendzönga (8598 m), Sikkim-Himalaja;
1929 war er das Ziel der ersten deutschen
Expedition in den Himalaja.

1. Die deutschen Himalaja-Expeditionen bis zur Gründung der Deutschen Himalaja-Stiftung 1936

Die Teilnehmer:
Paul Bauer
(Expeditionsleiter),
Dr. Eugen Allwein,
Peter Aufschnaiter,
Dr. Ernst Beigel,
Julius Brenner,
Wilhelm Fendt,
Karl von Kraus,
Joachim Leupold,
Alexander Thoenes;
englische Verbindungs-
offiziere: H. W. Tobin
und E. O. Shebbeare.

Während des Anmarsches
44 Träger in einer ersten,
42 in einer zweiten Gruppe,
28 kg pro Last, 15 Mount-
Everest-erfahrene Sherpas.

Ziel: Kangchendzönga, 8598 m, im Sikkim-Himalaja.

Route: 23. Juni von München ab, per Bahn nach Genua,
25. Juni 1929 von Genua ab, 21. Juli 1929 Kalkutta,
28. Juli 1929 Ankunft in Darjeeling, 2. August 1929
Aufbruch aus Darjeeling, Anmarsch westlich vom Gipfel
des Kangchendzönga (Zemu-Tal), Errichtung des Hauptlagers an der Gletscherzunge des Zemu-Gletschers auf
3950 m.

Bergsteigerischer Erfolg: Die Spitzenmannschaft
kommt über 7400 m am Nordostsporn des Kangchendzönga.

Verlauf am Berg:
August 1929: Erkundung der Ersteigungsmöglichkeiten
auf dem 34 km langen und 2 km breiten Zemu-Gletscher, Umgehung der 3000 m hohen Ostwand;
    4. September 1929: Aufstieg wird von Spitzengruppe
für Träger endlich gangbar gemacht, danach drei-
wöchige Schlechtwetterperiode mit viel Neuschnee;
    25. September bis 2. Oktober: Ersteigung des Ost-
sporns des Berges; man gelangt dabei auf eine Höhe
von 7000 m; auf 7100 m sechs Tage zu einem Biwak in
einer Eishöhle gezwungen; bei weiterem Aufstieg
erneut viel Neuschnee (2 Meter), Expedition fünf Tage
bei –35 °C eingeschneit; deshalb Abbruch auf 7450 m,

bei dem Abstieg geht bei einer Lawine die gesamte
Ausrüstung verloren; starke Erfrierungen bei Dr. Beigel;
Abreise aus Kalkutta am 5. November 1929.

Günter Oskar Dyhrenfurth:
[Das Hauptlager] *war – von Lachen ausgerechnet –
Camp 3, [es] wurde „Bayernlager" getauft und entwik-
kelte sich allmählich zu einer halb permanenten Siedlung, die Schlafhäuser, „Speisesaal", Vorratsraum, Küche
usw. umfaßte. Das Baumaterial waren Steine, Äste,
Zweige und vor allem Rasen-Ziegel. [...]
    Theoretisch gab es drei Möglichkeiten, den Berg
anzupacken:
    1. Über den Nordsattel (6900 m) und den NNE-Grat
des Hauptgipfels. Aber die Wand, die vom Twins-Glet-
scher zu dieser Scharte hinaufzieht, ist gegen 700 m
hoch, außerordentlich steil, eisdurchsetzt, steinschlag-
gefährlich und wächtengekrönt.
    2. Über den „Ostsporn", der bei P. 7741 („Zuckerhütl")
vom NNE-Grat abzweigt und – auf der Südseite des
Twins-Gletschers – zum Zemu absinkt.
    3. Über Zemu Gap (5861 m) und den ESE-Grat, der die
Schulter 7038 m und den Vorgipfel 7730 m trägt und
zum Kangchendzönga-Südgipfel (8476 m) führt.
    Bauer lehnte die Möglichkeit Nr. 1 als „freventliches
Spiel mit dem Leben der Träger" entschieden ab und war
für einen Versuch über den Ostsporn [...]. Also galt es*

Die Mannschaft von 1929 in Lager III:
hinten von links Peter Aufschnaiter, Wilhelm Fendt, Paul Bauer, Joachim Leupold, Alexander Thoenes; vorne Eugen Allwein, der englische Begleitoffizier Col. Tobin, Karl von Kraus; es fehlen Dr. Ernst Beigel, Julius Brenner und der englische Begleitoffizier E. O. Shebbeare.

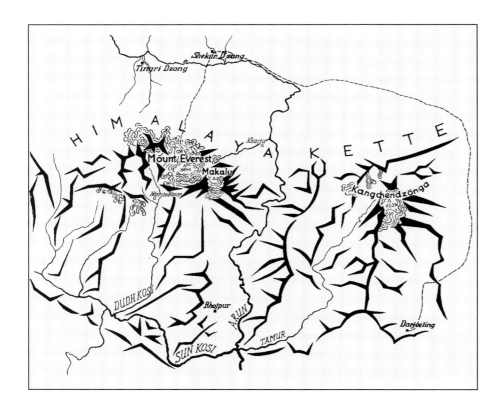

Übersichtskarte aus den dreißiger Jahren für das Gebiet des Mount Everest und des Kangchendzönga.

jetzt, einen auch für die Sherpas gangbaren Weg auf den unteren Teil des Ostsporns ausfindig zu machen. Nach anfänglichen Mißerfolgen gelang es zwar, das unterste Stück dieses Grates (bei etwa 6000 m) zu erreichen, aber dieser Zugang erwies sich als so schwierig, daß er als Transportweg keinesfalls in Frage kam.

[...] Bauer war im stillen schon längst für diese Route und hielt sie sogar für „die sicherste und vielleicht die einzige Möglichkeit, an den Gipfel heranzukommen". In der großenteils felsigen Südflanke des unteren Ostsporns wurde Lager 7 (5830 m) angelegt und „Adlerhorst" benannt, weil es auf schmalem Band unter einem mächtigen Turm klebte. [...]

Während „Adlerhorst" noch ein Zeltlager war, mußten Camp 8, 9 und 10 als Schneehöhlen ausgebaut werden; sie waren sicherer und wärmer. Vergleichbar einer der modernen Überklettereien mit künstlichen Hilfsmitteln, die ja auch langwierige technische Arbeiten erfordern, bis die „Lachsleiter" glücklich fertiggestellt ist, handelte es sich am Ostsporn nicht mehr um bloßes Bergsteigen, sondern um „Tunnel- und Wegebau" – ähnlich wie an der Tiroler Front im ersten Weltkrieg. Alle Teilnehmer wurden abwechselnd eingesetzt, nur Leupold mußte als „Etappen-Kommandant" das „Bayernlager" betreuen und sollte erst beim Gipfelangriff nachrücken.

Dazu sollte es jetzt kommen, nachdem das bei etwa 7000 m gelegene Lager 10 (Eishöhle 3) mit allem Notwendigen ausgestattet und stark besetzt worden war. *Die Hauptschwierigkeiten des eigentlichen Ostsporns waren anscheinend nunmehr überwunden.*[4]

Der Teilnehmer Eugen Allwein:

Bauer *als der Führer erledigte die diplomatischen Vorbereitungen in Deutschland und Indien*, Beigel *die Proviantfrage*, Brenner *die Photographie* [...], Fendt *die allgemeine Ausrüstung und den Transport*, Aufschnaiter *und* Leupold *waren die Sprachkundigen*, Thönes *bearbeitete Kartographie und Meteorologie*, Kraus *die medizinische Ausrüstung und ich besorgte die Durcharbeitung der umfangreichen Literatur.* [...]

Der Plan, mit dem wir Ende Juni Deutschland verließen, war folgender: Wir wollten versuchen, als selbständige deutsche Bergsteigerexpedition in die Bergwelt des Himalaja einzudringen; erst wenn dies gelungen war, konnten wir entscheiden, was weiter zu geschehen hatte; ob es möglich sein würde, einen der Hauptgipfel in Angriff zu nehmen, daran wagten wir nur zu denken, nicht aber davon zu sprechen.

[...]

Am 26. September wurde dann der oberste kleine Turm noch bearbeitet und der ganze Weg einer gründlichen Nachbesserung unterzogen. Tags darauf verlegten wir dann das Lager über die Türme hinauf. Die technischen Schwierigkeiten lagen nun unter uns, das weitere war noch eine Frage des Wetters, der Zeit und der Schneeverhältnisse. Von diesem Lager auf 6800 m legten wir zunächst einmal eine Spur bis auf 7000 m hinauf, bis in die Gegend, wo wir das nächste Lager schlagen wollten. Schwierigkeiten gab es auf diesem Weg keine mehr, aber der Schnee machte sich schon sehr unangenehm bemerkbar, er war meistens tief und weich und, wie es schien, nicht ganz lawinensicher. Wir kehrten wieder zurück ins zweite Eislager [= Lager 9].

Hier mußten wir zunächst noch einige Tage verbleiben. Zuerst hatten wir einen Tag schlechtes Wetter, dann mußten wir neuen Nachschub erwarten; erst am 3. Oktober konnten wir das Lager auf 7000 m vorschieben. Von hier aus erkundeten am nächsten Tag Kraus *und ich das Gelände über uns, während* Thönes *eine neue Eishöhle baute.*

Keinerlei Schwierigkeit stellte sich uns in den Weg, nur der Schnee war wieder recht schlecht, auch in den besseren Gegenden sanken wir immer bis fast ans Knie ein, dazwischen oft bis über die Mitte des Oberschenkels. Da sich mittags ein böiger Wind aufmachte, der die tiefen Spuren im Nu wieder zuwarf, kehrten wir schon gegen 12 Uhr in einer Höhe von etwa 7400 m um. Hätten

---

[4] Günter Oskar Dyhrenfurth: Das Buch vom Kantsch. Die Geschichte seiner Besteigung, München 1955, S. 45–47.

26. September 1929:
Auf dem Nordostsporn
des Kangchendzönga
erreichen die Bergsteiger
den sogenannten waag-
rechten Grat.

wir geahnt, daß dies der höchste Punkt bleiben sollte, den die Expedition überhaupt erreichte, so hätten wir ihn noch um einige hundert Meter weiter vorschieben können. So aber dachten wir, daß es doch nicht viel Zweck hätte, weiterzugehen, da wir den Sporngipfel an diesem Tage doch nicht mehr erreicht hätten; wir kehrten um und sparten unsere Kräfte für den nächsten Tag, wo wir das Lager wieder weiter vorverlegen wollten.

Leider kamen wir aber nicht dazu; am nächsten Tage schneite es ununterbrochen, und tags darauf war die Schneelage so ungünstig, daß wir mit dem Lagergepäck in 2 Stunden noch nicht 100 m höher gekommen waren. Die oberste Schneeschicht war stark verharscht, aber doch nicht tragfähig, darunter tiefer, weicher Pulverschnee, in den man bei jedem Schritt bis zum Bauch einbrach. Wieder kehrten wir ins Lager zurück, einen Tag wollten wir dem Schnee Zeit lassen, sich zu setzen, dann wollten wir von neuem versuchen. Wieder schlug das Wetter um, es schneite 36 Stunden ununterbrochen, und zwar mit einer solchen Heftigkeit, wie wir es noch nicht erlebt hatten. In einem Tag fielen über 2 m Neuschnee.

Nun gaben wir uns geschlagen und beschlossen den endgültigen Abzug.[5]

Eugen Allwein
(1900 – 1982),
praktischer Arzt aus
München, zählte in den
zwanziger und dreißiger
Jahren zu den besten
Extrembergsteigern.
Er war ein Weggefährte
und Freund Paul Bauers.

5
Eugen Allwein: Deutsche Himalaja-Expedition 1929, in: Österreichische Alpenzeitung. Organ des Österreichischen Alpenklubs, 52. Jahrg. 1930, Folge 1093–1104, S. 89–93.

Ausführlich berichteten deutsche Zeitungen über die Ereignisse während der Expedition. So schrieb die Neue Berliner Zeitung:

Heroische Leistungen an Ausdauer wurden, wie die Times jetzt ausführlich aus Kalkutta meldet, von den deutschen Forschern und Bergsteigern ausgeführt, die, wie berichtet, soeben nach vergeblichen Versuch, den Kamhanjanga [sic!] zu besteigen, nach Darjeeling zurückgekehrt sind. [...]

Nach dreitägigem Klettern in einer Kälte, die jeden Abend um fünf Uhr etwa siebzehn Grad betrug bei eisigem Wind, mußten sie den Versuch aufgeben. Während des Abstiegs gerieten sie in eine Lawine, die ihre ganze Ausrüstung begrub und sie zwang, die Nacht in 6000 Meter Höhe ohne Decken und Schlafsäcke zu verbringen. Alle litten unter Frostschäden, und ein Mit-glied der Expedition, Dr. Seipel [gemeint ist Dr. Beigel], mußte von seinen Begleitern getragen werden. Er liegt jetzt im Hospital in Kalkutta. In kurzen Märschen wurde dann Darjeeling erreicht. Alle Mitglieder der Expedition befinden sich jetzt wohlauf; obgleich sie ihr Ziel nicht erreicht haben, gelangten sie bis zu einer Höhe von 7462 Meter, was eine Höchstleistung im Gebiet des Sikkim-Himalaja darstellt. Von diesem Punkt bis zur Spitze wären noch 1120 Meter zu überwinden gewesen. Der Höhenunterschied zwischen dem Mount Everest, dem höchsten Berg der Welt, dessen Besteigung durch

Deutsche die Engländer nicht zulassen, und dem Kam-hanjanga beträgt 304 Meter. [6]

Auch im Ausland war das Aufsehen groß. Der in London erscheinende Statesman kommentierte:

[...] The Germans, like most scientific climbers, have been very reticent about the dangers they have passed, but enough has now come out regarding the adventure was conceived with all that thoroughness with which the German is associated in the minds of the world and was persisted on with all the courage and tenacity which marks the modern climber. [...] [7]

[6]
Neue Berliner Zeitung, 1. November 1929: Leiden und Heldentaten der deutschen Himalaja-Expedition. Dreitägiges Klettern. – Schutzlos in 6000 Meter Höhe. Eine Rekordleistung.

[7]
Statesman, 30.10.1929: Kinchinjunga Climbers.

Wilhelm Fendt auf dem
tiefverscheiten Zemu–Gletscher
vor dem Simvu–Stock (6825 m),
dessen Gipfel 1936 erstbestiegen
werden konnte.

30

Die Teilnehmer:
Expeditionsleiter Prof. Dr. Günter Oskar Dyhrenfurth (Zürich), Geologe, Geograph, außerdem Bergsteiger, Kameramann und Photograph;

seine Frau, Hettie Dyhrenfurth, als Sekretärin, „Expeditions-Hausfrau und ‚Etappenkommandant' in den Standlagern"[8];

Dipl.-Ing. Hermann Hoerlin, Bergsteiger, Kameramann und Photograph;

Erwin Schneider, Bergsteiger und Photograph;

Dipl.-Ing. Uli Wieland, Meterologe und Bergsteiger, der Kartograph Marcel Kurz (Neuchâtel);

Charles Duvanel, Filmer (Genf);

Dr. Helmuth Richter, Expeditionsarzt und gleichzeitig Berichterstatter für die deutschsprachige Presse;

Frank S. Smythe (Alpine Club, London) als Berichterstatter für die englische und amerikanische Presse;

in Indien schließen sich noch zwei Mitglieder des Himalayan Club als Bergsteiger und Transportoffiziere an, George Wood Johnson und John S. Hannah.

Bergsteigerisches Hauptziel: Kangchendzönga, daneben etliche andere Berge, z.B. zum Nepal Peak (7145 m) durch Erwin Schneider und Uli Wieland, Erstbesteigung im Alleingang durch Erwin Schneider. Erstbesteigung des Jongsong Peak (7470 m) durch Erwin Schneider und Hermann Hoerlin; außerdem eine Reihe geographischer, geologischer, kartographischer und meterologischer Untersuchungen.

Route: Anmarsch zu der zu Nepal gehörenden Westseite des Kangchendzönga über vier Pässe (einer über 5000 m) in 17 Tagesmärschen bis zum Basislager mit 350 Traglasten, dabei Erstbesteigung des Kang La Kang (5560 m).

Der Expeditionsleiter Günter Oskar Dyhrenfurth:
Bergsteigerisch stand auf unserem Programm, wenn möglich den Kangchendzönga selbst zu erobern. Für den Fall des Mißlingens – und mit dieser Möglichkeit mußte natürlich gerechnet werden – war von vornherein in Aussicht genommen, einen oder mehrere andere Hauptberge des Kangchendzönga-Gebietes anzugreifen, wie es ja dann später bekanntlich mit bestem Erfolge geschehen ist. Statistisch zusammengefaßt: Die I. H. E.

8
Günter Oskar Dyhrenfurth: Das Buch vom Kantsch, a.a.O., S. 53.

hat neun bisher unerstiegene Himalaya-Gipfel gemacht, und zwar vier Siebentausender, vier Sechstausender und einen Fünftausender. Unter den Siebentausendern befindet sich der Jongsong Peak, der mit seinen 7459 m der höchste bisher von Menschenfuß betretene Gipfel ist. Außer diesen Gipfeltouren wurden zahlreiche Hochpässe zwischen 4500 und 6180 m erreicht und großenteils überschritten.[9]

Wir waren also insgesamt elf Europäer, und trotz der Zugehörigkeit zu verschiedenen Nationen haben wir gut und harmonisch zusammengearbeitet.

Aber ein anderes ‚politisches‘ Problem machte uns große Sorge: die Einreise-Erlaubnis für Nepal. Der unabhängige Himalaya-Staat Nepal war ja – bis 1949 – viel strenger verschlossen als sogar Tibet. In New Delhi, wo wir dem Vizekönig Lord Irwin unsere Aufwartung gemacht hatten, war man sehr liebenswürdig und hilfsbereit, aber daß eine große Expedition die Genehmigung für mehrmonatige Arbeiten in Ostnepal bekäme, hielt man für beinahe ausgeschlossen. Ich hatte es trotzdem versucht und mich sogar direkt an Bhim Shum Shere, Seine Hoheit den Maharadscha von Nepal, gewandt. Und tatsächlich – es gelang, wenn auch wieder erst in letzter Minute.

[...] *Der letzte Marschtag war nur kurz. Bereits am Nachmittag waren wir an unserem vorläufigen Ziel angelangt, an der Nordwestfront des Kangchendzönga.*

Der ungeheure Berg selbst steckte zwar in dichten Schneewolken, aber uns gegenüber kam ein großer Eisstrom herunter, der nur der Kangchendzönga-Gletscher sein konnte. Wir waren also an Ort und Stelle und suchten nach einem passenden Lagerplatz. Nach einigem Hin und Her entschieden wir uns auf der begrünten Terrasse der nördlichen Talseite für eine flache Mulde. Sobald die Wahl getroffen war, ging alles mit Eifer an die Arbeit. Unser Standlager (5050 m) westlich Pangpema, die kleine Zelt- und Barackenstadt, wuchs empor.[10]

9
Ders.: Die Internationale Himalaya-Expedition 1930, in: Zeitschrift der Gesellschaft für Erdkunde zu Berlin, Nr. 1/2 1931, S. 14–34, hier S. 16.

10
Ders.: Das Buch vom Kantsch, a.a.O., S. 54 f.

32

Route: Abreise in München am 25. Mai, ab Genua mit dem Schiff über Ceylon nach Kalkutta; von Darjeeling aus mit 56 Trägern, später noch mehr: Marsch in drei Kolonnen, die sich am 2. Juli im Hauptlager (= Lager 3) treffen.

Der Expeditionsleiter Paul Bauer:

Wir hatten in der Zwischenzeit unser Gepäck – es waren nur mehr einige 20 Lasten, andererseits hatte sich aber auch die Zahl der Träger von rund 200 auf 12 verringert – langsam durch das Zemutal herausbefördert. Wo wir vor zwei Jahren in knietiefem Schneesumpf waten mußten, wo wir, immer zum Sprung bereit, nach allen Seiten lauerten, um uns vor Lawinen, Erdstürzen und stürzenden Bäumen zu retten, [...], da lachte heuer tagelang der Himmel in makellosestem Blau, da leuchtete die Natur in allen Farben eines – fast möchte man sagen – tropischen Herbstes. [...]

Nun sind wir schon viele tausend Meilen vom Kangchendzönga entfernt, und das Schiff trägt uns durch das Rote Meer der Heimat zu, unsere Gedanken aber kreisen noch immer um seine höchsten Spitzen und sinnen dem Geschehenen nach ...

Am 14. Juli hatten wir von Lager VI (5140 m) aus mit dem Angriff auf den Berg begonnen; am 24. September kehrten wir dorthin wieder zurück. [...] [W]ir benötigten fünf Tage, bis wir einen sicheren Durchstieg zum Lager

Die Teilnehmer:
Paul Bauer
(Expeditionsleiter),
Dr. Eugen Allwein,
Peter Aufschnaiter,
Julius Brenner,
Wilhelm Fendt,
Dr. Hans Hartmann,
Joachim Leupold,
Hans Pircher,
Hermann Schaller,
Dr. Karl Wien.

VII (5660 m) ausgekundschaftet hatten. Wenige Tage darauf standen wir auf dem Grat (6000 m).

Dann kam der erste Rückschlag: andauernde warme Niederschläge erweichten Grate und Wände und zerstörten unsere Weganlagen, eine Hustenepidemie ergriff einen nach dem anderen, Träger wie Herren, die Träger erkrankten der Reihe nach an Mumps, Allwein schien infolge einer plötzlich auftretenden Ischias für immer auszuscheiden. Wir mußten einige Ruhetage einschalten und suchten uns zu kurieren, aber nur wenige wurden wieder ganz gesund, die meisten behielten ihre Erkältung, bis wir im Oktober wieder in die Täler hinabstiegen. Das hat die Leistungsfähigkeit der einzelnen sehr beeinträchtigt.[11]

Günter Oskar Dyhrenfurth:

Am 9. August waren 14 Mann in Bewegung: Hartmann und Wien gingen, den Weg nachbessernd, voraus. Allwein und Aufschnaiter brachten mit vier Trägern Lasten zum „Little Camp" und kehrten in den „Adlerhorst" zurück. Bauer mit drei Trägern kam vom „Adlerhorst" und ging vom Gratlager aus mit Schaller und

[11]
Paul Bauer: Die Deutsche Himalaja-Expedition 1931 (Schlußbericht), in: Österreichische Alpenzeitung, Organ des Österreichischen Alpenklubs, 54. Jahrg. 1932, Folge 1117–1128, S. 74–79, hier S. 76.

Die Mannschaft von 1931 am Zemu-Gletscher: von links im Hintergrund ein Sherpa,
Hans Hartmann, Eugen Allwein, Peter Aufschnaiter, Wilhelm Fendt, Paul Bauer,
Julius Brenner, Hans Pircher, Joachim Leupold;
es fehlt Karl Wien.

Übersichtskarte des Zemu-Gletschers aus dem Jahr 1931:
Anmarsch von Osten durch das Zemu-Tal am nördlichen
Rand des Gletschers und Aufbau einer Lagerkette auf dem
Nordostsporn des Kangchendzönga; rechts unten der Siniolchu
(nach damaliger Messung 6891 m, neueste Messung: 6887 m),
der 1936 erstbestiegen werden konnte.

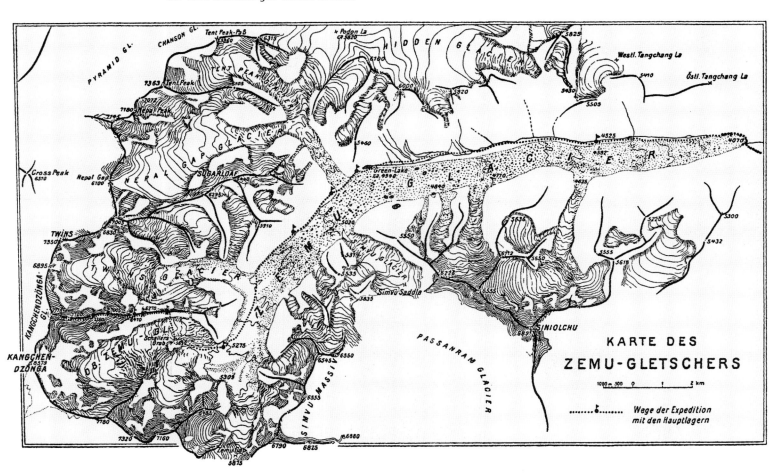

Kangchendzönga (8598 m) von Nordosten: Unter Leitung von Paul Bauer versuchen 1929 und 1931 zwei deutsche Expeditionen über den Nordostsporn (Bildmitte) den Gipfel zu erreichen.

Die höchste Erhebung auf diesem Bild ist nicht der Hauptgipfel, sondern der 7775 m hohe Sporngipfel, der 1931 von Wien, Hartmann, Allwein, Aufschnaiter und Pircher erstiegen werden konnte. Damals war das der höchste von Menschen erreichte Punkt.

Blick vom „waagrechten Gratstück"
gegen die Terrasse des Lagers VIII (6270 m);
in der Felswand wurde das Lager VII b,
der „Adlerhorst", errichtet; Aufnahme
vom 1.8.1931.

Pircher weiter. Sie bildeten zwei Seilschaften: Schaller mit Pasang und Tsering Norbu, Bauer und Pircher mit Bagde. Ich zitiere aus Bauers Bericht über die Katastrophe:

„Wie ich den Quergang und die Rinne aus der Nähe sah, erschrak ich heftig. Das war kein Weg für unsere Träger. [...] Ich hob die Trillerpfeife mehrmals an die Lippen, um alles zurückzurufen; der Weg sollte neu, anders geführt, der Umzug aufgeschoben werden. Aber ich setzte die Pfeife immer wieder ab. Schaller und die beiden Träger waren schon am Fuß der Rinne drüben, Hartmann und Wien stapften schon über die Vorterrasse. Sie alle hätten die schwere Stelle im Abstieg machen müssen. ... So stand ich höchstbeängstigt am Beginn des Querganges und folgte jeder Bewegung der andern mit den Augen, als ob ich sie damit halten und stützen könnte. Schaller stieg langsam an. Jede Stufe reinigte er sorgfältig von dem Firn, der hineingerutscht war, und vergrößerte sie. Dann verschwand er für mich hinter der weit vorragenden diesseitigen Begrenzungsrippe der Rinne. Nach einer kleinen Weile ging Pasang nach und verschwand gleichfalls hinter der Rippe. Der dritte Mann, Tsin Norbu (richtiger Tsering Norbu), stand am Fuße des Eiscouloirs am Sicherungsblock und bediente das Seil. Auf einmal glitt lautlos ein schwarzer Körper – Pasang?! – heraus, Schallers große Figur mit dem weit abstehenden Rucksack folgte unmittelbar ebenso lautlos, flog kopfüber, schneller als Pasang, über diesen hinweg, beide schlugen am Fuß der Eisrinne auf und schnellten in die Luft hinaus. Schnee glitt mit ab. Den Bruchteil einer Sekunde wartete ich darauf, flehte darum, daß das Seil den Sturz halten möge, bat um ein Wunder, denn ich wußte, daß kein Seil der Wucht der beiden senkrecht abstürzenden Körper gewachsen sein kann. Die beiden stürzten unaufhaltsam, blitzschnell durch die steile Eisrinne weiter – weiter und verschwanden. Nasser, schmutziger Schnee, Steine glitten, sausten hinab, Mächte der Hölle tobten in der Rinne, dann war es still. Im nächsten Augenblick sah ich drunten auf dem Lawinenkegel etwas Schwarzes – einen Mann?? – langsam auslaufen und zur Ruhe kommen. Es war aus. –"

Bauer vermutet, daß Pasang durch einen Schneerutsch aus dem Gleichgewicht gebracht wurde und Schaller mitgerissen hat. Im Augenblick des Sturzes hat Tsering Norbu sein Seil doppelt um den Sicherungsblock geschlungen und sich auf diese Weise gerettet. Er wurde zurückgeholt und zu Bagde gesetzt. Dann gingen Bauer und Pircher nochmals den Quergang und durch die Unglücksrinne hinauf, um Hartmann und Wien zu verständigen. Alle stiegen ab, und auf der Felsinsel inmitten des oberen Zemu-Gletschers wurden Hermann Schaller und der Sherpa Pasang feierlich beigesetzt. Es war ein schwerer Schlag für die Expedition.[12]

Am 15. September hatten wir einen Platz für das Lager XI (7700 m). Am 16. ging Allwein mit leichtem Gepäck voraus und grub dort eine kleine Eishöhle (2 Stunden Arbeit, etwa 4 Kubikmeter Rauminhalt). Die anderen folgten mit dem schweren Gepäck, Wien und Hartmann übernachteten in dem neuen Lager, während alle anderen wieder abstiegen, um die letzten Lasten nachzubringen. [...] Hartmann und Wien waren sehr rasch durch den knietiefen Schnee zum Sporngipfel (7950 bis 8000 m) hinaufgekommen. Der Weg Lager X – Lager XI wurde wieder in der gleichen Zeit zurückgelegt.

Nur ich mußte wegen Versagens des Herzens in etwa 7450 m umkehren. Es war keine Bergkrankheit, sondern eine Herzerweiterung, hervorgerufen durch die übergroße körperliche und seelische Belastung der letzten Wochen. Am 18. hätte planmäßig das Lager XII auf dem Nordgrat des Kangchendzönga bezogen werden sollen. Aber dazu kam es nicht mehr. Wien und Hartmann brachten am Nachmittag des 17. die Nachricht mit herunter, daß jenseits des Sporngipfels eine sehr steile Wand den Weiterweg sperre. Das machte eine neue

12
Günter Oskar Dyhrenfurth: 1931 – wieder der Ostsporn, in: ders: Das Buch vom Kantsch, a.a.O., S. 98–108, hier S. 101–103.

Erkundung nötig. Allwein, Pircher und Wien gingen am 18. hinauf und – um die Mittagszeit war es entschieden, daß wir nicht zum Hauptgipfel des Kangchendzönga kommen würden.

Die Wand war äußerst lawinengefährlich. Jede Partie, die sie versucht hätten, wäre von vielen Tonnen Lawinenschnee verschüttet worden. Eine Umgehung auf der linken Seite war ganz undenkbar, da die Wände in fürchterlicher Steilheit abstürzten, rechts (nördlich) waren die Hänge wohl anfangs flacher, sie wurden dann aber immer steiler und endeten, bevor der Nordgrat erreicht wird, in steilen Platten. Allwein und Wien waren jenseits des Sporngipfels hinabgestiegen und sie saßen mehr als 2 Stunden am Fuße der Wand. Es war sehr schwer zu fassen, daß uns hier nach Überwindung so vieler Schwierigkeiten der Berg noch mit jener einzigen Waffe schlug, gegen die alle List, alle Kraft und aller Mut vergebens sind. Und dabei war der Gipfel zum Greifen nahe, das Wetter schön; wohl schneite es nachmittags täglich, doch es ging kein Wind.

Im Lager XI überlegten Allwein, Aufschnaiter, Hartmann, Pircher und Wien an diesem Abend noch lange. Es bestand keine Aussicht, daß die Schneelage auf der Wand, das einzige, aber – absolute Hindernis, besser werden würde. Es schneite ja täglich einige Stunden und die Herbstschneefälle standen vor der Tür. So beschloß man den Rückzug. [...]

Es wird unter diesen Umständen niemand mehr wundernehmen, daß der Kangchendzönga allgemein als unmöglich galt, und daß man unser überraschend weites Vordringen im Jahre 1929 unter Kennern als etwas Einmaliges ansah, es zum größten Teil einer ungewöhnlichen Häufung besonders glücklicher Umstände zuzuschreiben sei. Heuer nun, wo wir vom Unglück geradezu verfolgt wurden, wo zahlreiche Krankheiten uns und die Träger behinderten, wo wir den größten Teil des Gepäcks in der Höhe selbst schleppen mußten, wo längere Schlechtwetterperioden und eine ganz ungünstige Schneebeschaffenheit unser seelisches Gleichgewicht auf eine sehr harte Probe stellten, wo ein schwerer Unfall uns aufs tiefste erschütterte, gelang es uns gleichwohl, eine Abteilung von acht Mann mit aller Ausrüstung und allem Proviant für 14 Tage bis an die 8000-m-Grenze heranzuschieben. Diese Tatsache bedeutet, auch wenn uns der sichtbare Erfolg für unsere Arbeit nicht zufiel, doch einen großen Schritt vorwärts im Kampf um die höchsten Erhebungen der Erde, und künftige Unternehmungen können ruhig von der festen Voraussetzung ausgehen, daß der Mensch mit seinem Geist und seinem Willen auch die Zone zwischen 6000 und 8000 m Höhe vollkommen beherrschen kann.[13]

13
Paul Bauer: Die Deutsche Himalaja-Expedition 1931 (Schlußbericht), a.a.O., S. 77–79.

Karl Wien am Schneefirst (7275 m)
am 14. September 1931, rechts im Hintergrund
die östlichen Trabanten des Kangchendzönga:
rechts am Kamm im Mittelgrund der Siniolchu,
am Horizont links der Pauhunri (7127 m).

1.4 Welche Anstiegsroute führt auf den Nanga Parbat?
Die Deutsch-Amerikanische Himalaya-Expedition 1932 (DAHE)

Die Teilnehmer:
Willy Merkl
(Expeditionsleiter),
Peter Aschenbrenner,
Fritz Bechtold,
Dr. Hugo Hamberger
(Expeditionsarzt),
Herbert Kunigk,
Felix Simon,
Fritz Wießner,
Rand Herron
(Amerikaner und einer
der Hauptgeldgeber),
Elizabeth Knowlton
(Berichterstatterin
für die englische und
amerikanische Presse).

Bergsteigerisches Ziel: Besteigung des Nanga Parbat auf der Nordostseite über den Rakhiot-Gletscher und den Nordostsporn.

Erfolge: Erstbesteigung des Westlichen Chongra Peak (6390 m) und des Rakhiot Peak (7070 m). Die Expedition kann zumindest bestätigen, daß das Gipfelplateau des Nanga Parbat mit der Route über den Rakhiot-Gletscher theoretisch erreichbar ist.

Route: Abmarsch von Srinagar am 23. Mai 1932, über den Tragbal- und Burzil-Paß ins Astor-Tal; da keine Genehmigung für das Indus-Tal erteilt worden ist, muß die Expedition den umständlichen Weg über südliche Seitentäler des Indus (Lichar- und Buldar-Tal) bis zum Rakhiot-Tal nehmen;

Paul Bauer und Peter Aufschnaiter:
Nach der glücklichen Rückkehr der Kangchendzönga-expedition von 1929 faßte Dr. Willi Welzenbach Anfang 1930 den Plan den Nanga Parbat zu besteigen und benutzte hierbei die Erfahrungen und Beziehungen der soeben abgeschlossenen 1. Deutschen Himalajaexpedition. Er ging dabei von dem Gedanken aus, daß der Nanga Parbat der leichteste Achttausender sei. Ebenso wie Mummery [14] *wollte er den Berg von der Diamirai-seite besteigen. [...] In geänderter Form wurde er von*

Willi Merkl später wieder aufgegriffen und 1932 wurde mit der wesentlichen finanziellen Hilfe zweier amerikanischer Expeditionsteilnehmer an die Durchführung geschritten.

Merkl war zu der Überzeugung gekommen, daß die Diamirai- d.h. NW-Seite zu gefährlich sei, die ungeheure S-Wand war schon von Mummery als unangreifbar erklärt worden. So verfiel Merkl auf die NO- oder Rakiot-seite [sic!]*, die Mummery zuletzt noch erkunden wollte.* [15]

Der Expeditionsleiter Willy Merkl:
Wir dringen nun weiter ins obere Rakiottal [sic!] *vor. Über einen steilen Rücken gelangen wir schließlich auf ein ausgedehntes Wiesenplateau. Noch ein kurzes Wegstück* [,] *und die „Märchenwiese" breitet sich vor uns aus. In grandioser Lieblichkeit liegt sie da in dem hellen Grün der Matten, bestickt mit den Sternen des Edelweiß,*

14
Der bekannte englische Bergsteiger Mummery hatte bereits 1895 unter den abenteuerlichsten Bedingungen über die Diamir-Flanke den Gipfel des Nanga Parbat zu besteigen versucht. Er verunglückte am Berg tödlich, nachdem er auf der nach ihm benannten Rippe an der Westseite des Berges auf über 6000 m gestiegen war.

15
Paul Bauer und Peter Aufschnaiter: Die Unternehmungen am Nanga Parbat, am Kamet und die anderen Himalajakundfahrten der jüngsten Zeit, in: Der Kampf um die Weltberge, herausgegeben von Th. Herzog unter Mitarbeit führender Bergsteiger, München 1934, S. 157–166, hier S. 157.

Mannschaft 1932 in Lager II:
von links (stehend) Rand Herron, N.N., Elizabeth Knowlton,
der Expeditionsleiter Willy Merkl, Peter Aschenbrenner,
(vorne) N.N., Herbert Kunigk, Fritz Bechtold

42

umschlossen von den Stämmen des Hochwaldes. Wie ein Stück unzerstörtes Paradies erscheint uns die Märchenwiese oberhalb der Gletscherzunge, überragt von der eisgepanzerten Nordflanke des Nanga und seiner Gefolgschaft.[16]

Paul Bauer und Peter Aufschnaiter:

Am 8. Juli wurde bei 5800 [m] auf der zweiten Terrasse das vierte Lager geschlagen, das zu einem vorgeschobenen Standlager ausgebaut wird. Von diesem Lager aus war der Weg nicht klar vorgezeichnet. Die große Mulde, die zwischen Rakiot Pk. und Nanga Parbat-Ostgipfel eingebettet ist und vom Sattel zwischen beiden herauskommt, sollte wegen schwieriger Eisbrüche und augenscheinlicher Lawinengefährlichkeit erst betreten werden, wenn sich keine andere Möglichkeit auffinden ließ.

Nachdem Aschenbrenner und Hamberger am 14. Juli den w. [= westlichen] Chongra Pk 6390 erstiegen hatten, machten sich Kunigk und Aschenbrenner gegen den Rakiot Pk auf, um von seinem Gipfel aus den Weiterweg zu erkunden. Beim Anstieg zum Gipfel, der von einem Zwischenbiwak aus am 16. Juli in schwieriger Felskletterei erreicht wurde, zeigte sich keine Möglichkeit in die Mulde hinauszuqueren. Die beiden stiegen dann zu einer kleinen Terrasse nö. des Rakiot Pk. ab und errichteten in 6200 [m] Lager V, worauf sie nach Lager IV zurückkehrten. Nun kamen einige Schlechtwettertage, Kunigk er-

krankte an Bilddarmentzündung, wodurch sein Abtransport zur Operation nach Gilgit erforderlich wurde.[17]

Willy Merkl:

Am 23. Juli brechen Bechtold, Aschenbrenner, Herron und ich nach Lager 5 auf. Wir müssen ohne Kulis gehen, unsere Träger sind ausnahmslos erkrankt. Also kämpfen wir vier uns allein in redlicher Arbeit vorwärts. [...] In der steil sich aufbäumenden Firnwand der Abbrüche des Rakiotpeaks wird die Spurarbeit zur hundertprozentigen Qual. Als endlich nach harter Mühe die nächste Eisterrasse erreicht wird, ist es noch ein gutes Stück Wegs bis zum Lager 5. In die Eintönigkeit des Aufwärtsstapfens bringt ein klaffender Bergschrund erwünschte Abwechslung. Ein 8-Meter-Sprung über die gähnende Tiefe der Spalte – und wir gelangen bald zu jener Stelle, wo die Rakiotbezwinger auf ihrem Rückweg eine kleine Eishöhle angelegt haben.[18]

16
Willy Merkl: Die Deutsch-Amerikanische Himalaja-Expedition 1932, in: Zeitschrift des Deutschen und Österreichischen Alpenvereins (Jahrbuch), Jahrg. 1933, Bd. 64, Innsbruck 1933, S. 59–74, hier S. 65.

17
Paul Bauer und Peter Aufschnaiter, Nanga Parbat, a.a.O., S. 160.

18
Willy Merkl: Die Deutsch-Amerikanische Himalaja-Expedition 1932, a.a.O., S. 71.

Der Nanga Parbat (8125 m)
von Norden (Rakhiot-Tal):
im Vordergrund die so-
genannte Märchenwiese,
am Fuß des Bergmassivs die
Endmoräne des Rakhiot-
Gletschers.
Auf der Expedition 1932
wurde die Route für die
folgenden Besteigungs-
versuche festgelegt:
Da die Nordwand nicht
direkt angegangen werden
konnte, sollte der Gipfel
über den Rakhiot-Gletscher
(links im Bild) und den
Firngrat vom Rakhiot Peak
zum Gipfelplateau des
Nanga Parbat erstiegen
werden.

44

Finanziert wurde die Expedition mit Mitteln der Reichs-bahn-Turn- und -Sportvereine, des D.u.Ö.A.V., der Not-gemeinschaft der deutschen Wissenschaft und mit privaten Zahlungen der Teilnehmer.

Wissenschaftliche Erfolge: Die wissenschaftliche Gruppe unter Leitung des berühmten Kartographen Dr. Richard Finsterwalder vermißt die gesamte Nanga-Parbat-Gruppe bei deren Umrundung. Die Ergebnisse dieser kartographischen Untersuchungen sind die Grundlage für die spätere Alpenvereinskarte des Nanga-Parbat-Massivs, die bis heute nicht überarbeitet werden mußte.

Bergsteigerische Erfolge: Aschenbrenner und Schneider gelangen am 6. Juli 1934 bis zum Nordplateau kurz vor dem Vorgipfel des Nanga Parbats (nach Finsterwalders späterer Berechnung 7895 m).

Tödlich Verunglückte: In der Nacht vom 8. auf den 9. Juni 1934 stirbt Alfred Drexel an einer Lungenent-zündung in Lager II. Auf dem Rückzug vom Silbersattel kommen Willy Merkl, Uli Wieland, Willo Welzenbach sowie sechs Sherpas in einem tagelangen Schneesturm zwischen dem 8. und 16. Juli ums Leben.

Die Teilnehmer:
Willy Merkl (Expeditionsleiter);
Peter Aschenbrenner,
Fritz Bechtold,
Dr. Willi Bernard,
Alfred Drexel,
Prof. Dr. Richard Finsterwalder,
Hanns Hieronimus,
Peter Müllritter,
Walter Raechl,
Erwin Schneider,
Willo Welzenbach,
Uli Wieland.

In Indien schließen sich der Expedition der deutsche Konsul Kapp sowie Captain Frier und Captain Sangster als englische Begleit-offiziere an.

Alfred Drexel †
Die deutsche Himalaja-Expedition zum Nanga Parbat wurde von einem schweren Unglück betroffen. Der Vorstoß nach Lager 4 auf der obersten Terrasse des Rakiot-Gletschers in 5800 m Höhe ist gelungen. Aber er hat ein Opfer gefordert. Den ungewöhnlichen Strapazen bei schwierigen Verhältnissen ist Alfred Drexel, der bekannte Münchner Bergsteiger, ein hervorragender Alpinist, infolge einer Lungenentzündung erlegen. – [...] Der Leiter der Expedition, Willy Merkl, sendet hierüber folgendes Kabel:

Die Spitzengruppe mit Drexel hat am 7. Juni den Weg nach Lager 4 – 5800 m – erkundet und hievon durch Funkspruch das Hauptlager um 14 Uhr verständigt. Drexel kehrt auf Drängen der Kameraden wegen heftiger Kopfschmerzen mit Träger von Lager 3 nach Lager 2 zu Bechtold und Müllritter zurück. Müllritter steigt noch am Abend nach Lager 1 hinunter, um den Arzt zu holen. Am nächsten Tage hat sich der Krankheitszustand Drexels sehr verschlimmert. Merkl, Wieland, Dr. Bernard und Konsul Kapp erreichen Lager 1 und erfahren hier von Verschlechterung. Expeditionsarzt Dr. Bernard steigt mit Müllritter sofort nach Lager 2 auf.

Inzwischen ist Drexel seit 10 Uhr bewußtlos und verfällt von Stunde zu Stunde. Bechtold ist außerstande, zu helfen. Der Arzt trifft um 18 Uhr ein und stellt schwere Lungenentzündung mit akutem Lungen-Ödem fest.

Die Mannschaft von 1934 im Hauptlager am Nanga Parbat: von links Peter Aschenbrenner, Willi Bernard, Fritz Bechtold, Uli Wieland, Peter Müllritter, Hanns Hieronimus, Willy Merkl, Erwin Schneider, Willo Welzenbach.

46

Begräbnisfeier auf der Endmoräne des Rakhiot-Gletschers für Alfred Drexel, der in der Nacht vom 8. auf den 9. Juni 1934 in Lager II an einer Lungenentzündung gestorben war.

Innerhalb der Mannschaft kam es zum Streit, da wegen der Beisetzung der Lagerangriff auf den Berg bei bestem Wetter abgebrochen wurde; von links ein Sherpa, der Expeditionsleiter Willy Merkl, Willo Welzenbach, Hanns Hieronimus, Uli Wieland.

Obwohl Hilfe aussichtslos, fordert er sofort Sauerstoff durch Boten vom Hauptlager an. Sofortige intravenöse Einspritzung von Herzmitteln und Anwendung aller Hilfsmittel. Leichte, kurzanhaltende Besserung.

21.12 Uhr plötzlich Auslassen des Herzens. Fünf Minuten später entschläft Drexel in den Armen tieferschütterter Kameraden, ohne das Bewußtsein wiedererlangt zu haben. Trotz großen Krafteinsatzes der ganzen Expedition sowie außerordentlicher Opferbereitschaft der Darjeeling-Träger bei Tag und Nacht in Schneesturm war Hilfe nicht mehr möglich.

Am 9. Juli, 3 Uhr morgens, kamen Wieland und zwei Träger mit Sauerstoff nach Lager 2. Leider zu spät. Bechtold sendet um 5 Uhr morgens Botschaft an Spitzentrupp Welzenbach, Aschenbrenner und Schneider, die nichtsahnend inzwischen Lager 4 errichtet hatten. Gleichfalls ergeht Meldung an Lager 1. Von dort sendet Merkl zwanzig Träger dem Abtransport des Toten entgegen. Alle Teilnehmer und Träger treffen am Abend zur Vorbereitung der Bestattung im Hauptlager ein. Konsul Kapp und die beiden englischen Begleitoffiziere Captain Frier und Sangster haben der Expedition ihr tiefstes Beileid ausgesprochen.

Die Beisetzung Alfred Drexels fand am 11. Juni um 17 Uhr auf einem grünen Moränenhügel nahe dem Hauptlager statt. Sechs Kameraden trugen die Bahre, die mit der Hakenkreuzfahne bedeckt war. Alle anderen

brachten Blumen und Kränze. Ein langer Trauerzug der Träger folgte. Am Grabe sprachen Willy Merkl und Konsul Kapp, der Vertreter des Deutschen Reiches in Bombay. Die Trauerfeier in 3600 m Höhe im Angesicht der höchsten Berge der Erde war würdig und tief ergreifend.

Die Darjeeling-Leute zeigten große Teilnahme. Sie gaben dem toten Sahib Gebetsschleier ihrer Frauen mit ins Grab. Das Grab wurde mit Steinen beschwert und mit einem Holzkreuz [19], Kränzen und Blumen geschmückt. Von der Grabstätte geht der Blick frei hinauf zum Nanga Parbat, hinaus ins Tal des Indus und hinüber zu den Bergen des Karakorum.

Der Ö.A.K., der mit inniger Anteilnahme das schwere Ringen seiner Klubbrüder und deren Gefährten um den Sieg über den ersten Achttausender verfolgt, ist voll des Mitgefühls anläßlich des schweren Verlustes. [20]

Der Teilnehmer Fritz Bechtold:
[Im Lager VI:] *Während wir uns noch mit den Lasten herumschlagen, steigen Wieland und Welzenbach, später Aschenbrenner und Schneider den nächsten*

19
Dieses Holzkreuz war von Peter Aschenbrenner gefertigt worden.

20
Österreichische Alpenzeitung, Organ des Österreichischen Alpenklubs, 56. Jahrg., Juli 1934, Folge 1147, S. 201.

Umschlag des Buches
von Fritz Bechtold:
Deutsche am Nanga
Parbat. Der Angriff 1934
(nach einer Aufnahme
von Aschenbrenner) –
es erschien 1935 in der
ersten Auflage und war bis
Kriegsende ein Bestseller
der Alpinliteratur.

Grafik aus den dreißiger
Jahren: Der wochenlange
Anmarsch zum Nanga
Parbat verlief von Srinagar
aus über zwei Bergpässe
und das Astor-Tal zum
Indus-Tal, von dem aus
das Rakhiot-Tal erreicht
wurde.

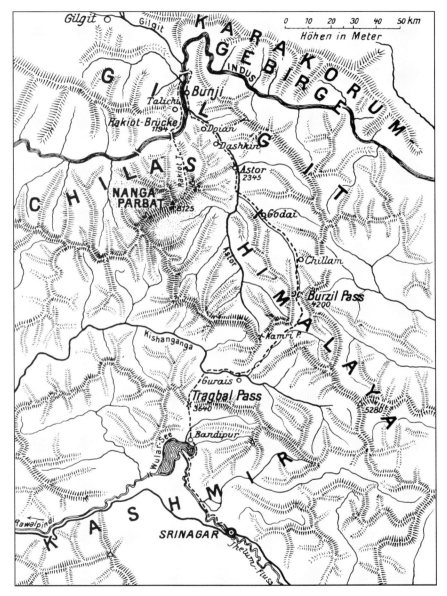

------- Anmarschweg

3. Mai 1934: Trägerkolonne
auf der verschneiten Paßhöhe
des 3600 m hohen Tragbal-Passes.

Firnhöcker zum Mohrenkopf empor. Der Mohrenkopf, ein etwa 15 m hoher Turm mit schwarzem Gestein, ist der einzige Fels in dem leuchtenden Weiß der näheren Umgebung. Seine Umgehung auf dem scharfen, luftigen Grat ist von eigenartigem Reiz. Leider folgt bald hernach eine etwa 120 m tiefer liegende, flache Einsattelung. Den Abstieg hinab in die breite Scharte haben bereits die vorausgehenden Kameraden trefflich vorbereitet. Im harten Eis mit dünner Schneeauflage finden wir sauber und ausgiebig angelegte Stufen, die uns mit den Trägern rasch und sicher abwärts leiten. [21] Der Weiterweg über den schön geschwungenen Firngrat bringt immer wieder neue Überraschungen. Voll wilder Großartigkeit ist der Blick zur gewaltigen Gipfelburg des Nanga. Auf der Rupal- und der Rakiotseite [sic!] branden die Nebel. So können die Kameraden im Lager IV unser Vordringen nicht sehen. [...] Auf einer breiteren Schneeterrasse treffen wir unvermittelt auf die wartenden Kameraden. Wir haben den Platz wegen seiner eigenartig geschwungenen Form „Schaumrolle" genannt. Hier in 7200 m soll das Lager VII stehen. Sturm und Kälte haben durch den Grat eine natürliche Furche gerissen, in die wir unsere Zelte stellen wollen.

21
An diesem ansteigenden Teilstück des Rückmarsches versagten in der Nähe des Mohrenkopfes Merkl und seinem Sherpa Gay-Lay die Kräfte.

Gegen Abend klart das Wetter wieder auf. Ganz nahe lockt über dem steilen Firnhang der Silbersattel, ein sanfter Brückenbogen, der die zwei riesigen Obeliske der Ostgipfel überspannt. Von unserer Lagerarbeit schauen wir über den Plateaurand auf den Hauptgipfel des Nanga. Durch unsere Müdigkeit zieht traumhaft die schwindelnde Vorstellung, daß nach den unsäglichen Mühen der gewaltige Berg uns zufallen könnte, morgen schon oder übermorgen.

[...] [6. Juli:] Bei unserem Aufbruch am anderen Morgen melden sich die Träger Tundu und Nurbu höhenkrank. Sie machen einen erschöpften Eindruck. Einer von uns muß mitgehen. Außerdem muß der Nachschub bald vorgebracht werden. Schweren Herzens entschließe ich mich, die Kranken hinabzubringen.
In 4–5 Tagen kann ich ja mit frischem Proviant wieder heroben sein. Die tapfere Trägerkolonne des Angriffs war jetzt von 17 auf 11 Mann zusammengeschrumpft.

In dieser ernsten Größe der Landschaft ist kein Platz für eine übertriebene Geste des Abschieds. Jedem ein kräftiger Händedruck: „Mach es gut!", „Du auch!", – und dann gehen wir auseinander.

Bei unserem Abstieg schaue ich noch oft zurück. Der Reihe nach stoßen Aschenbrenner, Schneider und Welzenbach, später Merkl, mit drei Trägern gegen den „Silbersattel" vor. [...] Immer wieder verlieren wir [beim Rückmarsch] in dem unübersichtlichen Gelände den Weg

und machen viele Irrgänge. Manchmal muß ich mit den kranken Trägern saugrob werden, sie möchten im Schnee sitzen bleiben und schlafen. Jetzt, da es um unser Leben geht, ist meine eigene Müdigkeit abgefallen und einer Kampfstimmung gewichen. Die Kranken können einfach nicht mehr. Es wird mir immer klarer, daß ich sie zurücklassen und allein das Lager IV suchen muß. Es kann ja nicht mehr weit sein! Weiter drunten bekomme ich endlich auf meine Rufe Antwort. [...] Bald stehe ich aufatmend vor Bernard und Müllritter. Mit Alkohol bringen sie mich das letzte Stück zum Lager. Noch vor Einbruch der Dunkelheit können die zwei armen Träger in vollständig zusammengebrochenem Zustand geborgen werden.

8. Juli: [...] Gegen Mittag versuchen wir im Schneesturm unser Kurzwellengerät aufzubauen, um einmal wieder Verbindung mit dem Hauptlager herzustellen. Nach langem vergeblichem Bemühen meldet sich endlich Hieronimus mit einem freudigen „Hier Hauptlager, wir können euch hören, aber sprecht lauter!" Der hat gut reden. Unser Sendequarz ist defekt, und ich brülle mit letzter Stimmstärke ins Mikrophon. Nach unglaublich vielen Mißverständnissen kann ich ihm doch das Wesentlichste berichten, daß gestern wahrscheinlich der Gipfel gefallen ist und die Spitzengruppe sich bereits im Abstieg befindet. Nach der einstündigen Unterhaltung fühle ich mich zu einem Eisklumpen erstarrt. [...]

Der Kartograph Prof. Dr. Richard Finsterwalder
bei der Vermessung des Nanga-Parbat-Gebietes
mittels eines Theodoliten für eine Expeditionskarte;
unabhängig von der Bergsteigergruppe arbeitete
1934 unter Leitung Finsterwalders eine wissenschaftliche Gruppe, die den Nanga Parbat
umrundete und dabei photogrammetrische
Aufnahmen für die Karte machte, die 1937
erschien.

Sonderveröffentlichung der Geographischen Gesellschaft zu Hannover: „Forschung am Nanga Parbat"

NANGA PARBAT=GIPFEL UND RAKHIOT=GLETSCHER

(Ausschnitt aus der Expeditionskarte)

Maßstab 1 : 50000

Schichtlinienabstand 50 m

Photogrammetrische Aufnahme, im Auftrage des Deutschen und Österreichischen Alpenvereins von R. Finsterwalder und W. Raechl †
Auswertung mit Mitteln der Deutschen Forschungsgemeinschaft sowie Zuschüssen des Reichskultusministeriums und Reichsluftfahrtministeriums am Zeiss'schen
Autographen des Geodätischen Instituts der Technischen Hochschule Hannover von H. Biersack und R. Finsterwalder; Felszeichnung im Auftrage des D. u. Ö. Alpenvereins
von F. Ebster, Innsbruck

Deutsche Himalaja–Expedition 1934,
Sonderveröffentlichung der Geographischen
Gesellschaft zu Hannover:
„Forschung am Nanga Parbat", Ausschnitt aus
der Expeditionskarte, von Richard Finsterwalder
und Walter Raechl (†); in die Karte wurde die
Lagerkette am Nanga Parbat über den Rakhiot
Peak miteingezeichnet. Auch heute noch ist
diese Karte bei Reisen und Expeditionen in
das Nanga–Parbat–Gebiet wegen ihrer hohen
Qualität die beste kartographische Hilfe.

Da reißt abends 7 Uhr plötzlich unser Zelteingang auf. Vor unseren überraschten Gesichtern stehen in voller Sturmausrüstung, auf und auf vereist, Aschenbrenner und Schneider. Sie kommen nach der übermenschlichen Anstrengung des Abstieges direkt von Lager VIII und sind sichtlich erschöpft. Der Gipfel ist nicht gefallen, das ist

Ein Sherpa hält die Hakenkreuzflagge in Lager II; im Hintergrund der Chongra Peak.

das erste, was sie sagen. Die Träger massieren den beiden die angefrorenen Füße und Ramona bringt rasch heißen Tee und warmes Essen. Die Sorge um die Kameraden wird uns bald abgenommen. Aschenbrenner sagt, daß sie gleich nachkommen werden. Ein großer Hafen Tee wird bereitgestellt, damit sie auch zu trinken haben, wenn sie eintreffen. Inzwischen erzählt Aschenbrenner, wie sie den sicheren Sieg schon in Händen zu halten glaubten, als eine plötzlich eintretende Unwetterkatastrophe den Angriff zum Scheitern brachte. [...] Aber lassen wir ihn in seinem Tagebuch selbst erzählen:

„Knapp unterhalb des Silbersattels löste ich Schneider wieder im Vorangehen ab. Die letzten 200 m mußten wir Stufen schlagen, um den Weg für die Träger gangbar zu machen. Trotz der harten Eisarbeit in dieser Höhe kamen wir schnell vorwärts. Mit Spannung erwarteten wir das Betreten des Sattels und den freien Blick auf den Weiterweg, endlich standen wir oben (7600 m). Eine neue Welt tat sich vor uns auf. Von hier bis zum Vorgipfel erstreckt sich in einer Fläche das schneeige Hochplateau ohne Hindernis. Neue Kraft und Siegesfreude durchströmte uns bei diesem Anblick. Unsere Begeisterung läßt sich kaum in Worte kleiden. In dem scharfen Wind, der uns auf dem Plateau empfing, ließen wir uns im Schutz der warmen Felsen des Nordostgipfels zu einer Zigarettenrast nieder. Für die 600 m Steigung seit Verlassen des Lagers VII hatten wir nur 3 Stunden und 15 Min.

Großer Lastentransport nach Lager I vor der Nanga-Parbat-Nordwand und dem unteren Rakhiot-Gletscher; die Gipfelregion des Nanga Parbat sollte über den Rakhiot-Gletscher erreicht werden.
Der Weg führte vom Hauptlager über den Gletscherbruch kurz unter den Rakhiot Peak. Von dort sollte über den Firngrat die Lagerkette weiter vorangetrieben werden.

Blick von Lager VI (6955 m)
zum Hauptgipfel des Nanga Parbat,
dazwischen die steile Südflanke.

Blick von Lager VI zum
7451 m hohen Silbersattel,
von dem aus der Gipfel
erreicht werden sollte.
In der Mitte des Bildes
ein schwarzer Felsblock
auf dem Grat, der so-
genannte Mohrenkopf,
bei dem Willy Merkl und
sein Sherpa Gay-Lay nach
dem 14. Juli 1934 starben.

benötigt. Meinen Vorschlag, den Nordgipfel zu ersteigen, lehnte Schneider ab. Für ihn gab es nur ein Ziel: den Hauptgipfel.

Um das zu errichtende Lager VIII weiter gegen den Gipfel vorzutreiben und einen windgeschützteren Platz dafür zu finden, gingen wir weiter. Um 12 Uhr 30 Min. erschien Welzenbach auf dem Silbersattel. In unserer Freude tauschten wir einige Jodler. So gut man halt in 7600 m Höhe jodeln kann. Während Schneider weiterging, unterhielt ich mich noch kurz mit Welzenbach über unser Vorhaben. Er blieb zurück, um auf die anderen zu warten. Der Weg über das Plateau, über die vielen Windgangeln und durch den Bruchharsch, war sehr mühsam. Aber in unserer Begeisterung spürten wir nichts von Müdigkeit. Ungefähr um 2 Uhr sahen wir Merkl und Wieland mit den Trägern am Sattel auftauchen. Schneider und ich zweifelten, ob sie noch nachkommen würden, und beschlossen deshalb, hier zu warten. Der Wind blies immer heftiger aus Nordost und jagte über das ganze Plateau. Wir waren hier 50 m unter dem Vorgipfel in 7900 m Höhe. (Später genauer von Finsterwalder mit 7895 m vermessen.) Da wir sahen, daß die Träger versuchten, 200 m unter uns auf dem Plateau das Lager zu errichten, ging Schneider zurück, um sie zum Weitergehen zu überreden. Nach einundeinhalb Stunden Warten, bei dem ich kläglich fror, entschloß ich mich ebenfalls hinabzusteigen, da Schneider anscheinend keinen Erfolg hatte. Gegen Abend nahm der Sturm heftig zu, obwohl blauer Himmel über uns war. Doch nichts konnte unsere Zuversicht erschüttern. Zum Abendessen gelang es noch ein wenig Suppe zuzubereiten, dann legten sich alle in ihre Zelte. Der Sturm nahm stündlich zu und wurde zum brüllenden Orkan. [...]

Gegen sonstige Gewohnheit trieb es am Morgen des 7. Juli Erwin Schneider als Ersten aus dem Schlafsack. Unser Rucksack für den Gipfelsturm war gepackt. Er enthielt nicht viel, aber das Wichtigste: Gipfelfahne, Photoapparat und etwas zu essen. Im anderen Sahibzelt verhandelte Schneider mit Merkl, Welzenbach und Wieland. Der Sturm tobte an diesem Morgen mit solcher Gewalt, daß wir unsere Gipfelabsichten aufgeben und rasch im Zelt wieder Zuflucht suchen mußten. Mit wahnsinniger Geschwindigkeit jagten dichte Schneeböen über das Plateau und verdeckten die Sonne. Um 10 Uhr und 11 Uhr vormittag war es noch völlig dunkel. Trotzdem fühlten wir uns in unseren Zelten geborgen. Auch unsere Träger waren genügend mit Schlafsäcken versorgt und brauchten nicht unter der bitteren Kälte zu leiden. Obwohl wir Nahrung für 5–6 Tage mit hatten, wurde die Zubereitung der einfachsten Speisen bei dem Sturm unmöglich gemacht. Nur einmal gelang es uns an dem Tag, etwas Schnee zu schmelzen, um den trockenen Gaumen anzufeuchten. Der Orkan wuchs von Stunde zu Stunde. So erwarteten wir mit Sorge die zweite Nacht.

An eine Besserung des Wetters wagten wir kaum noch zu denken.

Der Morgen des 8. Juli hatte tatsächlich keine Besserung gebracht. Der Aufenthalt in den Zelten wurde fast unerträglich, ein Vorstoß zum Gipfel war völlig aussichtslos. Um 8 Uhr früh kam Wieland zu uns ins Zelt. Wir alle waren der gleichen Überzeugung, daß der erste Gipfelangriff abgeschlagen sei und wir zunächst nach Lager IV absteigen müßten. Angesichts des nahen Gipfels ein schwerer Entschluß! Als die Anordnung [vom Expeditionsleiter Merkl] kam, daß Schneider und ich mit drei Trägern vorausgehen und den Weg spuren sollten, rüsteten wir uns für den Abstieg. Wir hatten die größte Mühe, die Träger aus den warmen Schlafsäcken in den tobenden Sturm herauszuziehen. Während ich die Träger anseilte, besprach Schneider mit den andern, was wir für den nächsten Angriff in Lager VIII zurücklassen wollten. Niemand klagte über irgendwelche Erkrankung, wir alle waren in guter Verfassung. Bei unserem Aufbruch waren auch Merkl, Welzenbach und Wieland schon zum Abstieg gerüstet, und wir waren der Überzeugung, daß sie sofort nachfolgen würden.

Als wir zum Silbersattel kamen, steigerte sich der Sturm derart, daß wir nur mit der größten Vorsicht an den Abstieg der Steilflanke gehen konnten. Pinzo Nurbu und Nima Dorje gingen sehr schlecht, während Pasang in bester Form war. Wir hatten zwei Schlafsäcke, einen für die Träger und einen für uns. Schneider ging voraus, die Träger in der Mitte und ich am Schluß, jeden Augenblick bereit, einen Sturz abzufangen. Etwa 100 m unter der Scharte wurde Nima Dorje vom Sturm aus den Stufen gerissen. Nur mit größter Mühe gelang es Pasang und mir, ihn zu halten und uns dadurch alle vor dem sicheren Absturz zu bewahren. Aber der Sturm hatte von seinem Rücken den Schlafsack gerissen. Wie ein Luftballon segelte der große Packsack vor unseren Augen über die Rupalseite hinaus. Wir fünf Mann hatten nur mehr einen Schlafsack. Damit ergab sich die zwingende Notwendigkeit, noch am gleichen Tag Lager V oder Lager IV zu erreichen, wenn wir nicht erfrieren wollten. Wir konnten in dem tobenden Schneesturm keine 10 m weit sehen und machten viele Irrgänge. Um die Träger von diesen ermüdenden Umwegen zu befreien, seilten wir uns in dem unschwierigen Gelände vor Lager VII ab. Wir erklärten ihnen, sie möchten uns unmittelbar in der Spur folgen. Sie waren damit durchaus einverstanden. Einmal, als der Sturm für einen Augenblick die Wolken auseinanderriß, sahen wir über uns die zweite Partie den Silbersattel herabkommen." [22]

22
Fritz Bechtold: Deutsche am Nanga Parbat, München 1934, zitiert nach der 12. Auflage, München 1944, S. 51–56; eine Ausgabe des Tagebuches von Aschenbrenner existiert nicht. Somit ist man auf Bechtold als Quelle angewiesen.

Der Rückzug
vom Silbersattel –
die Ereignisse am
Berg zwischen dem
8. und 16. Juli 1934

	8. Juli	9. Juli	10. Juli
Lager 8 (7480 m)	Aufbruch in 2 Trupps: Trupp 1: Schneider, Aschenbrenner, Pinzo Nurbu, Nimu Dorje, Pasang Trupp 2: Merkl, Welzenbach, Gay-Lay, Kitar, Dakshi, Nima Tashi, Angtsering, Nima Nurbu und Da-Thundu bauen sich zwischen L 8 und L 7 Eishöhle, abends † Nima Nurbu.	Angtsering, Dakshi und Gay-Lay bleiben bis 11.7. in der Eishöhle zwischen L 8 und L 7. Der Rest von Trupp 2 steigt zu L 7 ab.	Angtsering, Dakshi und Gay-Lay in Eishöhle zwischen L 8 und L 7.
Lager 7 (7185 m)	Kurz vor L 7: Trupp 1 teilt sich: Pinzo Nurbu, Nimu Dorje und Pasang übernachten in L 7. Aschenbrenner und Schneider steigen zu L 4 ab.	† Wieland 30 m vor L 7; Merkl und Welzenbach bleiben in L 7. Kitar, Kikuli, Nima Tashi und Da-Thundu werden zu L 6 geschickt. Sie übernachten in einer Schneehöhle zwischen L 7 und L 6.	Merkl, Welzenbach
Lager 6 (6955 m)		Pinzo Nurbu, Nimu Dorje und Pasang gelangen zu L 6, können es aber im Schneesturm nicht finden, übernachten in Eishöhle.	
Lager 5 (6690 m)			Zu L 5: auf dem Weg † Nimu Dorje und Pinzo Nurbu; Pasang trifft sich mit Kitar, Kikuli und Da-Thundu in L 5, auf dem Weg zu L 5 † Nima Tashi, der Rest zu L 4.
Lager 4 (6185 m)	Gegen 19 Uhr erreichen Aschenbrenner und Schneider Lager IV.	Aschenbrenner und Schneider versuchen L 5 zu erreichen.	Aschenbrenner und Schneider versuchen L 5 zu erreichen; Ankunft von Pasang, Kikuli und Kitar.

11. Juli	12. Juli	13. Juli	14. Juli
† Dakshi, Angtsering und Gay-Lay brechen zu L 7 auf. Sie finden dabei den toten Wieland.			

61

11. Juli	12. Juli	13. Juli	14. Juli
Merkl, Welzenbach, Angtsering und Gay-Lay bleiben bis 13.7. in L 7.	Nacht auf 13.7.: † Welzenbach	Merkl, Gay-Lay und Angtsering brechen zu L 6 auf, sie kommen aber nur bis zum Mohrenkopf. Sie bauen dort eine Eishöhle (6865 m).	Merkl und Gay-Lay können sich nur 3 m von Eishöhle entfernen, † am 14., 15. oder 16.7.; Angtsering gelingt es, am 14.7. L 4 zu erreichen.

11. Juli	12. Juli	13. Juli	14. Juli
Pasang, Kitar, Kikuli ins HL, Aschenbrenner, Schneider, Müllritter und 3 Träger nach L 5, müssen zu L 4 zurückkehren.			Wegen Neuschnees schaffen es Aschenbrenner und Schneider nicht zu L 5. Sie versuchen es bis zum 16.7.; Ankunft von Angtsering.

14. Juli 1934:
Völlig erschöpft trifft Angtsering,
der zweite Orderly Merkls,
im Hauptlager ein;
rechts Fritz Bechtold.

Der letzte Überlebende über die Katastrophe:
Angtsering, Porter und 2. Orderly von Willy Merkl,
sagt aus:

*Am Tage nach dem Fortgang von Bechtold ging ich mit
der Partie Willy Merkl nach Lager 8. Auf dem Wege hatte
Merkl kalte Füsse, sodass wir ihm die Füsse mit Schnee
einreiben mussten. Am 7.7. verbrachten wir den Tag und
die Nacht in Lager 8 bei heftigem Schneesturm. Am 8.7.
brachen dann Schneider und Aschenbrenner mit
P[a]sang, Nima Dorje und Pinzo Nurbu zum Abstieg nach
Lager 4 auf. Am gleichen Tage brachen Merkl, Wieland,
Welzenbach und wir alle zusammen von Lager 8 auf. Wir
erreichten ein Zwischenlager vor Lager 7, etwas unter
dem Silbersattel durch Spurarbeit von Welzenbach,
Wieland, Kitar und mir. Merkl war anscheinend schon in
der Nacht zu diesem Tage erkrankt und konnte sich an
der Spurarbeit nicht mehr beteiligen. Das Zwischenlager
liegt auf dem letzten Schneewulst, unterhalb des Süd-
ostgipfels. Alle Lebensmittel, Zelte und Kocher sind
in Lager 8 zurückgelassen. Aus diesem Grund schlief
Welzenbach in der Nacht zum 9.7. ohne Schlafsack
im Schnee, weil der einzige Schlafsack von Merkl und
Wieland belegt war. An diesem Tage gingen Merkl,
Welzenbach, Wieland und die Kulis Kitar und Kikuli,
Da-Thundu und Nima Tashi nach Lager 7 herab. Nima
Norbu war am 8.7. zum 9.7. im Zwischenlager gestorben.
Gay-Lay, Dakshi und ich blieben zurück, weil wir zu*

erschöpft und zum Teil schneeblind waren. Wir blieben noch am 9.7. und 10.7. in diesem Zwischenlager und hatten zwei Schlafsäcke zum Übernachten. Am 11.7. konnte Dakshi nicht mehr mit uns gehen und ist dort gestorben. Gay-Lay und ich gingen am 11.7. nach Lager 7 und fanden am Weg hinter einer Schnee-Erhöhung den toten Wieland. In Lager 7 trafen wir Welzenbach und Merkl noch lebend an. Ich habe den Tod von Wieland Merkl nicht berichtet, aber die Sahibs wussten es, denn Merkl gab mir eine Mütze und ein Kopfkissen von Wieland. Ausserdem konnte man den Platz, auf dem Wieland tot sass, von Lager 7 aus in einer Entfernung von etwa 30 m sehen. Merkl und Welzenbach sassen vor dem Zelt, das voll Schnee war. Die Sahibs schliefen in der Nacht vom 12. Juli nur auf den Schaumgummi-Matten. Gay-Lay schlief in dem vom Schnee befreiten Schlafsack und ich ohne Schlafsack (Schlafsack reicht zwar für zwei, war aber vollständig erfroren und verklebt).

Am nächsten Tage sagte ich zu Merkl: wir haben kein Essen mehr, wir wollen schnell hinuntergehen. Darauf sagte Merkl zu mir: Nein, wir wollen warten, von Lager 4 auf Lager 5 gehen Leute, das ist Lewa mit den Kulis, die uns Essen bringen. Das war am 12.7. In der Nacht vom 12.7. auf den 13.7. ist Welzenbach gestorben. Wir gingen in der Reihenfolge: ich, Merkl, Gay-Lay. Nach kurzer Zeit fiel Merkl zurück und Gay-Lay ging hinter mir. Welzenbach liessen wir in Lager 7 im Zelt liegen. Das nächste

Lager errichteten wir auf dem Sattel, bevor der Grat wieder zum Rakiot-Peak anzusteigen beginnt. Dort machten wir eine kleine Eishöhle. Gay-Lay und Merkl schliefen auf einer mitgebrachten Schaumgummi-Matte und hatten zusammen eine Decke. Ich schlief nur mit einer Decke und ohne Unterlage. (Beim Weg von Lager 7 herunter ging Merkl auf zwei Eispickel gestützt.) Am 14.7. war ich als Erster auf und rief laut um Hilfe. Als ich aber niemand im Lager 4 gesehen habe, schlug ich Merkl vor, dass ich hinuntergehe, um Hilfe zu holen. Merkl stimmte dem Vorschlag zu und sagte, ich solle Nahrungsmittel heraufbringen, ebenso Medizin, die der Doktor verordnete. Gay-Lay blieb bei Merkl zurück. Die im Lager 6 verbleibenden Merkl und Gay-Lay waren sehr schwach und mussten sich schon wieder setzen, wenn sie 2–3 m von der Höhle sich entfernt hatten. Am 14.7. kam ich gegen Abend in Lager 4 an. Auf dem Rückweg fand ich vor dem Seil am Rakiot-Peak zwei Lasten und im Seil einen Toten, den ich nicht erkennen konnte (Nima Dorje oder Nima Tashi).

(Aufgenommen im Hauptlager am 20. Juli 1934) [23]

23
Aussage von Angtsering, Hauptlager, 20. Juli 1934, nach einer Abschrift in: Zentrales Archiv des DAV, Ordner Nanga Parbat der Sektion München.

2. Die Gründung der Deutschen Himalaja-Stiftung.
Ein Ergebnis von Auseinandersetzungen nach der Katastrophe von 1934

Die Deutsche Himalaja-Stiftung wurde mit Genehmigung des Bayerischen Kultusministeriums am 28. Mai 1936 gegründet. Das Grundstockvermögen der Stiftung belief sich auf 15 000 Reichsmark, das zu gleichen Teilen von den Leitern der bisherigen deutschen Himalaja-Unternehmungen, Paul Bauer und Fritz Bechtold, und vom Reichssportführer Hans von Tschammer und Osten eingezahlt wurde. Der Stiftungszweck wurde in den *Mitteilungen des Fachamts Bergsteigen im Deutschen Reichsbund für Leibesübungen* wie folgt beschrieben: „Die Stiftung verfolgt den Zweck, bergsteigerische Kundfahrten in den Himalaja und andere entlegene Gebirge durchzuführen und Mittel hierfür zu werben. Sie soll ein Sammelbecken für die bisherigen und künftigen Ergebnisse der Himalajafahrten sein, und sie soll die mit schweren Opfern der deutschen Bergsteiger erkauften Erfahrungen zum Wohle des deutschen Volkes verarbeiten und es bereichern." Erster Leiter der Stiftung wurde durch Verfügung des Reichssportführers vom 6. Mai 1936 Fritz Bechtold als Expeditionsführer von 1934. Es ist anzunehmen, daß Paul Bauer bewußt nicht zum Stiftungsvorstand ernannt worden war. Neben seiner beruflichen Belastung als Notar wollte Bauer keine Ämterhäufung als Stiftungsvorstand und Fachamtsleiter. Seit 1934 war er Führer des Deutschen Bergsteigerverbandes. Er besaß allerdings eine solche Ausstrahlung und organisatorische Begabung, daß er

als der Mentor und eigentliche Leiter der Stiftung angesehen werden kann.

Zu sehen sein wird, inwieweit hinter dem formalen Gründungsakt der Deutschen Himalaja-Stiftung persönliche Interessen und Auseinandersetzungen zwischen verschiedenen Gruppierungen der deutschen Bergsteigerszene zu Beginn der nationalsozialistischen Herrschaft standen.

Die Deutsche Himalaja-Expedition von 1934 hatte mit der beschriebenen Katastrophe geendet: Insgesamt drei Bergsteiger und sechs Träger waren nach damaligem Sprachgebrauch und Verständnis „gefallen". Neben den Problemen bei der finanziellen Abwicklung der gescheiterten Eroberung des Nanga Parbat wurde nach einer Erklärung für das tragische Unglück im fernen Himalaja gesucht. Zu hoch waren die Erwartungen an diese zweite Expedition Merkls zum Nanga Parbat gewesen, zu tief war der Fall nach ihrem tragischen Ende, als daß keine Konsequenzen für weitere deutsche Unternehmungen in den Himalaja zu erwarten gewesen wären.

Die Deutsche Himalaja-Stiftung empfand sich nach ihrer Gründung im Jahre 1936 als eine Vereinigung zur planmäßig durchgeführten Erforschung des Himalaja: Die Besteigung bergsteigerischer Spitzenziele und die wissenschaftliche Erkundung des Landes sollten hierin kombiniert, gleichzeitig durch das Auftreten einer

Stiftung in der Öffentlichkeit die Finanzierung von Expeditionen und Kundfahrten gesichert werden.

Die Stiftung besaß einen Alleinvertretungsanspruch für Auslandsbergfahrten in den Himalaja. Diesen hatte sie sich erstreiten müssen. Anhand der Akten der Deutschen Himalaja-Stiftung läßt sich eindeutig belegen, daß es im Anschluß an die Katastrophe von 1934 zu einem Streit zwischen zwei Bergsteigerkreisen um die Durchführung weiterer Bergfahrten kam. Auf der einen Seite stand der Überlebende Erwin Schneider und mit ihm der D.u.Ö.A.V., auf der anderen Seite Paul Bauer, der 1934 zum Leiter des Fachamts für Bergsteigen und Wandern im Deutschen Reichsbund für Leibesübungen ernannt worden war.

Schneider begann bald nach seiner Rückkehr aus Asien mit der Planung einer neuen Expedition zum Nanga Parbat für das Jahr 1935. Für dasselbe Jahr plante allerdings bereits Paul Bauer eine Expedition zum Kantsch. Wiederum war es klar, daß nur eine deutsche Expedition von den englischen Stellen die Genehmigung zur Einreise erteilt bekommen würde. Hierin wird wohl der eigentliche Auslöser für den sich anschließenden Streit zu sehen sein.

Bauer hatte dabei von Anfang an die besseren Karten: Allein schon um die Unterstützung der politischen Stellen in Deutschland hinter sich zu haben, war es wichtig und opportun, der Gunst des Reichssportführers

gewiß zu sein. Paul Bauer war aufgrund seiner hervorragenden bergsteigerischen und organisatorischen Leistungen zum Führer des Deutschen Bergsteiger- und Wanderverbandes ernannt worden und gehörte seit 1934 als Fachamtsleiter zu den Spitzenfunktionären des deutschen Sports. Dank seiner Stellung erlangte Bauer bereits im Oktober 1934 eine offizielle Verfügung vom Reichssportführer, wodurch alle zukünftigen Pläne zu einer Auslandsbergfahrt über den Schreibtisch des Fachamtsleiters zu laufen hatten. In der Novemberausgabe der Mitteilungen des Fachamts Bergsteigen heißt es in einer Meldung Bauers:

Der Reichssportführer hat durch Verfügung vom 10. Oktober 1934 dem Leiter des Fachamtes für Bergsteigen und Wandern die Aufgabe übertragen, die Unternehmungen und das Auftreten der deutschen Bergsteiger im Ausland besonders zu betreuen.

Die deutschen Bergsteiger haben bereits sehr bald nach dem Ende des Weltkrieges von sich aus und zielbewußt die Farben Deutschlands in die ausländische Bergwelt getragen und haben dabei mit den Bergsteigern der ganzen Welt wieder kameradschaftliche Beziehungen angeknüpft. Vor allem haben sich die Teilnehmer der großen Auslandsunternehmungen niemals der Tatsache verschlossen, daß vom Gesamteindruck solcher Expeditionen das Ansehen der deutschen Bergsteiger im Ausland und damit ein Teil der deutschen Weltgeltung

Deutsche Himalaja-Stiftung

Das Bayerische Staatsministerium für Unterricht und Kultus in München hat mit der Entschließung vom 28. Mai 1936, Nr. II 26569, die Deutsche Himalaja-Stiftung staatlich genehmigt und die Aufnahme der neuen Stiftung in das Verzeichnis der von der Regierung von Oberbayern zu beaufsichtigenden Stiftungen verfügt.
Unter Hinweis auf die Verlautbarung in unseren Mitteilungen, Seite 99, der vorigen Doppelnummer 8/9, vom Mai/Juni 1936, bringen wir die Satzung nachstehend zum Abdruck.

Satzung der Deutschen Himalaja-Stiftung, Sitz München

§ 1
Die Stiftung trägt den Namen „Deutsche Himalaja-Stiftung" und hat ihren Sitz in München.

§ 2
Die Stiftung verfolgt den Zweck, bergsteigerische Kundfahrten in den Himalaja und in andere entlegene Gebirge durchzuführen und zu fördern und Mittel für diesen Zweck zu werben. Mit den rein bergsteigerischen Aufgaben können auch wissenschaftliche Aufgaben verbunden und gefördert werden.
Als Teilnehmer sollen geistig und charakterlich hochstehende Leute ausgewählt werden, welche die Gewähr dafür bieten, daß sie die Erfahrungen der Kundfahrt zum Wohle des deutschen Volkes verarbeiten und es bereichern.
Die Stiftung kann selbst die Auswertung der Fahrtenergebnisse übernehmen.

§ 3
Die Leitung der Stiftung und die Verwaltung ihres Vermögens liegt in der Hand eines Vorstandes, der jeweils auf die Dauer von fünf Jahren bestellt wird. Der Vorstand wird vom Beirat vorgeschlagen und durch den Reichssportführer bestellt.
Der Reichssportführer kann den Vorstand abberufen.
Der Vorstand vertritt die Stiftung gerichtlich und außergerichtlich; er ist ihr gesetzlicher Vertreter im Sinne des § 26, Abs. 2, BGB.
Der Vorstand kann allgemein oder für einzelne Geschäfte einen Stellvertreter bestellen. Der Stellvertreter hat im Falle der Behinderung des Vorstandes dessen Rechte; der Fall der Behinderung braucht nicht dargetan zu werden.

§ 4
Zur Beratung des Vorstandes und zu seiner Unterstützung wird ein Beirat bestellt, der die deutschen Himalaja-Erfahrungen verkörpern soll.
Dem Beirat gehören vorerst die beiden Leiter der bisherigen deutschen Himalaja-Unternehmungen, Notar Paul Bauer und Ingenieur Fritz Bechtold[,] an. Als weitere Mitglieder treten nach Beendigung jedes weiteren Unternehmens jeweils die vom Aufsichtsrat der Stiftung bestellten Teilnehmer des Unternehmens in den Beirat ein.

Der Reichssportführer kann, falls die Zahl der Beirats-
mitglieder unter drei sinkt, so viele weitere Mitglieder in
den Beirat berufen, bis diese Zahl wieder erreicht ist.
Zu Beiratsmitgliedern sollen nur Teilnehmer von Himalaja-
Unternehmungen berufen werden.

§ 5

Die Überwachung der Ordnungsmäßigkeit der Stiftungs-
verwaltung und der zweckentsprechenden Verwendung der
Mittel liegt in der Hand eines Aufsichtskreises. Dieser besteht
aus dem Reichssportführer, der ihn einberuft und den Vorsitz
führt, dem Fachamtsleiter für Bergsteigen im Deutschen
Reichsbund für Leibesübungen und den Mitgliedern des
Beirates.
Weitere Mitglieder kann der Aufsichtskreis selbst noch
hinzuwählen.
Der Aufsichtskreis kann im Rahmen des Stiftungszweckes
allgemeine Richtlinien für die Tätigkeit der Stiftung bestim-
men. Der Vorstand hat dem Aufsichtskreis alljährlich einen
Rechenschaftsbericht zu geben.
Der Aufsichtskreis hat im Einzelfalle die Entscheidung
darüber zu treffen, welches Unternehmen gefördert werden
soll. Ihm ist auch nach Abschluß jeden Unternehmens ein
einseitiger Bericht vorzulegen, und er hat zu entscheiden,
wer als Vertreter dieses Unternehmens in den Beirat eintreten
soll.

§ 6

Das Geschäftsjahr der Stiftung läuft vom 1. April bis zum
31. März.

§ 7

Der Stiftung sollen alle Barguthaben, Wertpapiere,
Urheber- und Verlagsrechte, Ausrüstungsstücke und
sonstigen Vermögenswerte, die aus den vier Bauer´schen
und Merkl´schen Himalaja-Expeditionen 1929, 1931, 1932
und 1934 herrühren, zugewendet werden.
In Zukunft müssen ihr alle Vermögenswerte zugewendet
werden, die aus den von ihr unterstützten Unternehmungen
und ihrer Auswertung gewonnen werden können, sofern nicht
mit einzelnen Expeditionsteilnehmern besonderer Umstände
halber andere Vereinbarungen schriftlich festgelegt werden.
Ferner können ihr von jedermann weitere Vermögenswerte für
ihre Zwecke zugewendet werden.

§ 8

Die Satzung der Stiftung kann durch Beschluß des Aufsichtskreises geändert werden. Ebenso kann der Aufsichtskreis
die Stiftung auflösen. Im Falle der Auflösung der Stiftung
fällt deren Vermögen an den Deutschen Reichsbund für
Leibesübungen, der es für gleichartige gemeinnützige Zwecke
verwenden muß.

*überhaupt abhängig ist. [...] Um das auf alle Fälle sicher-
zustellen, werden in Zukunft der Reichssportführer und
die amtlichen Stellen kein Unternehmen mehr fördern
und genehmigen, das nicht durch das Fachamt Bergsteigen geprüft und befürwortet ist.*[24]

Die Anordnung begründete Bauer demnach mit der
politisch-gesellschaftlichen Aufgabe der Auslandsbergfahrten. Absoluter Kameradschafts- und Mannschafts-
geist sollten die Maximen bei der Auswahl der Bergsteiger sein. Dies war noch nicht originär nationalsozialistisches Gedankengut, sondern hatte in Bauers
eigener Erfahrung der Grabenkameradschaft auf den
Schlachtfeldern des Ersten Weltkrieges und in den
Erlebnissen in seinem Bergsteigerfreundeskreis seine
Wurzel.

Schneider und Aschenbrenner, die sich beim Rückzug
von Lager 8 am Nanga Parbat von ihren Kameraden
getrennt hatten, hatten sich damit in den Augen Bauers
gegen die Grundtugenden der Bergkamerdschaft hin-
weggesetzt, wie er in einem Brief an den Reichssportführer vom 4. Dezember 1934 ausführt:

*Es ist heute schon für Bergsteiger, die die Kamerad-
schaft hochhalten*[,] *nicht verständlich, wie Schneider
und Aschenbrenner ihre Träger im Schneesturm zurücklassen und sie dem sicheren Tode ausliefern konnten.
Was ich an Erklärungen dafür gehört habe, das sind nur
Ausflüchte. [...] Es ist eine feste Regel, dass in unüber-
sichtlichem Wetter die Mannschaft zusammen bleiben
muss und dass die Vorausgehenden auf die Nachkommenden zu warten haben. Wer wie Schneider und
Aschenbrenner ohne Rücksicht auf die Nachkommenden
voraus- und davonläuft, der wird nicht als guter Bergkamerad angesehen werden können.*

*Es ist sehr gefährlich, wenn Leute von so zweifelhafter
Haltung jetzt als Helden auftreten, das schlechte Beispiel, das sie am Nanga Parbat gegeben haben, könnte
die junge Bergsteigergeneration verderben. Ich könnte
die Verantwortung für so etwas nicht tragen.*[25]

Diese starken Vorwürfe gegen zwei anerkannte und
erfolgreiche Bergsteiger der damaligen Zeit machen
deutlich, wie wichtig für Bauer der Mannschafts-
gedanke war. Sie sind die Folge des von Bauer sicherlich
auch mit gutem Recht vertretenen Anspruchs an die

[24]
Paul Bauer, Auftreten der deutschen Bergsteiger im Ausland, in: Deut-
scher Bergsteiger- und Wanderverband, Mitteilungen des Fachamtes
Bergsteigen im Deutschen Reichsbund für Leibesübungen, Nummer 2,
November 1934, S. 1.

[25]
Brief Paul Bauers an Reichssportführer von Tschammer und Osten,
4.12.1934; Zentralarchiv und Sammlungen des Alpinen Museums des
Deutschen Alpenvereins im Haus des Alpinismus auf der Praterinsel in
München, Bestand der Deutschen Himalaja-Stiftung (im folgenden
abgekürzt: Zentrales Archiv des DAV, Bestand der DHS).

Bergkameradschaft, die für ihn bei der Auswahl der Teilnehmer einer Fahrt wichtiger war als die individuelle Spitzenleistung des einzelnen Bergsteigers. Nach Bauer war gerade die auf vielen gemeinsamen Bergtouren gewonnene Bergkameradschaft der Garant, die körperlichen Anstrengungen im Hochgebirge und zumal in der Todeszone der Achttausender durchzustehen. Der Akademische Alpenverein München (AAVM) war die Keimzelle der Bauerschen Mannschaft gewesen, auch wenn hier Bergsteiger Mitglieder waren, die Bauer aus anderen Gründen nicht zu seinen engsten Freunden zählen konnte, wie Willo Welzenbach, der der eigentliche Initiator für eine deutsche Fahrt zum Nanga Parbat gewesen war. Im Streit mit Erwin Schneider wurde diese andere, persönliche Ebene immer wieder von beiden Seiten angesprochen. So wurde Paul Bauer von unbekannter Seite schon vor der Expedition der Vorwurf gemacht, diese zu torpedieren, wogegen Bauer sich in einem neunseitigen Brief an den Reichssportführer vom 10. Dezember 1934 entschieden verwahrte. Er habe trotz persönlicher Probleme mit beiden und sachlicher Kritik an der Planung der Expedition diese nicht behindern wollen, sondern habe nach bestem Vermögen sein Wissen um die Organisation und Durchführung Merkl zukommen lassen. Dieser Brief beinhaltet etliche Passagen, in denen Bauer die Kritik an seiner Person entkräftet und im Anschluß daran die grundlegenden Meinungsverschiedenheiten mit Welzenbach erläutert. Schon lange habe es diese Rivalität gegeben, Pläne zu Expeditionen – z. B. im Jahre 1930 – hätten die Konkurrenz nur verschärft:

Ich verwehre mich [...] allerschärfstens dagegen, daß man mir zur Last legt, ich hätte den Unternehmungen etwas in den Weg gelegt. Im Gegenteil: Die N[anga]. P[arbat]-Expedition ist nur auf meiner Vorarbeit möglich gewesen, ich habe ihr alles zur Verfügung gestellt, was ich ihr zur Verfügung stellen konnte und ich habe dies getan, trotzdem diese Seite mir gegenüber die gebotene Rücksicht auf meinen älteren Plan und die Pflicht des Dankes stets vernachlässigt hatte. [...]

Es ist hier noch hinzuzufügen, daß ich gegen die NPE von vorne herein schwerwiegende sachliche Bedenken hatte. Zwischen Welzenbach und mir haben seit langem im AAVM sachliche Meinungsverschiedenheiten bestanden. Welzenbach war der Mann, dem in erster Linie der alpine Erfolg etwas galt, während mir der Weg und Art und Weise des Bergsteigens mehr zu sein dünken. Welzenbach war der Mann, der Rekorde anstrebte, der Mann, der sich als Bergsteigerkanone fühlte und diese Position systematisch angestrebt und ausgebaut hat. Demgegenüber vertrat ich eine ganz andere Anschauung[,] und diese Anschauuung ist im AAVM, dem wir beide angehörten, der Welzenbach'schen Art des Bergsteigens gegenüber siegreich geblieben. Dazu kommt noch, daß ich von jeher als alter Soldat mich fühlte, im AAVM konsequent einen nationalen und nationalsozialistischen Kurs zu verfolgen. Für uns war Adolf Hitler bereits 1923 der Mann, den wir nicht antasten ließen. Welzenbach hingegen gehörte der Bayer. Volkspartei an und stand mit einigen wenigen seiner Art in einer Opposition dagegen, die zwar mit ihren eigentlichen Gründen nie herausrückte, da sie im AAVM keinen Boden gefunden hätte, die aber auch zielsicher und verbissen war wie unsere Einstellung.[26]

Im selben Brief verbindet Bauer an anderer Stelle erneut seine Kritik an der unterschiedlichen Art des Bergsteigens mit einer politischen Denunzierung seiner Konkurrenten:

Welzenbach und Merkl haben Kanonen von Leuten mit Geld um sich gesammelt. Ich habe ein[e] festgeschlossene Mannschaft aufgestellt, von der ich jeden einzelnen seit Jahren kannte. Welzenbach und Merkl und die ihnen nahestehenden Hörlin und Schneider hatten auch dafür, daß es sich um eine nationale Angelegenheit handele, kein Verständnis, sie bauten ihren Plan 1930, 31 und 32 auf die Teilnahme begüterter ausländischer Bergsteiger auf – Schneider und Hörlin gingen 1930 mit dem Judenstämmling Dyhrenfurth in den Himalaja, sie hatten dabei nicht einmal den Mut die deutsche Flagge zu hissen, sondern hissten die ‚schwäbische' und ‚tiroler' Flagge!![27]

Wenn man von einer Briefstelle wie der eben zitierten ausgeht, könnte man rasch urteilen, daß Bauer hiermit ein nationalsozialistisches Glaubensbekenntnis abgegeben hatte. Man hätte den Wortlaut des Briefes auf seiner Seite. Allerdings gilt es den Adressaten des Schreibens zu berücksichtigen. Denn Bauer wußte genau, welche Äußerungen zum Pflichtkanon des nationalsozialistischen Credos gehörten, wollte man sich der Unterstützung des Reichssportführers sicher sein. Unstrittig bleibt aber, daß Bauer sich zum Nationalsozialismus bekannte.

Ihre nationale Gesinnung gegenüber dem Reichssportführer versuchte auch die andere Seite unter Beweis zu stellen. Ein gewisser Dr. Jung aus München und in seinem Namen auch ein Herr Dr. Gerl[28] aus Hindelang solidarisierten sich in einem Brief an den Reichssportführer vom 21. Dezember 1934 mit Erwin Schneider gegen verschiedene Vorwürfe Bauers und versicherten:

26
Brief Paul Bauers an Reichssportführer von Tschammer und Osten, 10.12.1934; Zentrales Archiv des DAV, Bestand der DHS.

27
Ebenda, S. 5.

28
Über beide Personen konnten keine weiteren Informationen in Erfahrung gebracht werden.

Dr. Gerl-Hindelang und ich [= Dr. Jung], *die seit 13 Jahren wahrhaftig gezeigt haben, dass sie national-sozialistisch denken und handeln, verbürgen uns voll für den nationalen Charakter des Herrn Schneider. Dr. Gerl aus Hindelang, durch dessen Intervention über seine englischen Bekannten seinerzeit die Erlaubnis zur Expedition durch das Foreign Office in London durchgesetz*[t] *wurde, trotz des Widerstandes von Herrn Bauer, wird Gelegenheit nehmen, in den nächsten Tagen auch mit dem Stellvertreter des Führers* [Rudolf Heß] *über diesen Fall* [zu] *sprechen.* [...] [Ich bitte Sie,] *das Gelingen dieser Expedition zu fördern und sie nicht an kleinlicher Rivalität scheitern zu lassen.*[29]

Bauer hatte zuvor einen Aufsatz Schneiders über dessen Erstbesteigung des Huascaran in den Anden aus dem Jahre 1932 zum Anlaß genommen, gegen Schneider vorzugehen. In dieser Fahrtbeschreibung[30], die Schneider in humoristischer Art und Weise verfaßt hatte, hatte dieser seinen Abstieg von dem Berg wie folgt beschrieben: „Weinend treten wir den Rückzug an und versuchen nun, zur Einsicht gekommen und den Forderungen der heutigen Zeit folgend, rechts unser Heil. (Heil Adolf! Deutschland erwache!)" Für Bauer, einen sehr ernsthaften alpinen Schriftsteller, war dies eine „schriftstellerische Entgleisung"[31] sowie eine persönliche Beleidigung des nationalsozialistischen Führers. Wegen der darin zu Tage getretenen „unnatio-nalen Gesinnung"[32] verbot Bauer Schneider, Vorträge über die gescheiterte Himalaja-Expedition zu halten, solange er sich nicht beim Reichssportführer und der Kanzlei des Führers entschuldigt hätte.

Noch bevor es zum eigentlichen Höhepunkt der Auseinandersetzung zwischen Bauer und Schneider gekommen war, hatte Bauer im Endeffekt die Auseinandersetzung bereits gewonnen: Er hatte es verstanden, seine Position als Fachamtsleiter und das vermeintliche Fehlverhalten Schneiders in seinem Sinne zu benutzen. Für ihn stand allerdings immer noch eine Klärung der Ereignisse vom Juli 1934, die zur Katastrophe geführt

29
Brief Dr. Jungs und Dr. Gerls an den Reichssportführer von Tschammer und Osten, 21.12.1934; Zentrales Archiv des DAV, Bestand der DHS.

30
Erwin Schneider, Die 1. Besteigung des Huascarans, in: Der Bergteiger. Deutsche Monatsschrift für Bergsteigen, Wandern und Skilaufen, Herausgegeben vom D.u.Ö. Alpenverein, 3. Jahrg., 1. Band Oktober 1932 bis September 1933, S. 57–62, die hier zitierten Passagen S. 61.

31
Brief Paul Bauers an den Herrn Reichssportführer, 28.12.1934; Zentrales Archiv des DAV, Bestand der DHS.

32
So Jung in dem Brief an den Reichssportführer Herrn von Tschammer und Osten vom 21.12.1934; Zentrales Archiv des DAV, Bestand der DHS.

hatte, im Raum. Und es war klar, daß ein Vorgehen gegen Schneider auch als eine Spitze gegen den Alpenverein bewertet werden konnte. Daß es nicht nur gegen zwei Teilnehmer der Expedition, sondern auch um die grundlegende Vorrangstellung beim Reichssportamt ging, zeigt ein Brief Karl Wiens, dem späteren Leiter der Expedition zum Nanga Parbat 1937 und Freund Paul Bauers, vom 17. Januar an Paul Bauer:

[Es ist anzunehmen], *dass der Kampf mit ungeminderter Heftigkeit weitergeht, dass vor allem der Alpenverein V.A. mit seinen Handlungen wahnsinnig geworden ist. Dass der Reichssportführer und Du klar auf einer Seite kämpfst[,] macht den Ausgang dieses Kampfs ja nicht mehr zweifelhaft und zerstreut einige Besorgnisse, die in Berlin aus mancherlei Gerüchten in mir wach geworden sind [...]. Vor allem Baumeister* [von der Arbeitsgemeinschaft der Reichsbahn-Turn- und -Sportvereine] [...] *verbreitet einige tolle Gerüchte, besonders, dass Schneider dieser Tage vom Reichssportführer empfangen worden sei und nun wieder alles in Ordnung gehe."* [33]

Ganz verschiedene Interessengruppen suchten demnach ihren Nutzen aus der Abwicklung der Nanga-Parbat-Expedition zu ziehen. Eine Klärung dieses Streites wurde immer dringlicher. Schneider, der immer noch mit der Unterstützung des Verwaltungsausschusses des Alpenvereins rechnen konnte, plante weiterhin seine Expedition für 1935. Im Archiv der Himalaja-Stiftung konnte ein Protokoll einer Besprechung zwischen Richard Finsterwalder und den Eltern von Willo Welzenbach gefunden werden, die am 17. Februar 1935 stattgefunden hatte. Daraus geht hervor, daß Schneider, der die Familie Welzenbach wenige Tage zuvor besucht hatte, wußte, daß er keine Unterstützung durch den Reichssportführer bekäme. Die Expedition sollte deshalb allein von der Arbeitsgemeinschaft der Reichsbahn-Turn- und -Sportvereine organisiert und vom Verwaltungsausschuß des D.u.Ö.A.V. unterstützt werden. Als Teilnehmer waren außer ihm Peter Aschenbrenner, Hermann Hoerlin, ein nicht genannter Stuttgarter Bergsteiger sowie Dr. Bernard aus Hall in Tirol vorgesehen. [34]

33
Brief Karl Wiens an Paul Bauer vom 17.1.1935; Zentrales Archiv des DAV, Bestand der DHS.

34
Protokoll des Treffens zwischen Finsterwalder und den Eltern Welzenbachs vom 17.2.1935; Zentrales Archiv des DAV, Bestand der DHS; daß dieses Protokoll überhaupt in den Besitz der Himalaja-Stiftung gelangte, zeigt, in welchem Maße Bauer und Bechtold an Informationen über Schneiders Pläne interessiert waren.

Ende 1934 trat Bauer in einem Brief an den Reichssportführer von Tschammer und Osten mit dem Plan heran,
ein Treffen einzuberufen, in dem die Ereignisse am
Nanga Parbat und die sich daraus ergebenden Konsequenzen geklärt werden sollten. So schrieb er am
28. Dezember an den Reichssportführer:

In der Besprechung zwischen Herrn Baumeister
[= Führer der Arbeitsgemeinschaft der Reichsbahn-
Turn- und -Sportvereine] *und mir* [...] *ist in Aussicht
genommen worden, die Ereignisse am Nanga Parbat so
rasch als irgend möglich authentisch festlegen zu lassen.
Die Feststellung dessen, was geschehen ist*[,] *soll durch
Persönlichkeiten vorgenommen werden, die über der
Sache stehen.*[35]

Parallel zur Vorbereitung dieser Sitzung war eine
Entscheidung vom Reichssportführer als Schlichter zu
treffen, welche Expedition für das Jahr 1935 nach Asien
reisen dürfe. Am 24. Januar 1935 kam es zu einem
Treffen zwischen dem Reichssportführer mit der Deut-
schen Reichsbahndirektion in Berlin, an der neben dem
Reichssportführer und dem Stellvertretenden General-
direktor der Deutschen Reichsbahn, Herrn Kleinmann,
der Führer der Arbeitsgemeinschaft der Reichsbahn-
Turn- und -Sportvereine, Herr Heinz Baumeister, sowie
Paul Bauer und die Mitglieder der 34er-Expedition
Fritz Bechtold[36] und Hanns Hieronimus teilnahmen.
Bei diesem Treffen fehlte demnach Erwin Schneider.

In dem Erinnerungsprotokoll des Reichssportführers
heißt es:

[Der Reichssportführer] *stellt fest, dass die von
Schneider gemeinsam mit der Arbeitsgemeinschaft der
Deutschen Reichsbahn Turn- u. Sportvereine* [für 1935]
*projektierte Expedition ausdrücklich von der Deutschen
Reichsbahn Unterstützung erfahren soll und dankt der*

35
Brief Paul Bauers an den Herrn Reichssportführer, 28.12.1934; Zentrales Archiv des DAV, Bestand der DHS.

36
Bechtolds Rolle bei dem Streit mit Schneider – und auch bei der
späteren Stiftungsgründung – kann unterschiedlich interpretiert
werden. Als Expeditionsleiter von 1934 nach dem Tod Merkls und
Welzenbachs (eigentlich war Welzenbach als Nachfolger bei einem
Verunglücken Merkls vorgesehen) besaß er sicherlich eine gewisse
Autorität. Anscheinend gab es auch von seiner Seite Vermittlungs-
versuche zwischen Bauer und Schneider. Er konnte mit beiden gut
auskommen. Im Januar 1935 legte er jedoch die Expeditionsleitung
von 1934 nieder, da er ansonsten Schneiders Pläne unterstützen
müsse, obwohl er sie sich ablehne. Vgl. dazu ein in Abschrift erhal-
tenes Protokoll einer Besprechung am 15.1.1935 im Schottenhamel,
München. Anwesend waren u.a. Fritz Bechtold, Heinz Baumeister,
Erwin Schneider, Hermann Hoerlin. Darin heißt es: „Die Tatsache,
dass der Engländer F. Smythe ernstlich den Nanga Parbat 1935
angreifen will, macht es notwendig, den Reichssportführer zu unterrichten. Bechtold sagt zu[,] das zu übernehmen und dem Reichssportführer mitzuteilen, dass er es aus diesem zwingenden Grunde nicht
verantworten kann[,] seinen Widerstand gegen die neue Expedition
aufrecht zu erhalten. Da er aber zu diesem Unternehmen im innern
Widerspruch steht, sieht sich Bechtold gezwungen, die Leitung der
alten Expedition niederzulegen." (Zentrales Archiv des DAV, Bestand
der DHS.)

*Deutschen Reichsbahndirektion für ihre vorbildliche
Bereitschaft zur Idee. Gegen dieses neue Unternehmen
werden von meinem Fachschaftsführer Bauer, sowohl als
vom Leiter der alten Expedition Bechtold Bedenken
geäussert, die eine Klärung notwenig machen, besonders
da sich Bauer durch diese objektiv geäusserten Bedenken
verschiedenen Angriffen aussetzt. Bauer ist aber einer
der ersten Fachleute Deutschlands auf diesem Gebiet
und war stets von grösster Objektivität.* [37]

Generaldirektor Kleinmann räumte während dieser
Sitzung ein, daß die Reichsbahn nur mit dem Einver-
ständnis des Reichssportführers eine weitere Expedition
unterstützen würde. Denn er besäße das maßgebende
und bindende Votum. Damit hatte sich bereits jetzt der
Führer der Reichsbahn-Turn- und -Sportverbände davon
distanziert, Schneider zu unterstützen.

Von Tschammer und Osten faßte das Ergebnis des
Treffens zusammen:

Der Reichssportführer *stellt die Expedition 1935 auf
ein späteres Jahr zurück. Es ist unumgänglich notwendig,
die heute sich uneinigen Teilnehmer wieder in Kameradschaft zusammenzuführen und sie als brauchbare Mitglieder der Gesellschaft dem Leben zu erhalten. Ich
beauftrage meinen Fachschaftsführer Bauer[,] ein[e]
Sitzung der Expeditionsteilnehmer vorzubereiten, die
ich selbst leiten will und in der die Klärung bestehender
Unstimmigkeiten vorgenommen werden wird.* [38]

Nach interner Vorbereitung wurde nun von offizieller
Seite ein Verfahren in die Wege geleitet, ohne daß
davon in der Öffentlichkeit etwas bekannt wurde. Von
Tschammer und Osten wird gesehen haben, daß durch
die Zwistigkeiten innerhalb der Bergsteigerszene der
hohe Anspruch unzerbrüchlicher Kameradschaft verloren zu gehen drohte. Das Bild in der Öffentlichkeit
wäre denkbar schlecht gewesen, wenn dieses vertraulich
vorgenommene Verfahren publik geworden wäre.
Umso mehr mußte von Tschammer und Osten und auch
seinem Fachamtsleiter deshalb daran gelegen sein,
möglichst rasch die Streitigkeiten zu beenden. In einer
Sitzung unter Leitung des Reichssportführers sollten
die Ereignisse geklärt und dabei ein mögliches Vergehen
der beiden Österreicher Schneider und Aschenbrenner
außergerichtlich behandelt werden.

Bis heute wird in Bergsteigerkreisen hin und wieder
vom „Ehrengericht"[39] über Schneider und Aschen-

37
Protokoll der Sitzung vom 24.1.1935, gez. von Tschammer und Osten,
in Abschrift im Zentralen Archiv des DAV, Bestand der DHS.

38
Ebenda.

39
Der Begriff „Ehrengericht" kommt in den Akten der Deutschen
Himalaja-Stiftung nicht vor, dagegen ist stets von der „Sitzung zur
Bereinigung der Zweifelfragen und Differenzen in der Nanga Parbat
Expediton" die Rede.

brenner gesprochen. Bisher schien es, als seien betreffende Unterlagen zu diesem Vorgang verschwunden. Auch wenn der Verlauf der eigentlichen Sitzung sich nicht mehr rekonstruieren läßt, so ist es dennoch möglich, anhand der hierzu im Archiv der Deutschen Himalaja-Stiftung gefundenen Akten die Planung und das Ergebnis des „Ehrengerichtes" weitgehend zurückzuverfolgen.

Bauer war mit der Vorbereitung des Treffens beauftragt worden, und er als Jurist bereitete dieses fachmännisch vor. In einem Brief vom 13. Februar 1935 an den Reichssportführer gibt er Auskunft über den Stand der Dinge:

Zu der Sitzung sollen geladen werden:
1. Sämtliche Expeditionsteilnehmer.
2. Herr Dr. Müller und Herr Schmidt. [Es handelt sich hierbei um den Präsidenten des Obersten Landesgerichts München, Dr. Gustav Otto Müller, und um den Rat am Obersten Landesgericht München, Franz Schmidt[40]]
3. Der Fachamtsleiter [Paul Bauer].
4. Herr Professor Dr. Heinz von Fiker [= Ficker] *Berlin.*
Herr von Fiker war bisher von Ihnen noch nicht vorgesehen. Ich schlage aber vor, ihn mitanzuziehen[,] *und zwar aus folgenden Gründen: Herr von Fiker ist Österreicher. Er ist einer der erfahrensten österreichischen Bergsteiger der älteren Generationen und besitzt vor*

allem eine reiche Auslandserfahrung. Durch seine Beziehung wird vorgebeugt, damit nicht von gewissen österreichischen Kreisen behauptet wird, es sei hier ein Sondergericht gegen die Österreicher Schneider und Aschenbrenner zusammengestellt worden.[41]

Bauer unterrichtete von Ficker und die beiden hochstehenden Richter aus München über den Sachverhalt im Januar und Februar 1935. Müller ließ einen detaillierten Bericht über die letzten Tage der Expedition bis zur Katastrophe Mitte Juli 1934 erstellen, der in Abschrift erhalten ist. Gleichzeitig wurden darin die dringendsten Fragen formuliert, die in der Verhandlung geklärt werden sollten:

[...] II. Hauptfragen.
1. Aus welchen Gründen haben Schneider und Aschenbrenner bei ihrem Abstieg von Lager VIII nach Lager IV vor Lager VII von ihren Trägern Pinzo Nurbu, Nima Dorje

40
Dr. Müller hatte bereits 1929 Bauer bei der Vorbereitung seiner Fahrt zum Kangchendzönga unterstützt. Vgl.: Eugen Allwein: Deutsche Himalaja-Expedition 1929, in: Österreichische Alpenzeitung. Organ des Österreichischen Alpenklubs, 52. Jahrg., 1930, Folge 1093–1104, S. 89–93, hier S. 89.

41
Brief Paul Bauers an den Reichssportführer, 13.2.1935; Zentrales Archiv des DAV, Bestand der DHS.

und Pasang sich abgebunden und diese allein gelassen, obwohl der schwierige Abstieg über den Rakiot [!] Peak bevorstand, das Unwetter anhielt, der Sturm die Spuren alsbald verwehte, die Sicht schon auf kleine Entfernung verhindert war und die Träger schlecht gingen?

2. Aus welchen Gründen haben Schneider und Aschenbrenner in Lager V, wo nach Aschenbrenners Angabe Zelt, Schlafsäcke und auserwählter Höhenproviant vorhanden waren, sie auch reichlich essen und sich erholen konnten, nicht auf ihre Kameraden, insbesondere ihre 3 Träger gewartet und warum sind sie, ohne sich vergewissert zu haben oder obwohl sie sich nicht vergewissern konnten, ob ihre Träger und ihre übrigen Kameraden nachkamen, nach Lager IV am 8. Juli abgestiegen?

3. Wie kamen Schneider und Aschenbrenner zu der am 8. Juli nach ihrer Ankunft in Lager IV ausgesprochenen Annahme, daß ihre 3 Träger und ihre übrigen Kameraden alsbald nachkommen würden?

Die 3 Hauptfragen sind nicht nur an sich, sondern insbesondere auch deshalb von Bedeutung, weil der englische Offizier Freier [= Frier] die Frage stellte: ,Ist es bei euch Deutschen üblich, daß man die Träger im Stich läßt?'[42]

Die Sitzung sollte zunächst Mitte Februar 1935 im Reichssportamt in Berlin stattfinden. Nach mehreren Terminänderungen wurde sie schließlich für den 11. März angesetzt. Über den Ablauf der Sitzung gibt wiederum der Brief Bauers an von Tschammer und Osten vom 13. Februar Auskunft:

1. Der Reichssportführer eröffnet die Sitzung in Gegenwart der Expeditionsteilnehmer und der Beisitzer und spricht über den Sinn und die Notwendigkeit der Zusammenkunft.

2. Herr Dr. Müller gibt ein Referat in Gegenwart aller an den Reichssportführer, in dem er die als feststehend anzusehenden Tatsachen und die hierfür vorhandenen Beweise anführt und die Fragen formuliert, die noch zu klären sind.

3. Hierauf beginnt die Verhandlung. Die Expeditionsteilnehmer verlassen den Saal und werden im Laufe der Verhandlungen einzeln hereingebeten, unter Umständen auch zu zweien oder dreien gegenüber gestellt[,] um Widersprüche aufzuklären. Es muss aber dabei vermieden werden, dass die einzelnen Expeditionsteilnehmer ihre Aussage im Beisein aller anderen machen müssen, da ein derartiges Verfahren entweder dazu führen würde, dass keiner der Herren etwas aussagt oder dass es auf Grund der Aussage zu persönlichen Zerwürfnissen kommt. [...]

42
In Abschrift erhalten: Bericht über das Unglück am Nanga Parbat, von Gustav Otto Müller und Franz Schmidt, München, 21.2.1935, Zitat S. 12 f.; Zentrales Archiv des DAV, Bestand der DHS.

4. Nach Abschluss dieser Verhandlungen findet eine Beratung statt, in der die Herren Dr. Müller, Schmidt, von Fiker [= Ficker] und der Fachamtsleiter dem Reichssportführer mitteilen, zu welchem Ergebnis sie auf Grund der Aussagen und des persönlichen Eindrucks der Teilnehmer gekommen sind. Diese Beratung findet in Abwesenheit der Expeditionsteilnehmer statt.

5. Zum Abschluss werden sämtliche Expeditionsteilnehmer wieder in den Verhandlungsraum gebeten und der Reichssportführer verkündet in Abwesenheit aller das Ergebnis, zu dem er gekommen ist.[43]

Wie bei einem normalen Gerichtsverfahren sollte demnach die Beweisaufnahme von der Beratung und Verkündung des Ergebnisses getrennt werden. Der einzelne Expeditionsteilnehmer konnte somit nicht ersehen, wie die Teilnehmer der zu beratenden Kommission jeweils geurteilt hatten.

Von Tschammer und Osten hielt den Ausgang des „Ehrengerichtes" in einem Ergebnisprotokoll[44] fest: *Während der Fahrt war es anscheinend zu Zwistigkeiten zwischen den österreichischen und deutschen Teilnehmern gekommen. Denn nun wurde in der Sitzung festgestellt, daß dieser Gegensatz, der von Schneider und Aschenbrenner in ihrer Verteidigung sicherlich vorgebracht worden war, keinen Einfluß auf den Expeditionsverlauf gehabt hätte. Erst nach dem Unglück seien*

Äusserungen, die einen solchen Gegensatz zum Inhalt haben konnten, erörtert worden [...]. Der Reichssportführer ist sich mit allen Teilnehmern darüber einig, dass die Frage, ob Reichsdeutsche oder Österreicher[,] auch für die Zukunft bei bergsteigerischen Unternehmungen keine Rolle spielen darf.[45]

Ein mögliches Auseinanderbrechen der „deutschen" Bergkameradschaft über die staatlichen Grenzen hinweg war ein heikler Punkt, war doch die gemeinsame Bergsteigerei mit Österreichern nach 1919 und in besonderem Maße nach 1933 ein deutsch-nationales Bindeglied gewesen. Der bestehende Gegensatz zwischen deutschen und österreichischen Teilnehmern mußte deshalb heruntergespielt werden.

Es gab bereits wegen der staatsübergreifenden Stellung des D.u.Ö.A.V. Schwierigkeiten mit den österreichischen Regierungsstellen. Eine öffentliche Verurteilung österreichischer Bergsteiger durch eine deutsche Instanz

43
Brief Paul Bauers an den Reichssportführer vom 13.2.1935; Zentrales Archiv des DAV, Bestand der DHS.

44
Erinnerungsprotokoll der Sitzung beim Reichssportführer vom 11.3.1935, ohne Überschrift in Abschrift im Zentralen Archiv des DAV, Bestand der DHS.

45
Ebenda.

wäre ein Skandal gewesen, den es deshalb zu vermeiden galt.[46]

Als weiterer Punkt der Sitzung vom 11. März 1935 wurde die Kernfrage, nämlich ob Schneider und Aschenbrenner eine Mitschuld für die Katastrophe am Nanga Parbat trügen, verhandelt:

Ein Verschulden irgend eines Teilnehmers an dem Misslingen der Expedition und an der Katastrophe wurde nicht festgestellt. Die objektiv feststehende Tatsache, dass Schneider und Aschenbrenner sich von ihren Trägern trennten und sie allein zurückliessen[,] ist nicht in Einklang zu bringen mit den Grundsätzen der Bergkameradschaft. Es ist aber nicht festzustellen, dass Schneider und Aschenbrenner sich dieses Verstosses bewusst geworden sind.

Hieraus ergaben sich für den Reichssportführer nachstehende Folgerungen:

1) Das Interesse des Reiches, das Ansehen des Deutschen Bergsteigertums verlangen eine genaue Auswahl der Teilnehmer einer etwaigen neuen Expedition.

2) Ab heute unterbleibt jede weitere Erörterung in Wort und Schrift über die internen Einzelheiten sowie das Verhalten einzelner Teilnehmer.

3) Etwa beabsichtigte, von irgend einer Seite unterstützte Expeditionen bedürfen in jedem Fall der Genehmigung des Reichssportführers, bevor sie in der Öffentlichkeit angekündigt oder erörtert werden.

4) Die Pietät den toten Kameraden gegenüber gebietet, unter die tragischen Ereignisse nunmehr einen Schlussstrich zu machen und der Expedition durch eine sachgemässe wirtschaftliche Abwicklung das beste Andenken zu sichern. Über die finanzielle Abwicklung selbst befindet der Reichssportführer in Gemeinsamkeit mit der Reichsbahndirektion.[47]

Aschenbrenner und Schneider waren damit ausmanövriert worden, ohne daß ihnen eine individuelle Schuld nachgewiesen worden war. Das zeigt sich unter anderem darin, daß beide bei Expeditionen – auch bei denen, die der Alpenverein plante – nicht mehr vorgesehen wurden.

Diese Geschichte erklärt auch, warum Aschenbrenner nach 1945 nicht mit Hilfe der Himalaja-Stiftung ausgereist ist. 1953 war er bergsteigerischer Leiter der erfolgreichen Nanga-Parbat-Expedition von Karl Maria Herrligkoffer, dessen Deutsches Institut für Auslandsforschung in direkter Konkurrenz zur Deutschen Himala-

---

[46]
Zur Sonderrolle des Deutschen und Österreichischen Alpenvereins zwischen 1933 und 1938: Helmuth Zebhauser, Alpinismus im Hitlerstaat, München 1998.

[47]
Erinnerungsprotokoll der Sitzung beim Reichssportführer vom 11.3.1935, ohne Überschrift in Abschrift im Zentralen Archiv des DAV, Bestand der DHS.

ja-Stiftung stand. Wie tief die Kluft zwischen Bauer und Aschenbrenner selbst noch nach dem Zweiten Weltkrieg war, wird ersichtlich, wenn man liest, wie Bauer 1953 vor Aschenbrenner warnte. Dabei nahm er auch Bezug auf das Verfahren gegen den österreichischen Bergsteiger:

Aschenbrenner und Schneider haben sich 1934 im Schneesturm auf dem Grat von den ihnen anvertrauten Trägern losgeseilt, haben sie ihrem Schicksal überlassen und haben sich in Sicherheit gebracht, indem sie ohne Rücksicht auf die Anderen in das sichere Lager IV abstiegen. [...] Der Himalyan Club liess durch Colonel Bruce die Sache bei den Trägern in Darjeeling untersuchen[,] und der Reichssportführer sah sich gezwungen, in Berlin alle überlebenden Expeditionsteilnehmer und noch drei Herren als Beisitzer [...] zusammenzurufen, zur Untersuchung der Vorfälle. Das Ergebnis war, dass objektiv gehandelt worden war, dass das subjektiv entschuldbar sein kann, dass der Reichssportführer sich aber vorbehält, über eine etwaige Teilnahme Aschenbrenners [...] an einer zukünftigen Expedition selbst zu entscheiden.[48]

Eine Reaktion der beiden Österreicher auf das Ehrengericht ist nicht bekannt. Allerdings ergriff Hermann Hoerlin, selbst ein Himalaja-Bergsteiger und persönlicher Freund von Schneider, Partei für seinen Kameraden. Das Ergebnis der Sitzung war dem Verwaltungsausschuß

des Alpenvereins, dessen Mitglied Hoerlin war, am 20. März mitgeteilt worden. Daraufhin schrieb dieser am 3. April 1935 an den Reichssportführer:

Ich beschränke mich darauf darzulegen, dass meine Auffassung und auch diejenige aller unvoreingenommenen Bergsteiger über das Verhalten von Schneider und Aschenbrenner beim Rückzug nach Lager 4 nicht der Beurteilung durch die Herren entspricht, die Sie in dieser Angelegenheit gehört haben und deren Darlegungen dann zu jener Niederschrift führte[n], die einer moralischen Verurteilung und Disqualifikation der beiden gleichzusetzen ist.

Nicht die von niemand bezweifelte Tatsache, dass Schneider und Aschenbrenner sich von ihren Trägern losgeseilt haben und dass zwei dieser Träger später den Tod fanden, kann die Grundlage einer Verurteilung sein, es müssen vielmehr die Gründe untersucht werden, die

48
Deutsche Himalaja-Stiftung, Paul Bauer, an das Bundesinnenministerium des Innern, Sportreferat, vom 7.3.1953, S. 3 f.; Zentrales Archiv des DAV, Bestand der DHS; an diesem Zitat fällt auf, daß Bauer nach dem Krieg dem Reichssportführer die Initiative zu der Sitzung des Ehrengerichtes zuwies und die Ereignisse am Berg eindeutig negativ für Aschenbrenner und Schneider wiedergab. Im selben Brief heißt es am Ende: „Die Ausführungen sind nicht für die Öffentlichkeit bestimmt, insbesondere nicht jene über die Vorgänge 1934. Es ist bis heute gelungen, in Deutschland Erörterungen darüber zu vermeiden[,] und es sollte auch weiterhin vermieden werden." (Ebenda, S. 5.)

Erwin Schneider (links)
und Peter Aschenbrenner
wenige Tage vor der Abreise
zur Deutschen Himalaya–
Expedition 1934

zu einer Trennung der Partie führten. Es kann nur die Beantwortung der Frage von entscheidender Bedeutung sein: „Konnten Schneider und Aschenbrenner im Augenblick des Losseilens auf Grund ihrer Kenntnis der Lage mit der Möglichkeit eines in der Folge geschehenen Unglücks rechnen?" Hoerlin verneint auf mehreren Seiten diese Frage und kommt zu dem Schluß: „Auf Grund aller vorstehenden Ausführungen kann ich mir das über Schneider und Aschenbrenner in der genannten Sitzung gebildete Werturteil sachlich nicht erklären[,] und ich erlaube mir Ihnen hiervon Mitteilung zu machen.[49]

Die Führung des Alpenvereins stellte sich ebenfalls hinter Schneider. Auf einen Antrag mehrerer Mitglieder des Hauptausschusses hin führte der Alpenverein eine eigene Untersuchung der Ereignisse am Nanga Parbat durch. Daß der damalige Erste Vorsitzende des Alpenvereins, Raimund von Klebelsberg, selbst diese Nachforschungen leitete, beweist die Bedeutung, die ihr auch von Seite des Alpenvereins zugeschrieben wurde. Klebelsberg hatte sein Ergebnis der Untersuchung am 2. März 1935 dem Verwaltungsausschuß mitgeteilt, sein Bericht wird allerdings z. B. in dem Ergebnisprotokoll

49
Brief Hermann Hoerlins an den Reichssportführer vom 3.8.1935; Zentrales Archiv des DAV, Bestand der DHS.

von der Sitzung im Reichssportamt vom 11. März 1935 nicht erwähnt. In Klebelsbergs Bericht heißt es:

Mein Auftrag hat zunächst dahin gelautet, die Einwände zu prüfen, die gegen die Teilnahme Schneiders an einer neuen Nanga Parbat-Expedition erhoben wurden.

Was nach kritischer Prüfung als erwiesener oder wenigstens wahrscheinlicher Tatbestand gegen Schneider verbleibt, wiegt an sich nicht schwer, ganz besonders aber nicht in der Gegenüberstellung mit der von keiner Seite bestrittenen ganz aussergewöhnlichen physischen Eignung Schneiders für solche Expeditionen. [...] [Deshalb können] gegebenenfalls selbst ernstere persönliche Schattenseiten in Kauf genommen werden [...].[50]

Klebelsberg versuchte die Vorwürfe gegen Schneider zu entkräften – sicherlich auch, weil ihm und der Führung des Alpenvereins bewußt geworden war, wie wichtig das korrekte Verhalten Schneiders für die Erlaubnis eigener zukünftiger Expeditionen hätte werden können.

Die Regelung des Reichssportführers bedeutete auf alle Fälle einen Sieg für Bauer. Die Verordnung vom 10. Oktober 1934, nach der bisher bereits alle Vorhaben zu Auslandsbergfahrten über den Schreibtisch des Fachamtsleiters zu gehen hatten, war ausdrücklich bestätigt worden. Wichtig war die Entscheidung von Tschammers auch im Hinblick auf die von Schneider und dem Alpenverein geplante neue Expedition zum Nanga Parbat. Bauers Position gegenüber dem Alpenverein war deutlich gestärkt worden. So schreibt er am 20. März an den Verwaltungsausschuß des D.u.Ö.A.V.:

Die Aussprache hat [...] Dinge enthüllt, die es unverständlich erscheinen lassen, dass der Verwaltungsausschuss eine neue Expedition des Herrn Schneider unterstützte, ohne die Unstimmigkeiten der letzten Expedition vorher zu klären. [...] Im Interesse der Sache bitte ich Sie dringend, veranlassen zu wollen, dass der Verwaltungsausschuss für die Zukunft alle Anträge auf die Unterstützung von deutschen Auslandsunternehmungen dem Fachamtsleiter unterbreitet, bevor er in die Behandlung eintritt.[51]

Es galt abzuwarten, wie diese Kompetenz, die Bauer bei der Bewilligung von Auslandsbergfahrten mit der Regelung des Reichssportführers erlangt hatte, sich in der Realität auswirken würde.

50
Zitiert nach: Abschrift der 50. Sitzung des V.A. des D.u.Ö.A.V., Stuttgart am 29. Juli, TOP 5: Nanga Parbat, Zentrales Archiv des DAV, Bestand der DHS.

51
Brief Bauers an den Verwaltungsausschuß des D.u.Ö.A.V., 20. März 1935; Zentrales Archiv des DAV, Bestand der DHS.

82

Auslandsbergfahrten im Expeditionsstil erforderten eine lange Zeit der Vorbereitung. Wie bei anderen Expeditionen zuvor, wurde innerhalb der Bergsteigerkreise bereits im Sommer 1935 über Fahrten im kommenden Jahr nachgedacht. Da die Expedition des Alpenvereins unter der bergsteigerischen Leitung Erwin Schneiders zum Nanga Parbat 1935 nicht zustande gekommen war, wollte der Alpenverein eine eigene Expedition im folgenden Jahr erneut zum unbestiegenen Achttausender schicken. Der damalige Sachbearbeiter für Auslandsunternehmungen des D.u.Ö.A.V. und Hauptausschußmitglied Philipp Borchers aus Bremen setzte Bauer gemäß der Verordnung vom 10. Oktober 1934 im Juli 1935 davon in Kenntnis, daß der Hauptausschuß in seiner letzten Sitzung beschlossen habe, den Plan einer „Nanga Parbat Expedition des D.u.Ö.A.V. 1936" aufzunehmen[52] Borchers war mit ihrer Organisation beauftragt worden. In seinem Brief an Bauer heißt es zur Begründung der Fahrt:

Ueber die Bedeutung des gesteckten hohen Zieles, auch für das deutsche Ansehen in der Welt, brauche ich Ihnen als Himalaja-Bergsteiger keine Ausführungen zu machen. Ich bin überzeugt, dass auch sie es freudig begrüssen werden, dass der D.Oe.A.V. diesen Plan aufgenommen hat.[53]

Borchers berief sich somit auf den nationalen Wert einer Auslandsbergfahrt. Er betonte diesen Aspekt, um gegenüber dem Fachamt zumindest dem Vokabular nach nicht ins Hintertreffen zu geraten. Die nationale bzw. nationalsozialistische Sport- und Wettkampfidee wurde somit bewußt von Borchers in seinen Antrag mit aufgenommen. Die Antwort Bauers vom 20. Juli 1935 auf Borchers Brief beinhaltet den ersten Hinweis auf seine eigenen Pläne für das Jahr 1936. Anscheinend sah Bauer die Gefahr einer erneuten Konkurrenz und versuchte deshalb mit einer Einladung an den Alpenverein, sich an seiner Expedition zu beteiligen, eine Einigung durchzusetzen. Ziel der von Bauer und Bechtold organisierten und von Wien geleiteten Kundfahrt sollte zu diesem

52
Brief Borchers' an Bauer vom 10. Juli 1935, Zentrales Archiv des DAV, Bestand der DHS; in dem Bericht über diese Sitzung des Hauptausschusses am 1. Juni 1935 in Stuttgart wird dieses Thema nur sehr vage erwähnt, von dem von Borchers genannten Beschluß ist keine Rede. Es heißt dort: „Die Engländer haben die Eroberung des Nanga Parbat den deutschen Bergsteigern vorbehalten und die Unterstützung diesbezüglicher Pläne anderer Nationen abgelehnt. Wann eine neue Nanga Parbat-Expedition zustande kommen soll, steht noch nicht fest, zweifellos wird es wieder eine aus reichsdeutschen und österreichischen Bergsteigern zusammengesetzte Expedition sein." Zitat nach „Bericht über die 53. Sitzung des Hauptausschusses", in: Vereinsnachrichten des Hauptausschusses des Deutschen und Österreichischen Alpenvereins, 15. Jahr, Heft 6, Juni 1935, S. 20-21, hier S. 21.

53
Ebenda.

Zeitpunkt noch ebenfalls der Nanga Parbat sein. Selbstverständlich sollten bei der neuen Fahrt auch Österreicher teilnehmen – ein Umstand, der dem D.u.Ö.A.V. als grenzübergreifendem Gesamtverein die Teilnahme an dem Unternehmen nach Bauer erleichtern sollte. Allerdings beharrte Bauer auf der Leitung der Expedition durch eigene Leute:

Zuschnitt des Unternehmens, Auswahl der Teilnehmer, Aufgaben und Nebenaufgaben und die Entscheidung über die sonstigen Nebenumstände müssen natürlich in den Händen der Herren, die die Deutsche Nanga Parbat Kundfahrt organisieren und praktisch leiten, liegen, denn sie haben auch ausschliesslich die Verantwortung für die einwandfreie Durchführung zu tragen. Für die Auswahl hat sich der Reichssportführer – durch die Erfahrungen der letzten Expedition – gewitzigt – wie in dem Resumée [der Sitzung vom 11. März 1935] mitgeteilt ist, eine [sic!] ausschlaggebendes Mitbestimmungsrecht vorbehalten.

Es ist aber selbstverständlich, dass sowohl Herr Bechtold und ich, die wir die Expedition organisieren, als auch Herr Dr. Wien, der die Expedition voraussichtlich leiten will, allen Wünschen, die der Hauptausschuss vorbringen wird, soweit es praktisch möglich ist, Rechnung tragen werden.

Ich bitte Sie, dem Hauptausschuss des D.u.Ö.A.V. vorzutragen, dass der D.u.Ö.A.V. von Herrn Bechtold und mir eingeladen wird, sich an der Nanga Parbat Kund-

fahrt 1936 zu beteiligen und sie durch entsprechenden Zuschuss zu unterstützen.

Bauer wollte den Alpenverein also an seinen Plänen beteiligen, allerdings nur in unterstützender und auf keinen Fall in federführender Funktion. Borchers überging in seiner Antwort vom 24. Juli 1935 einfach diesen mit der Einladung Bauers verbundenen Wunsch nach Unterordnung:

Ich freue mich sehr über ihre Mitteilung, dass Sie mit dem Beschluss des Hauptausschusses des D.Ö.A.V. vom 1. Juni 1935 betreffend einer Nanga Parbat Expedition 1936 des D.Ö.A.V. einiggehen und es begrüssen, dass der Hauptausschuss sich entschlossen hat, von sich aus eine bergsteigerische Kundfahrt in den Himalaja zu unternehmen. Gern arbeite ich in diesem Sinne weiter.

Mit lebhaftem Interesse habe ich ferner davon Kenntnis genommen, dass auch Sie mit Herrn Bechtold den Gedanken einer neuen Nanga Parbat Expedition aufgegriffen haben und den D.Ö.A.V. einladen, sich hieran zu beteiligen und einen entsprechenden Geldzuschuss zu leisten. Auch dies unterbreite ich unverzüglich der Vereinsleitung des D.Ö.A.V.. Ich darf Sie dabei dahin recht verstehen, dass eine Vereinigung der beiden Gedanken Ihnen erwünscht ist.

Dazu möchte ich allerdings noch einmal bemerken, dass der Haupt-Ausschuss in seiner letzten Sitzung den Plan einer „Alpenvereins-Expedition" aufgenommen hat, bei der also der Hauptausschuss des D.Ö.A.V. selbst Träger des Unternehmens ist und die Organisation übernimmt.

Trotz dieses Beharrens auf einer eigenen Kundfahrt des Alpenvereins versuchte Bauer weiterhin eine Einigung zu erreichen:

Ein Zusammenwerfen des von Herrn Dr. Borchers angekündigten Planes mit dem vom Fachamt und Herrn Bechtold bereits bearbeiteten Unternehmen begrüsse ich sehr. Dem Alpenverein steht die Beteiligung an dieser Unternehmung offen und er kann mit ihr als Träger erscheinen. [...] Wie ich in meinem letzten Schreiben bereits erklärte, bin ich [...] gern bereit dahin zu wirken, dass Wünsche, die der Alpenverein in diesem Zusammenhang ausspricht, soweit es möglich ist, erfüllt werden.[54]

Weshalb war die Frage nach der Führung einer Expedition von solch großer Bedeutung? Es hat den Anschein, als ob die Klärung der Kompetenzen bei Auslandsbergfahrten einen Bereich berührte, der zum Austragungsort viel grundlegenderer Probleme geworden war. Die geplante Erstbesteigung des „Schicksalsberges der Deutschen" hätte – für welchen Verband auch immer – einen enormen Prestigegewinn mit sich gebracht. Hätte eine Alpenvereinsexpedition den Berg bezwungen, dann wäre eventuell das Gesamtbild des Alpenvereins innerhalb der nationalsozialistischen Sportorganisation aufgebessert worden. Direkt ging

es um den Achttausender, indirekt ging es um die Selbständigkeit des Alpenvereins, der wegen seiner staatsübergreifenden Organisation erst mit dem Anschluß Österreichs im Jahre 1938 vollständig nationalsozialistisch ausgerichtet werden konnte. Als Widerstand des Alpenvereins gegen den nationalsozialistischen Reichsbund für Leibesübungen kann dies allerdings nur bedingt bewertet werden. Eine Expedition zu unternehmen war im Nationalsozialismus eine äußerst attraktive Möglichkeit, sich für die nationale Sache und somit auch für das Fortbestehen seines Verbandes einzusetzen.

Hieraus erklärt sich das nach außen hin selbstbewußte Auftreten des Alpenvereins im Spätsommer des Jahres 1935. In der 54. Sitzung des Hauptausschusses, die am 30. und 31. August 1935 in Bregenz stattfand, wurde beschlossen:

Auf die Einladung des Fachamtes Bergsteigen und Wandern zur Teilnahme an der von seinen Persönlichkeiten geplanten Nanga Parbat-Expedition wird folgende Grundlage für weitere Verhandlungen über die Beteiligung des A.V. beschlossen:

---

[54]
Brief Paul Bauers an den Hauptausschuss des D.u.Ö. Alpenvereins, z. H. des Verwaltungsausschusses, Stuttgart, 4.8.1935; Zentrales Archiv des DAV, Bestand der DHS.

1. Als Leiter der geplanten Nanga Parbat-Expedition habe eine Persönlichkeit teilzunehmen, die absolut das Vertrauen des H.A. genießt. Dafür wird Dr. Borchers vorgeschlagen.

2. Mindestens die Hälfte der Teilnehmer wird vom A.V. gestellt, wobei kein Anspruch [= Einspruch] *der einen Seite gegen die Teilnehmer der anderen Seite erhoben werden darf.* [55]

Noch vor Abdruck des Entschlusses des Alpenvereins wurde Bauer über dessen Inhalt durch den Verwaltungsausschuß am 6. September 1935 unterrichtet. Mit 32 gegen drei Stimmen bei einer Stimmenthaltung hatte der Hauptausschuß des D.u.Ö.A.V. diesen Plan beschlossen.[56]

Damit war der Punkt erreicht, an dem Bauer eine weitere Zusammenarbeit mit dem Alpenverein nicht mehr für möglich hielt. Ende September 1935 teilte er dem Verwaltungsausschuß mit, daß „wir auf der genannten Grundlage in Verhandlungen über die Beteiligung des Alpenvereins an der nächsten Himalaja-Expedition nicht eintreten können."[57] Er begründete seine Absage damit, daß nur eine Beteiligung des Alpenvereins, aber keine eigens durchgeführte Himalaja-Fahrt möglich sei. Erfolg sei nur dann in Aussicht, wenn das Fachamt, das die Kundfahrt organisierte, gleichzeitig die Leitung vor Ort in Asien übernehmen würde.

Dies ist die letzte Mitteilung, die sich zu diesem Streit im Archiv der Deutschen Himalaja-Stiftung finden läßt. Der Alpenverein hatte sich mit seinen Plänen und Beschlüssen nicht durchsetzen können und darüber hinaus auch seinen letzten Bonus beim Fachamt verspielt. Diese Auseinandersetzung ist wichtig, will man die Gründung der Himalaja-Stiftung 1936 verstehen: Die oft beschworene Kameradschaft aller Himalaja-Bergsteiger läßt sich nicht belegen. Vielmehr wurde das Expeditionsbergsteigen zum Zankapfel konkurrierender Gruppen. Selbst wenn es Bauer wirklich nur um die Beilegung bestehender Zwistigkeiten mit dem Alpenverein ging, so bot die Organisationsform einer Stiftung erhebliche Vorteile: Sie war eine Neugründung neben

55
Zitiert nach: Bericht über die 54. Sitzung des Hauptausschusses am 30. und 31. August 1935 in Bregenz, in: Vereinsnachrichten des Hauptausschusses des Deutschen und Österreichischen Alpenvereins, 15. Jahr, Heft 8./9. Oktober 1935, S. 43.

56
Verwaltungsausschuß des D.u.Ö.A.V. an den Leiter des Fachamtes für Bergsteigen und Wandern, Herrn Notar Paul Bauer, Landshut, 6. September 1935, Abschrift im Zentralen Archiv des DAV, Bestand der DHS.

57
Notar Paul Bauer an den Verwaltungsausschuss des D.u.Oe. Alpenvereins, Stuttgart, 27.9.1935, Durchschlag im Zentralen Archiv des DAV, Bestand der DHS.

den bereits bestehenden Interessengruppen der Bergsteiger. Dadurch war sie zumindest nach außen eine verbandspolitisch neutrale und rein zweckgebundene Organisation. Sie stand damit zumindest theoretisch für jeden Bergsteiger offen, der ihren Ansprüchen genügte. So sollte es sich bei späteren Expeditionen zeigen, daß durchaus auch Mitglieder des Alpenvereins von Bauer mitgenommen wurden. Gleichzeitig war gewährleistet, daß das Fachamt nicht als offizieller Ausrichter der Fahrten auftrat. Bei aller Sympathie von englischer Seite für Paul Bauer, so resultierte diese doch allein aus seinen bergsteigerischen Leistungen und persönlichen Freundschaften mit britischen Alpinisten. Seine Tätigkeit als Funktionär im Deutschen Reichsbund für Leibesübungen wäre vielleicht hinderlich gewesen, wenn es um englische Unterstützung ging.

Aus der Einrichtung einer Stiftung ergaben sich aber vor allem finanzielle Vorteile. Die Himalaja-Expedition von Merkl 1934 hatte Schulden hinterlassen. Bei zukünftigen Unternehmungen sollte dies vermieden werden, indem nicht nur für die Zeit der eigentlichen Expedition, sondern auch für die Zeit danach die Vermarktung der jeweiligen Fahrt durch Filme, Vorträge oder Bücher durch die Stiftung organisiert werden sollte. Mit den Einnahmen der letzten Expedition sollten die Ausgaben der nächsten zu einem Teil bestritten werden können.

Der erste belegbare Hinweis, daß Bauer nach den Ereignissen des Jahres 1935 eine Stiftung plante, ist sein Brief an Richard Finsterwalder, den berühmten Kartographen und Teilnehmer der Merklschen Expediton von 1934, vom 6. Januar 1936.

Dort heißt es:

Nachträglich ist mir klar geworden, dass Sie unter Umständen eine Mitwirkung im Beirat der Himalaya-Stiftung aus gewissen Bindungen dem Alpenverein gegenüber im Augenblick nicht gern übernehmen. Sie haben jedenfalls keine klare Antwort gegeben, ob Sie in den Beirat eintreten[,] und ich bekam sogar nachträglich den Eindruck, als ob Sie jedenfalls nicht mit Begeisterung bei der Sache wären. Bevor die Regelung endgültig getroffen wird, muss ich Sie nun fragen, ob Sie in den Beirat eintreten wollen. [...] *Es ist mir nun ganz klar, dass Borchers vollständig auf Abwege geraten ist und dass er die* Alpenvereinsleitung *mit sich zieht. Wenn überhaupt die Deutsche Himalayaarbeit fortgesetzt werden soll, so muss dies von anderer Seite als dem Alpenverein aus geschehen[,] und das soll der Himalayafonds sein. Der Alpenverein mag die Stiftung, wie ich die Herren kenne, vielleicht als gegen sich gerichtet betrachten. Das ist aber nicht der Fall; nicht die Absicht etwas gegen ihn zu unternehmen war der Grund zur Bildung der Stiftung, sondern die durch das vollständige Versagen des Alpenvereins geschaffene Notlage.*

Es ist für mich selbstverständlich, dass die Stiftung nichts gegen den Alpenverein unternehmen wird, aber ebenso selbstverständlich ist es auch, dass die Stiftung durch unangebrachte Rücksichten auf den Alpenverein ihre Arbeit nicht mehr hemmen oder gefährden lässt.[58]

Dieses Zitat zeigt mehreres: Zum einen, daß Bauer sicherlich schon viel früher als im Januar 1936 sich mit der Planung der Stiftung beschäftigte. Denn ansonsten hätte er nicht eine solche Detailfrage wie die Besetzung des Stiftungsbeirats hier besprochen. Zum anderen aber beweist es, daß die Stiftungsgründung eine Folge der Streitigkeiten mit dem Alpenverein gewesen ist. Finsterwalder arbeitete 1935 an einer Alpenvereinskarte vom Nanga-Parbat-Massiv. Er war sowohl dem Alpenverein als auch Paul Bauer stets sehr verbunden gewesen. Einen anerkannten Wissenschaftler und ehemaligen Teilnehmer der Kundfahrt von 1934 in den Stiftungsbeirat zu berufen, wäre ein großer Anfangserfolg für die Stiftung gewesen. Ob Finsterwalder bereit war, Mitglied des Stiftungsbeirates bei dessen Gründung zu werden, konnte anhand der Akten der Himalaja-Stiftung nicht geklärt werden.

Zum weiteren Procedere: Am 6. Mai 1936 bestellte satzungsgemäß der Reichssportführer den vom Beirat vorgeschlagenen Fritz Bechtold zum Vorstand der Deutschen Himalaja-Stiftung. Am 15. Mai wurde eine Gründungsurkunde erstellt, die am 26. Mai 1936 vom Bayerischen Kultusministerium bestätigt wurde. Dem Beirat sollten alle Teilnehmer ehemaliger Expeditionen angehören, die ihre Einnahmen aus Vorträgen usw. an die Stiftungskasse abzutreten hatten.

Alle Originale, die in der Zeit der eigentlichen Gründung der Stiftung, also im Frühjahr 1936, entstanden, sind entweder während des Zweiten Weltkrieges verbrannt oder befinden sich nicht im Archiv der Stiftung. Nur anhand von Abschriften oder Rekonstruktionen aus dem Gedächtnis, die nach 1945 zur Klärung der Gründungsgeschichte der Stiftung nötig wurden, läßt sich diese Abfolge in Teilen rekonstruieren.

Die Gründung der Stiftung bedeutete einen Schlußstrich unter lange Streitigkeiten und einen Neubeginn zugleich.

58
Paul Bauer an Dr. Richard Finsterwalder, Hannover-Linden, 6. Januar 1936, Durchschlag im Zentralen Archiv des DAV, Bestand der DHS.

Das Ziel der Kundfahrt der Deutschen Himalaja-Stiftung 1936:
der 6887 m hohe Siniolchu, nach Urteil des englischen Alpinisten
Douglas William Freshfield der schönste Berg der Erde.

3. Die Auslandsbergfahrten unter Leitung der Deutschen Himalaja-Stiftung von 1936 bis 1939

90

Bergsteigerischer Erfolg: Erstbesteigung des Siniolchu (6891 m), am 2. Oktober 1936 des Simvu (6550 m) und des Nepal Peak (7150 Meter); erstmals gelingt es, Berge des Himalaja im sogenannten Westalpenstil, also ohne Träger und mit kleinster Mannschaft, zu besteigen.

Im Völkischen Beobachter wird über die Fahrt berichtet:
fw. Unbezwungen stehen noch immer die Eisriesen im Himalaja, recken noch immer unbetreten von eines Menschen Fuß die Gipfel des Mount Everest, des Kangchendzönga und des Nanga Parbat sich empor; unbesiegt ist aber auch der menschliche Wille, sie trotz aller Schwierigkeiten und Schrecknisse doch noch zu bezwingen. Nächstes Jahr wird wieder ein deutscher Großangriff an den Nanga Parbat herangetragen, und ihn bestmöglichst vorzubereiten, wird sich anfangs Juli von München aus eine deutsche Vorexpedition auf den Weg machen.
Die „Deutsche Himalaja-Stiftung", eine vom Reichs-sportführer von Tschammer und Osten und den Leitern der bisherigen deutschen Himalajaunternehmungen, Paul Bauer und Fritz Bechtold, errichtete rechtsfähige Stiftung mit dem Sitz in München, veranlaßt diese neue deutsche Erkundungsfahrt, deren Durchführung bereits von den deutschen und englischen Behörden gestattet ist. Die vier Bergsteiger Paul Bauer, Dr. Karl Wien, Dr. Günter Hepp und Adolf Göttner sind ausersehen

zur Teilnahme. Ihr Ziel ist der Sikkim-Himalaja, der von Darjeeling aus, einem Kurort in den Vorbergen, erreicht wird. Ihre Aufgabe ist, sich zu einer Kernmannschaft heranzubilden für den nächstjährigen großen deut-schen Angriff auf den von ihrem „Trainingslager" über 1000 Kilometer entfernten Nanga Parbat. Die gesamte alpine und die Tropenausrüstung, die nach den Erfah-rungen der letzten Himalajaunternehmungen vom Münchener Sporthaus Schuster zusammengestellt und geliefert wurde, ist der kleinen Expedition bereits vorausgeschickt worden, die nach Bergsteigerart in aller Stille ihre Vorbereitung getroffen hat.
Paul Bauer, der Leiter des Unternehmens[,] und Dr. Wien, die beide zusammen 1931 schon am „Kantsch" waren, stehen mit ihren Erfahrungen zur Verfügung, letzterer auch als Fachmann auf dem Gebiet der Photo-grammetrie. Dr. Hepp, gleichfalls ein bekannter Berg-steiger, wird als Expeditionsarzt wirken, und Adolf Göttner, der 1935 eine Mannschaft in den Kaukasus geführt hat, wirft sein besonderes alpines Können in die Waagschale. Die besten Wünsche des ganzen deutschen Volkes und das Interesse aller Kulturnationen begleiten die Expedition.[59]

Die Teilnehmer:
Paul Bauer
(Expeditionsleiter),
Adolf Göttner,
Dr. Günter Hepp,
Dr. Karl Wien.

[59]
Die Himalaja-Vorexpedition marschbereit, in: Völkischer Beobachter, 26. Juni 1936.

Die Mannschaft von 1936: von links Dr. Karl Wien, Günter Hepp, Paul Bauer, Adolf Göttner.

Übersichtskarte des Kangchendzönga-Gebietes
mit dem Anmarschweg der Kundfahrt 1936 zum Siniolchu.

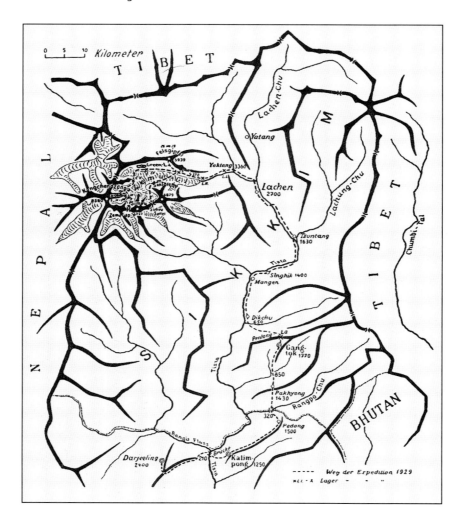

Teleaufnahme vom Gipfel
des Siniolchu (6887 m).

Liklo (5800 m) von der
Steinscharte des Siniolchu
aus. Am 31.8.1936 konnten
Göttner und Hepp diesen
Berg bis auf 100 Meter vor
dem Gipfel ersteigen.

Die Deutsche Himalaja-Stiftung über die Ziele und den Verlauf der Fahrt:

[...]

Angesichts der Bedeutung der deutschen Himalaja-Expeditionen stand es auch nach dem tragischen Ausgang der Nanga-Parbat-Expedition 1934 fest, daß deutsche Bergsteiger weiterhin in den Himalaja gehen würden. Ihre Teilnahme an dem Ringen um die höchsten Berge der Erde konnten durch die Wunden, die der Berg schlug, nur aufgehalten, nicht aber für immer ausgeschaltet werden. Ist es doch gerade der Geist des unbezwingbaren Tatendranges und des unverzagten Ausharrens einer verschworenen Gemeinschaft von Kameraden in einem grundehrlichen Kampf, der das Wesen dieser Unternehmungen ausmacht. „Der Kampf geht weiter", mit diesen Worten endete daher auch der unvergeßliche Film vom Nanga Parbat, der im ganzen Reich und kürzlich auch in Oesterreich mit großem Erfolg gezeigt wurde.

[...] Das Ziel der diesjährigen Expedition ist [...] nicht der Kantsch, für den die Mannschaft zu klein wäre, sondern die Besteigung von niedrigeren Bergen, die zu seinem Gefolge gehören. [...]

Die Mannschaft verließ München am 10. Juli und zwei Tage später von Genua aus mit dem deutschen Frachtschiff „Ehrenfels" nach Kalkutta. Paul Bauer fuhr von Madras in Südindien aus mit der Bahn voraus, um in Kalkutta einen sehr beifällig aufgenommenen Vortrag über seine früheren Expeditionen zu halten und Vorbereitungen für die Ankunft der übrigen Mannschaft zu treffen, die dann am 6. August – 26 Tage nach der Ausreise von Genua – eintraf. Noch am gleichen Tag fuhr Bauer weiter voraus nach Darjeeling, um aus der dort zur Verfügung stehenden Truppe von „Darjeeling-Trägern", die sich auf so vielen Unternehmungen in allen Teilen des Himalaja bewährten, einige Leute auszuwählen. [...] Die übrige Mannschaft, die das Expeditionsgepäck mitführte, folgte am 7. August von Kalkutta aus nach. In Siliguri, der noch in der Ebene nahe dem Fuß des Gebirges gelegenen Endstation der normalspurigen Eisenbahn, wurde sie von Bauer erwartet, der eine Karawane von fünf Autos zusammengestellt hatte, in die das Gepäck verstaut und unverzüglich die Weiterreise angetreten wurde, die, ohne Darjeeling zu berühren, auf der Straße durch das tief eingeschnittene Tistatal unmittelbar nach Gangtok, der Hauptstadt des unter englischer Hoheit stehenden Fürstentums Sikkim, führte. Dort wurde das Gepäck auf Tragtiere umgeladen, denn der Weiterweg mußte nun auf einem Saumweg erfolgen. Am 9. August, nachdem der Expeditionsleiter noch einen Besuch beim Maharadscha gemacht hatte, setzte sich die Karawane in Bewegung. [...]

Auf der Nordseite des Zemugletschers wurde an der Stelle des alten Lagers III der Kantsch-Expeditionen in

4525 Meter Höhe das Ausgangslager errichtet. Die Lachenleute [Träger aus dem Ort Lachen] *wurden gleich entlohnt und entlassen, sie hatten ihre Sache gut gemacht und manche wären noch gern geblieben. Zurück blieben die vier Bergsteiger und die sieben Darjeelingträger, die für die Ausrüstung der Hochlager verwendet werden.* [...] *Die erste Unternehmung führte in das Gebiet südöstlich des Siniolchu, dabei wurden wertvolle topographische Einblicke in ein Gebiet gewonnen, das zuvor noch nicht betreten worden war.* [...] [Es] *schloß sich ein Versuch an dem 7363 Meter hohen Tent Peak an, wobei am 9. und 10. September eine Höhe von 7200 Metern erreicht wurde. Infolge des Abbrechens eines ganzen Schneegrates, der auf die Nepal- (westlich) Seite hinabfiel, mußte der Rückzug angetreten werden. Am 11. September zeigten sich Anzeichen eines bevorstehenden Witterungsumschlages durch westliche Störungen, der zu noch weiterm Zurückweichen, bis nach Lager III, zwang. Nach 42stündigem Schneefall begann es endlich am 13. September aufzuklaren, worauf für den nächsten Tag schon der Beginn neuer Versuche beschlossen wurde. Wohin sich diese richteten, geht aus einem am 2. Oktober in München eingelangten Telegramm hervor, in dem die erfolgreiche Besteigung des Siniolchu am 23. September nach einem siebentägigen Angriff, mit zwei Biwaks ohne Zelt, gemeldet wird. – Der Siniolchu wurde noch nie von Bergsteigern versucht, es ist eine unglaublich kühne*

Berggestalt, die von allen Seiten gleich abschreckend aussieht. Die Besteigung dieses Berges ist ein großer Erfolg. [...] *Alle Rechte durch Deutsche HimalajaStiftung*[60]

Karl Wien schreibt in den Münchner Neuesten Nachrichten:
Über die Scharte zum Grad

Das Wetter war vollkommen klar, als wir am andern Tag um 5 Uhr aufbrachen und zu der Rinne anstiegen, die von der Scharte herabkommt. Ihr unterster Teil ist überaus steil und enthält mehrere Absätze, die wir teils direkt, teils durch Umgehung überwinden konnten. Oben wird die Rinne etwas flacher; dafür setzte dort eine mühsame, aufreibende Spurarbeit ein. Wir befanden uns auf reiner Nordseite. Der Schnee, der von Süden über den Grat geweht wird, sammelt sich dort an und bleibt pulverig. Besonders an den steilen Stellen wühlt und schwimmt man zunächst hoffnungslos, um in der lockeren, grundlosen Masse überhaupt höher zu kommen.

Um 10 Uhr hatten wir aber das obere Ende der Rinne erreicht. Wir waren noch 100 Meter unterhalb der

---

60
Münchner Neueste Nachrichten, 4. Oktober 1936:
Die deutsche Himalaja-Expedition 1936, Auf dem ‚schönsten Berg der Erde‘. Prächtiger Sieg der deutschen Bergsteiger über den Siniolchu.

Der Ostgipfel des Simvu (6545 m) mit der Aufstiegsspur
der Erstersteiger Göttner und Hepp am 2.10.1936.

Scharte, die mit steilen Rillenfirnwänden abbricht. Flachere Terrassen leiten aber nach links, von denen aus der Grat gewonnen werden kann. Doch lag auch hier der Schnee überall tief und drohte an steilen Stellen auf der darunterliegenden Harschschicht zu rutschen. Nachdem an der steilsten Stelle, die wir zu queren hatten, der Schnee bereits abgerutscht war, kamen wir sicher bis unter den Grat und erreichten um 2 Uhr nachmittags die freie Höhe des Grates etwa 100 Meter oberhalb der Scharte. [...]

Unser Weiterweg führte nun über den Grat, der scharf und teilweise nach Norden weit überwächtet sich vor uns aufschwang. An einer Stelle brach infolge des Sondierens mit dem Pickel ein überhängendes Wächtenstück nach der Nordseite ab und löste im Fallen eine Lawine aus, die erst tief unten auf der Terrasse zum Stillstand kam. Kurz unterhalb des Vorgipfels (6470 Meter) sperrte eine Wächte unser Vordringen; darunter befand sich eine flache Schulter, die als Biwakplatz gut geeignet war. Während zwei von uns am Abend noch einen Durchstieg durch die Wächte hackten, damit am nächsten Morgen keine Zeit verloren ginge, richteten die anderen den Biwakplatz her.

Biwak unterm Vorgipfel

Mittlerweile verschwanden auch die letzten Nachmittagsnebel; wir saßen auf einem hohen Balkon auf der schmalen Firnbank unter der Wächte. Wundervoll stand der Kantsch vor der untergehenden Sonne, dunkel lagen die Schatten der tiefen Schlucht des Passanram. Es hatte 8 Grad Kälte. Bald zogen wir die Zeltsäcke über uns – Bauer und Hepp zur Linken in dem einen, Göttner und ich rechts im zweiten Sack. Steigeisenfilz und Eispickel als Sitzunterlage, den Kleppermantel als Schutz gegen die Schneewand im Rücken, die Füße samt den Schuhen im Rucksack: so saßen wir die ganze Nacht in unserem Biwak. Bauer hatte den ungünstigsten Platz; ihn belästigte in der Nacht der Wind, der von Norden über den Grat kam, und ließ ihn frieren. Sonst hatten wir nicht sehr unter Kälte zu leiden; doch ist es in einer Beiwacht im Zeltsack in diesen Höhen mit dem Schlaf nicht gut bestellt. Wir waren froh, als der Morgen kam; rasch rüsteten wir zum Aufbruch nach oben.

Um 6 Uhr früh waren wir an diesem Tage, dem 23. September, unterwegs. Rasch erreichten wir den überwächteten Gipfelgrat des Vorgipfels, listeten uns jenseits hinunter in die Scharte, immer geschickt einen Ausgleich suchend zwischen dem flachen Teil der Wächte, der jederzeit abbrechen konnte, und den ganz steilen, unheimlichen Hängen, die in einer Flucht Tausende von Metern ins Passanram abstürzen. Um 8 Uhr waren wir in der Scharte angelangt, wo wir in der Sonne eine kurze Frühstücksrast hielten. Hier trennten wir uns. Göttner und ich gingen weiter, Bauer und Hepp blieben zurück. Sie deckten den Rückzug.

Auf dem Gipfel

Der nächste Abschnitt des Grates, den wir zu überwinden hatten, war ein 60 Meter hoher Aufschwung, der ungemein steil ist und oben von einer Wächte gekrönt war und dessen Ueberwindung uns nahezu eine Stunde kostete. Als mich Göttner über den Wächtendurchstieg hinaufsicherte, fand ich neben ihm gerade soviel Platz, um an ihm vorbeizukommen. Nachdem wir auch das nächste steile und überwächtete Gratstück – wobei wir hier wie auch vorher eine Ausgesetztheit fanden, wie ich sie von keinem Eisgrat in den Alpen kenne – überwunden hatten, wurde das Gelände etwas leichter; doch lag an den flacheren Stellen tiefer Schnee, der das Fortkommen erschwerte. In öfterem Auf und Ab führte dann der Grat zum Fuß des eigentlichen Gipfelmassivs, wo wir kurz vor 12 Uhr ankamen. Das Wetter blieb uns weiterhin ungewöhnlich gnädig. Die Nebel, die sich sonst Tag für Tag um diese Zeit eingestellt hatten, blieben heute aus; klar lag der Gipfel vor uns, ragten die hohen Berge um uns aus dem Wolkenmeer, das sich in etwa 5000 Meter Höhe ausbreitete.

Der Gipfel fällt nach Westen zu mit einer Eiswand ab, die – wie wir im Ansteigen erkennen – noch steiler ist als wir erwartet hatten. Felsen, von einem dünnen Firnbelag überzogen, zwangen uns, nach links auszuweichen, wo wir eine tragfähige Firnschicht fanden, über die wir sicher ansteigen konnten, bis wir auf hartes Eis stießen, *dem nur ein dünner Belag auflag. Um große, runde Felsen herum ansteigend erreichten wir dann ein Firngrätchen, das uns bis wenige Meter unter die Gipfelwächte führte.*

Alle Seillängen haben wir mit dem Vorausgehen abgewechselt; Göttner traf es nun, die Querung zu einer tieferen Stelle der Wächte, wo sie nicht so hoch war, zu führen. Hier hackt er einen Durchstieg, ich folge und darüber geht es ungemein steil noch eine Seillänge hinauf. Um 13.45 erreichen wir den Gipfel, der von einer Wächte gebildet wird. Schnell werfen wir einen Blick auf unsere Umgebung. Vor uns löst sich die messerscharfe Firnschneide des Südgrates, während gegen Norden die Flanke zum Gletscher abstürzt. Aufgebaut aus ungegliederten, klotzigen Granitstellen, darüber von jähen Wänden aus Rilleneis, die überall von Wächten gekrönt sind, erscheint unser Berg so steil und wild, wie wohl wenig andere.[61]

[61]
Bericht von Karl Wien, in: Münchner Neueste Nachrichten, 21. November 1936: Die Erstersteigung des Siniolchu.

100

Die Teilnehmer:
Dr. Karl Wien
(Expeditionsleiter),
Pert Fankhauser,
Adolf Göttner,
Hans Hartmann,
Dr. Günter Hepp,
(Expeditionsärzte),
Ulrich Luft,
Peter Müllritter,
Martin Pfeffer,
Carl Troll,
Leutnant Smart,
englischer Verbindungs-
offizier von den
Gilgit Scouts.

Verlauf der Expedition:

10. April:
18:50 Abreise am Münchener Hauptbahnhof. Wegen einer Verspätung des Schiffes erfolgt die Abreise aus Genua mit dem deutschen Frachtschiff „Frauenfels" erst am 14. April. Route: durch das Mittelmeer und den Suezkanal nach Indien.

1. Mai:
Bombay – 4. Mai: Srinagar – 8. Mai: Tragbal-Paß (3600 Meter) – 11. Mai: Überschreitung des Burzil-Passes, durch das Astor-Tal zum Indus-Tal – Mai: Überschreitung der Rakhiot-Brücke im Indus-Tal.

19. Mai:
Vorläufiges Hauptlager wird im Rakhiot-Tal bezogen (3550 Meter).

20.–23. Mai:
Erkundung gegen das zukünftige Hauptlager und Lager I am Südende der großen Moräne, Einrichtung des Lagers I (4450 m), Wegerkundung nach Lager II durch einen Vortrupp (Müllritter, Fankhauser, Hepp mit fünf Sherpas).

24. Mai:
Vortrupp wird durch 6 Sherpas und 8 Balti-Träger verstärkt.

25. Mai:
Weitere Verstärkung des Vortrupps gegen Lager II – bei Eintreffen Schneefall und Lawinensturz.

26. Mai:
Lager II (5360 m) wird vom Vortrupp besetzt.

27.–29. Mai:
Das schlechte Wetter hält an, die Höhenlager bleiben besetzt.

30. Mai:
Haupttrupp hat in der Zwischenzeit das Hauptlager (3967 m) am Fuß der großen Moräne in der Nähe von Drexels Grab († 1934) eingerichtet.

31. Mai:
Die Lager I und II sind wegen anhaltend schlechten Wetters von den Besatzungen geräumt worden.

1. Juni:
Die gesamte Mannschaft ist wieder im Hauptlager. Langsame Besserung der Wetterlage.

2. Juni:
Vortrupp besetzt wieder Lager I.

3. Juni:
Vortrupp erreicht wieder Lager II, findet die zurückgelassenen Lebensmittelvorräte von Lawinen verschüttet; 10 Sherpas mit Lasten zum Lager II, Haupttrupp im Lager I mit Leutnant Smart.

4. Juni:
Lastentransport von Lager I nach Lager II, Wegerkundung des Vortrupps nach Lager III.

5. Juni:
Vortrupp und 9 Sherpas besetzen Lager III (6000 Meter,

Nanga Parbat (8125 m)

Die Mannschaft von 1937
auf der Schiffspassage:

vordere Reihe von links
Martin Pfeffer,
Pert Fankhauser,
Günter Hepp,
der Kapitän,

hintere Reihe von links
Carl Troll,
Ulrich Luft,
Dr. Karl Wien,
Hans Hartmann,
Adolf Göttner.

etwas höher als Lager III der 1934er Expedition gelegen).

6. Juni:
Vortrupp erkundet den Weg zu Lager IV, Ankunft der Baltiträger in Lager II.

7. Juni:
Vortrupp besetzt Lager IV (6185 m).

8. Juni:
Der Haupttrupp (4 Europäer, 10 Sherpas, 12 Balti-Träger) besetzen Lager III; in der Nacht viel Neuschnee.

9. Juni:
Bei ungünstigem Wetter steigen alle Träger von Lager III zu Lager IV.

10. Juni:
Balti-Träger steigen ab mit Hilfe einiger Sherpas. Je vier Europäer befinden sich beim Vortrupp in Lager IV und beim Haupttrupp in Lager III.

11. Juni:
Der Haupttrupp steigt ebenfalls zum Lager IV auf, das jetzt von 8 „Sahibs" (7 Deutsche und Leutnant Smart) besetzt ist, dazu 10 Sherpas und 4 Balti-Träger; Nebel und starker Schneefall.

12. Juni:
Dauernder Schneefall; Lager V (6690 m) wird vom Vortrupp eingerichtet, wird aber nicht bezogen.

13.–14. Juni:
Das schlechte Wetter hält an und verhindert den weiteren Aufstieg. Lt. Smart bricht am 14. Juni mit den kranken Trägern zum Hauptlager auf. Sie kommen dort am 17. Juni an. Im Lager IV verbleiben: Wien, Müllritter, Hartmann, Hepp, Fankhauser, Göttner, Pfeffer sowie die Sherpas Nima Tsering, Mingma, Gyaljen Monjo, Jigmay, Pasang „Picture", Chong Karma, Angtsering, Nim Tsering und Kami, insgesamt 16 Bergsteiger.

14. auf 15. Juni, etwa zwischen 24 und 1 Uhr:
Eine Lawine löst sich vom Rakhiot Peak und verschüttet Lager IV.

17. Juni:
Dr. Luft bricht vom Hauptlager auf.

18. Juni
Er findet Lager IV verschüttet vor, kehrt um und schickt Nachrichtenboten los zur Rakhiot Bridge.

20. Juni:
Aus Srinagar wird nach Deutschland ein Telegramm geschickt, in dem zum ersten Mal über das Unglück berichtet wird.

Nanga-Parbat-Expedition reist ab
Verabschiedung am Münchener Hauptbahnhof
Am Samstagabend haben mit dem Bremer Schnellzug acht der Teilnehmer der Deutschen Nanga-Parbat-Kundfahrt die Ausreise von München angetreten. Die von dem Geographen Dr. Karl Wien geführte Mannschaft, zu der Peter Müllritter, Martin Pfeffer, Pert Fankhauser als

Bergsteiger, Dr. Günter Hett [sic!] *und Dr. Hartmann als Aerzte, Professor Troll und Dr. Luft als weitere Wissenschaftler gehören, trifft in Genua an Bord des Dampfers „Frauenfels" der Hansa-Linie mit Adolf Goettner, der die Schiffsreise schon angetreten hat, zusammen.*

Zur Verabschiedung auf dem Münchener Hauptbahnhof waren außer den Vertretern von Münchener Bergsteigervereinen und den Teilnehmern früherer Himalaja-Unternehmungen Brigadeführer Schneider, der Gaubeauftragte des Reichssportführers, der die Glückwünsche des Reichssportführers den Teilnehmern mit auf den Weg gab, sowie Notar Bauer, der Führer des Deutschen Bergsteigerverbandes, erschienen.

Mit den Heilrufen vieler Freunde sind dem Unternehmen die besten Wünsche der Heimat mitgegeben worden[,] *und Hoffnung zu gutem Gelingen knüpft sich an das dritte große Werk deutscher Bergsteiger, das dem gewaltigen westlichen Eckpfeiler des Himalaja gilt.*[62]

Am Fuß des Nanga Parbat

Weniger Schnee um die Märchenwiese als 1934
Die Deutsche Himalaja-Stiftung in München teilt mit:

Die Nanga Parbat-Expedition hat am 19. Mai das vorläufige Hauptlager oberhalb der Märchenwiese bezogen. Der Anmarsch von Srinargar, der Hauptstadt Kaschmirs, vollzog sich reibungslos und ohne Zwischenfall. Der Tragbal- und Burzilpaß (3900 und 4200 Meter)

wurden bei gutem Wetter und guten Schneeverhältnissen überschritten. In der Umgebung des Hauptlagers liegt heuer weniger Schnee als zur gleichen Zeit 1934. Als nächstes gilt es nun, den zerklüfteten Rakiotgletscher [!] *zu erkunden, über den der Anstiegsweg führen wird. Die Teilnehmer und Träger erfreuen sich bester Gesundheit und sind guten Mutes.*[63]

Die folgenden Auszüge aus den Tagebüchern von Pert Fankhauser, Hans Hartmann und Martin Pfeffer zwischen dem 19. Mai und dem 14. Juni sollen einen Eindruck vom Verlauf der Expedition bis zu ihrem tragischen Ende in der Nacht vom 14. auf den 15. Juni vermitteln.[63a]

Hans Hartmann, 19. Mai:

Ein Talboden öffnet sich, ein Bach rauscht, Eiszapfen und -schollen glänzen an seinem Rand; wo die Sonne noch nicht hinkommt, ist der Boden gefroren. Wir sind 3700

62
Neues Münchener Tagblatt, 12. April 1937.

63
Münchner Neueste Nachrichten, 26./27. Mai 1937.

63a
Tagebucheinträge, alle Zentrales Archiv des DAV, Bestand der DHS.

Schreiben Paul Bauers an den Reichssportführer von Tschammer und Osten
vom 17.3.1937 bezüglich Genehmigung der Deutschen Nanga-Parbat-Expedition 1937;
aus dem Antrag geht hervor, daß u. a. auch Hermann Göring als Reichsminister
für Luftfahrt 7500 RM für die Expedition spendete.

17. März 1937.

An den
Herrn Reichssportführer
Herrn Staatsrat Hans v.Tschammer und Osten
Berlin - Charlottenburg 9
Haus des Deutschen Sports
Reichssportfeld

Sehr geehrter Herr Reichssportführer !

Die heurigen Mannschaft zum Nanga-Parbat wird am 11.April in
Genua abfahren.
Den Plan für das Unternehmen in seiner endgültigen Form beehre
ich mich Ihnen anbei zu übergeben und bitte nunmehr um dessen
formelle Genehmigung.

Heil Hitler !
Ihr treu ergebener
gez.Paul Bauer
Beirat der Deutschen Himalaja-Stiftung
und Führer des Deutschen Bergsteigerverbandes,

3 Anlagen

P l a n
zur Durchführung der Deutschen Himalaja-Kundfahrt 1937

Z i e l e :

    Das Ziel ist die Besteigung des 8.125 m hohen Nanga-
Parbat.
    Als wissenschaftliche Nebenaufgaben sind vorgesehen :
a) meteorologische Arbeiten : Dr. Karl Wien, Dozent für Geo-
    graphie, Universität München
b) höhenphysiologische Arbeiten : Regierungsrat Dr. Hans Hart-
    mann , Luftfahrtmedizinisches Institut im Reichsluftfahrt-
    ministerium Berlin und dessen Assistent Dr. Ulrich Luft,
    ebenfalls Luftfahrtmedizinisches Institut , Berlin
c) geographische Arbeiten : Dr. C. Troll, o.ö.Prpfessor, Uni-
    versität Berlin .

    Es wird mittels Schmalfilmkamera ein Dokumentar -
film aufgenommen, für den ein Drehbuch angefertigt worden ist.
Aufnahme : Peter Müllritter.

Z e i t p l a n :

    Am 11. April wird die aus insgesamt neun Mann be-
stehende Mannschaft von Genua mit dem Dampfer " Rauenfels "
der Deutschen Dampfschiffahrtsgesellschaft " Hansa " abfahren
nach dem indischen Hafen Bombay oder Karachi. Von dort aus wird
die Reise mit der Bahn bis Rawalpindi und dann mit dem Auto nach
Srinagar fortgesetzt, die Ankunft in Srinagar ist für Ende April vorgesehen .

Blatt 2

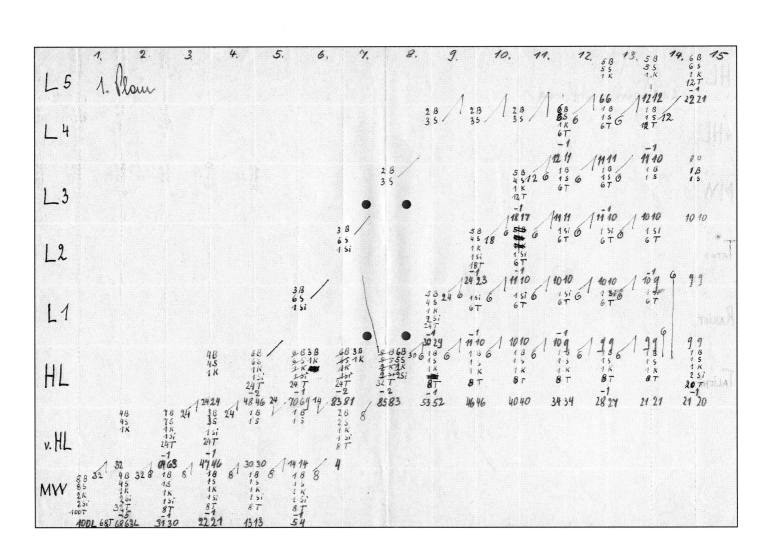

„Angriffsplan" für die Ersteigung des Gipfels des Nanga Parbat; da gerade die unteren Lager am Berg nicht besetzt gewesen waren, war es 1934 zur Katastrophe gekommen. 1937 wurden deshalb bereits in Deutschland verschiedene Möglichkeiten durchgespielt, wie die Gipfelregion des Berges möglichst schnell erreicht werden könnte. Der Plan zeigt, wie groß der Material- und Trägeraufwand beim Höhenbergsteigen dieser Jahre war: Der Nachschub mußte generalstabsmäßig organisiert werden, damit der „Angriff" am Berg vorangetrieben werden konnte. Gleichzeitig wurde man anfällig gegenüber unvorhersehbaren Ereignissen.

Meter hoch! Da vorn an der Moräne beginnt der zusammenhängende Schnee - - da beschließen wir, der Karlo und ich, die wir zum Schluß vorausgeeilt sind, daß hier das vorläufige Hauptlager errichtet werden soll. [...] Nun sind wir da, Nanga Parbat! [...] Wir bauen und werkeln [...] und ab und zu geht heimlich und verstohlen ein Blick zu Dir hinauf, Nanga, der Du so nah vor uns fast 4500 Meter über uns stehst. So weiß und rein bist Du! Nicht so gewaltig und so alles beherrschend wie der Kantsch – auch nicht so abweisend – aber schön und ganz weiß ragst Du gegen den Himmel empor – und wer in der feinen weißen Windfahne zu lesen versteht, die Du gegen das Himmelsblau sprühen läßt, der weiß, daß auch Du Deinen Gipfel verteidigst. Und unsere Kameraden von 1934 haben das erfahren müssen. - - -

Hans Hartmann, 26. Mai:
[In Lager II (5350 m):] *etwa um ½ 1 große Lawine:*
Ich stehe beim Pert, der eine Nudelsuppe kocht, da kracht es oben am Ostpfeiler des Nanga. Der Pert sagt: „Das ist wahrscheinlich unsere Lagerlawine, auf die wir schon seit 2 Tagen warten." Schnell gehe ich vors Zelt - und sehe gerade, wie sich im Nebel eine weiße Schneewolke auf uns zu bewegt. Schnell den Pickel in den Schnee und den Rücken gegen die Lawine gekrümmt – da braust der Schneestaub auch schon über mich hinweg! 20, 30 – fast 40 Sekunden ringt man nach Luft

und kann nicht richtig atmen. Der Schneestaub dringt überall zwischen die Kleider, der Topi [Bergsteigerhut] ist längst fortgerissen, die Haare stehen versit nach vorn – dann ist es vorüber! Bis zu den Knien stehe ich im gepreßten Schneestaub, alles ist in eine weiße Wüste verwandelt. Zwei Zelte sind umgerissen und zerfetzt, die Zeltstäbe geknickt oder gebrochen (Stahlbleche). Überall wühlen sich geduckte Gestalten mit vereisten Haaren und Bärten aus den Zeltresten, andere stehen aufrecht im Schnee. – noch ist alles starr – dann bricht ein Lachen los hier und da!

Pert Fankhauser, 26. Mai:
Ich fing als Invalide an zu kochen und ratschte mit Hatschi [= Hans Hartmann] [,] als es zu rumpeln anfing. Ich sagte noch zu ihm: „Jetzt kommt unsere vorausgesehene Lahn". Hatschi schaut mich ungläubig an, weil ich ihm anscheinend zu ruhig bin.
   Da kommts heran[,] eine dunkle Wand[,] trotz des Schneiens sichtbar mit furchtbarem Getöse und Geheule. Ich schreie: Haltet die Zelte fest! Dann bricht ein Sturm über uns herein. Schneebrocken fliegen[,] wie hingemäht sind alle Menschen, das Zelt will mit mir fort, ich stemme mich fest, ein Ruck, nur mehr ein Fetzen bleibt mir in der Hand. Alles ist untergetaucht in dem schrecklichen Weiss. Kaum kann ich Luft fassen, springe ich auf und rufe: „Buabn[,] seids alle da!" Ja[,] ruft einer. Nochmals

kommt ein Stoss nach[,] und dann kann man langsam erfassen[,] was geschehen war. Was ich gestern geahnt hatte, war eingetroffen. Und das Schicksal war gnädig mit uns gewesen. Zwar waren alle Zelte bis auf das Trägerzelt weg und zerrissen, unsere Sachen lagen im Schnee verstreut, sonst war ausser einem tüchtigen Schreck nicht viel passiert. [...] Wir gruben alles wieder aus, tauschten die Zelte aus und bald war ein ruhiges Leben eingekehrt. Es schneit noch immer. Wir wissen noch immer nicht, ist die Sache vorbei oder kommt ein grösserer Schub nach. Auf jeden Fall kann man sich etwas Schöneres vorstellen, als die gegenwärtige Lage es ist. Nun[,] wir wollen vertrauen und hoffen, dass das Schlimmste vorbei ist. Ist mir morgen nicht besser, so gehe ich ins L 1 hinunter und heile mich aus.

Hans Hartmann, 7. Juni:
[Besprechung für den Gipfelsturm in Lager IV:]
„6 Sahibs und 8 Sherpas sollen gleichzeitig vom Lager V (6700 Meter) aus vorstoßen, 2 Sahibs und 4 Träger vom Lager VI oder VII wieder zurückgehen. Das große Plateau über dem Silbersattel wird von je 4 Sahibs und Sherpas passiert, die das Lager VIII möglichst hoch errichten. Von hier aus versuchen die beiden besten „Schnaufer" den Gipfel zu erreichen, während die anderen den Rückzug decken. – So muß es gehen! Wenn wir noch 14 Tage gutes Wetter behalten.

Hans Hartmann, 9. Juni (Lager IV:)

(Ü)ber Nacht hat es geschneit, um 7 Uhr -16°C draußen, eine halbe Stunde Sonne, dann erneut Nebel, kurz darauf wieder Schneeflocken[.]

[...] *Dabei ist der Nebel so dicht, daß wir nicht einmal den Eiswulst, der sich 30 Meter hinter unserem Zelt auftürmt, erkennen können.* [64] *Wir können den Weg nach Lager V nicht weiterbauen – und sind zum Warten verdammt.* [...] *Wir beschließen, das Lager IV etwa 50 Meter höher in die nächste Mulde zu verlegen, zumal wir den Weg nach Lager V über sie und hinter den großen Eisabbruch herumführen müssen.* [65] *Der Platz hier ist nicht ganz lawinensicher – und außerdem hat es in den Nächten hier einige Male ganz verdächtig unter uns im Eise gekracht, was auf eine große Eisgeschwindigkeit und beginnende Spaltenbildung unter uns schließen läßt. Die Baltis und Sherpas, die mit Lasten vom Lager III heraufkommen, werden gleich an unserem Zelt vorbei in die obere Mulde hinaufgeschickt, wo die Spur endet.*

Pert Fankhauser, 9. Juni:

[Lager III]: [...] *Die ganze Nacht hat es geschneit. Das Zelt ist voll Eis. Karlo misst die Temp. 16°– im Zelt. Die Schlafsäcke sind oben hartgefroren und knistern bei jeder Bewegung. Geschlafen aber haben wir gut. Nur einmal in der Nacht weckte mich Karlo – ihm sei so schlecht, er möchte einen Tee. Ich gab ihm einen aus der*

Thermosflasche. [...] *Peter* [Müllritter] *stand schon früh auf und pries in lauten Tönen das schöne Wetter.* [...] *Mittlerweile wurde es wieder finster* [,] *und bei dickem Nebel zog ich los, um die Spur zu machen. Keine 100 m war ich vom Lager weg, als man nicht mehr feststellen konnte, wo[´]s weiter ging. Karlo kam noch und wollte unten weiter, ich oben. Schliesslich fühlte ich mit dem Pickel die alte Spur, die natürlich oben weiterführte. Mühsam war es, die Spur zu halten und durch den ½ m Neuschnee zu waten. Allmählich kam Sonne durch, und erleichterte das Suchen. Karlo und ich wechselten im Spuren ab und kamen nach 1.05 St. in L 4 an. Die waren eben aus den Säcken gekrochen. Nach kurzer Unterredung spurten wir auf eine andere Terrasse hinauf und beschlossen dort endgültig L 4 zu errichten. Der Weg nach L 5 soll nun also doch oben durchführen. Wir alle hoffen, den Rakiot unten umgehen zu können. Die Sicht ist schon wieder schlecht, es schneit. Nach kurzem Aufenthalt bei den Andern ging ich wieder hinunter*

64

Es handelt sich hierbei um den Eiswulst, der in der Nacht zum 15. Juni vom Rakhiot Peak über das Lager IV abbrach.

65

Nach der Katastrophe am 14./15. Juni wurde vor allem die hier genannte Verlegung heftig diskutiert. Lager IV war sowohl 1932 als auch 1934 als völlig lawinensicher beschrieben worden.

[zu Lager III], *begegnete den Trägern. – Von den 12 Baltis gingen heute nur mehr vier.* [...]

Es schneit nun schon wieder, Peter [Müllritter] *kocht einen Griesbrei mit Dörrobst, Smart raucht seine Pfeife, Karlo rechnet, ich schreibe, uns allen kommts recht gemütlich vor.* [...]

Pert Fankhauser, 10. Juni:

Am Morgen ists schön, um 10 Uhr fängts aber schon wieder zu schneien an. Wir wühlen wieder zum L 4. Die Spur ist schon wieder verschneit. 5 Baltis, einer davon sehr krank, 2 Sherpas und noch 4 Baltis begleiteten sie nach L 2 und brachten von dort Lasten mit. Es ist schon eine ganz grosse Leistung[,] *bei dem Schnee und Nebel gut zurückzukommen. Das Lager 4 wird höher verlegt, in eine freie Fläche unter dem Grat, der zum Rakiot führt. Tief graben wir die Zelte ein. Um ½ 2 Uhr gehe ich wieder nach L 3 hinunter. Ich kann nicht behaupten, dass ich ganz aussergewöhnlich gut beisammen wäre. Nachmittags gehts wieder besser. Heute hat es –20°, ganz schön kalt! Dann schrieb ich einen Brief an M.* [= Maria, Fankhausers Frau] *Karlo macht ein Telegramm. Die Sherpas singen, die Baltis liegen in den Zelten und jammern.* [...]

Hans Hartmann, 11. Juni:

Inzwischen sind auch die letzten Nachzügler eingetroffen. Die ganze Mannschaft ist ins Lager IV nachgerückt.

So gut wie alle Lasten, die vorn gebraucht werden, sind oben – die richtige Belagerung kann einsetzen, zu welcher uns leider der Berg mit seinem verdammten Sauwetter zwingt. [...] *Schnee und Kälte – das sind die Waffen des Nanga, die er gegen uns führt. Früher und schärfer als 1932 und 1934 setzt er diese Waffen ein – und er führt sie nach einem uns unbekannten Gesetz. Wir wollen diesen Kampf freudig annehmen! Denn uns gilt der Kampf mehr als ein leichter Sieg. Und den Berg werden wir am meisten lieben, um den wir am härtesten gekämpft!*

Hans Hartmann, 14. Juni:

Heut nacht waren´s nur –21°C, und um 6.30 Uhr lacht die Sonne so verlockend, daß wir alle an das Besserwerden des Wetters glauben! Dazu wird heute der „kleine Karlo", mein Bub, zwei Jahre alt. Heute sollen alle für Lager V bereits zusammengestellten Lasten bis auf die große Gletscherterrasse (6350 m) hinaufgeschafft werden, um dadurch bei einem wirklichen Besserwerden des Wetters den beschwerlichen, für morgen geplanten Umzug ins Lager V zu erleichtern. Gegen 9.30 ziehen der Adi, Karlo und ich zum Hinaufspuren los, die neun beladenen Sherpas folgen, danach Müllritter filmend, der aber später stehen bleibt und nur noch mit größeren Brennweiten den Aufstieg festhält; zuerst spuren wir abwechselnd – als es steiler wird, bleibe ich vorn und spure so mühelos, obwohl ich oft bis zu den Knien einsinke, daß sich der Abstand zwischen mir und den anderen ständig vergrößert. Es ist wunderbar schön! Und ich steig heute so leicht und ohne schnaufen zu müssen – und dazu noch in einem Schnee, wo ich normalerweise tief einsinke und ich mehr schinden muß als andere. Das ist mir wie ein Wunder – und macht mich still und dankbar – und ich glaube, den ganzen Tag steht mir heute ein feines Lächeln im Gesicht. Nun ja, zum Geburtstag vom Bubi.

Langsam, einer nach dem andern[,] treffen die Träger auf der Eisnase ein und deponieren ihre Lasten.

Martin Pfeffer[66], 14. Juni:

Zum erstenmal trage ich die Schneereifen[,] die das Spuren in dem abgrundtiefen Schnee bedeutend müheloser machen. Um 10.15 Uhr erreiche ich die Scharte, aber droben, wo sich ein unerhörter Tiefblick bilden sollte, ist alles schwarzer Nebel. Schwarz brodelt der Nebel über den Grat hinauf, wird oben vom Wind verblasen, der Silbersattel leuchtet noch in der Sonne und lustig ist es, den Kameraden und Trägern am Steilhang zuzusehen, wie sie im Schuß mit Geschrei herunterrutschen. Bald dringen von überall Nebel herein, während ich langsam auf den unbedeutenden Firngipfel nördlich der Scharte steige (6320 m). „Mein erster Sechstausender!" Grau ist alles um mich, um den Absturz, hinunter nach Osten[,] verliert sich alles ins Schwarze.

Im Lager IV können wir heute das erstemal warm in der Sonne sitzen und die Stimmung ist sehr hoch, denn jetzt scheint das Wetter endgültig besser zu werden, und morgen wird Lager V eingerichtet. Dann geht der Gipfelsturm an, und vielleicht wird bis zu Hatschis Geburtstag am 22. Juni der Gipfel fallen. Ich bin sehr glücklich, all diese Herrlichkeiten schauen zu dürfen. Um 6 Uhr, als der Sturm, der über den Gipfel bläst, auch unser Lager zu berühren beginnt, ziehen Günter [Hepp] und ich ins Zelt, dessen First noch lange von der Sonne beleuchtet ist, was im Inneren ein angenehmes warmes Licht verbreitet. Heftig rüttelt zuweilen der Sturm noch am Zelt, während wir in unseren Büchern schreiben.

Die Katastrophe (Bericht von Ulrich Luft) [67]

Am 18. Juni bewegte sich in aller Frühe eine Kolonne über die Eisterrasse von Lager II nach Lager III. Fünf Träger führte ich mit Proviant und mit der Post, die am 16. Juni

66
Pfeffers Tagebuch ist nicht erhalten. Nur dieser letzte Eintrag vom 14. Juni ist bei der Herausgabe von Hartmanns Tagebuch mitabgedruckt worden. Zitat aus: Hans Hartmann (†): Ziel Nanga Parbat. Tagebuchblätter einer Himalaja-Expedition, Berlin 1938.

67
Zitiert nach: Paul Bauer, Wegbereiter für die Gipfelsiege von heute, hrsg. von der Himalaja-Stiftung im DAV, Deutsche Himalaja-Stiftung, Berwang/Tirol 1987, S. 160 f.

im Hauptlager eingetroffen war, nach Lager IV. Bei dem strahlenden Wetter, das nun seit dem 15. herrschte, kamen wir gut vorwärts und erreichten gegen 10 Uhr Lager III. Die Baltis klagten über Kopfschmerzen, und ich schlug ihnen vor, sie sollten hier Tee kochen und eine Stunde rasten, während ich vorauseilte, um sobald wie möglich bei den Freunden zu sein, da ich aufs äußerste gespannt war, über den Stand des Angriffs etwas zu erfahren. Smart hatte mir am 14. einen längeren Brief von Wien mitgebracht, in dem er schrieb, alles sei im Lager IV zum Gipfelangriff bereit, nur habe das anhaltende Sturmwetter eine Besetzung des Lagers V verhindert. Sobald eine Wendung zum Besseren einträte, würden die Hochlager unverzüglich bezogen werden. In dieser Vorstellung eilte ich allein über die flachen Hänge vom Lager III nach Lager IV hinauf. Unablässig streifte mein Blick zum Rakiot Peak, um an seiner Flanke das Lager V oder darüber hinaus die Spuren der vorstoßenden Kameraden zu finden, aber vergeblich. Gegen Mittag gelangte ich zum ersten Lager IV, von dem ich wußte, daß es am 10. geräumt worden war. Andeutungen einer Spur waren an den Hängen oberhalb wohl zu erkennen. Schwer schnaufend spurte ich in die Höhe in der Erwartung, in einer Viertelstunde den Freunden die stets sehnsüchtig erwartete Post verteilen zu können. Jetzt stand ich in einer flachen Mulde, von der der Blick unbehindert vom Chongra Peak über den Grat zum Rakiot Peak schweifen

konnte. Bedrückende Stille herrschte ringsum. Eine verwehte Spur zog wie ins Endlose gegen den Grat im Osten. Mit unerbitterlicher Wucht und Klarheit drängte sich mir die Wahrheit ins Bewußtsein: Unmittelbar vor mir hatte eine Lawine von gewaltigen Ausmaßen eine Fläche von etwa 400 m Länge und 150 m Breite mit gigantischen Eisblöcken überschüttet. Weit und breit keine Spur vom Lager. Tausende Kubikmeter Eis waren darüber hinweggegangen.

Schon kamen meine Träger und bestätigten mir, daß hier das Lager stand, als sie am 14. abstiegen. Weit unten entdeckten wir einige Büchsen sowie drei leere Rucksäcke, die auf der Oberfläche mitgeschwemmt worden waren. Nach drei Stunden des Suchens war es mir klar, daß wir mit unseren leichten Eispickeln nie hoffen konnten, das tief eingegrabene Lager freizulegen. Alles war zu einer starren, unbeweglichen Masse verschmolzen. Alle sieben Bergsteiger und ihre neun Scherpaträger [sic!] mußten unter den Eistrümmern ruhen. Niemand konnte entkommen sein, da ich sonst längst Nachricht gehabt hätte. Weil am 15. bei strahlendem Wetter eine Partie das Lager V bezogen haben würde, mußte das Unglück sich in der Nacht vom 14. zum 15. ereignet haben.

Erhaben und abweisend gleißen die Hänge des Silbersattels hoch über mir in der Sonne.

Die Mannschaft ist nicht mehr.

Wie es zur Katastrophe am Nanga Parbat kam

[...] Fritz Bechtold, der als Teilnehmer der Himalaja-Expedition von 1932 und 1934 bekannt ist, und gegenwärtig mit Paul Bauer und Dr. von Kraus zur Untersuchung der jüngsten Lawinenkatastrophe am Nanga Parbat weilt, stellt uns folgende Ausführungen zur Verfügung.

[...] Es erhebt sich heute die Frage, ob dieses Lager an einem falschen Platz gestanden ist, ob etwa frühere Erfahrungen, die auf eine Lawinengefahr schließen ließen, unbeachtet geblieben sind. Auf Grund meiner Ortskenntnisse muß ich diese Frage sofort verneinen. Es gibt am ganzen Aufstiegsweg des Nanga Parbat kein Lager, das sicherer schien als Lager 4, das auf dem flachen, sanften Firnboden des oberen Rakiotgletschers liegt. [...]

Weder 1932 noch 1934 hat jemand daran gedacht, daß eine von dort niedergehende Lawine dem Lager gefährlich werden könnte, noch ist überhaupt jemals ein Schneerutsch vom Hang dieses Ausläufers beobachtet worden, obwohl durch diesen Hang der Weg zum Lager 5 hinaufführte, und demgemäß oft begangen wurde. [...]

Bei den Vorbereitungen 1934 wurde auch die Möglichkeit der Flugzeuglandung an der Flanke des Nanga Parbat geprüft. Mein Freund Willi Merkl trat damals mit Herrn Generalmajor Udet in Verbindung, der nach dem Studium des vorliegenden Bildermaterials erklärte,

daß eine Landung auf dem flachen Gletscherboden des Lagers 4 möglich ist. Diese Erklärung von so fachmännischer Seite zeigt besser als viele Worte die harmlose Beschaffenheit dieses Geländes.

Nach unseren Erfahrungen [...] zu schließen, müssen es ganz außergewöhnliche Verhältnisse gewesen sein, die eine derartige Katastrophe herbeiführten. Um das Lager 4 zu vernichten, mußte die Lawine von der etwa 250 Meter hohen Schneewand des kleinen Firnhöckers mit solcher Gewalt auf dem Firnboden aufschlagen, daß sie noch imstande war[,] die über 400–600 Meter lange waagrechte Strecke bis zu den Zelten zurückzulegen.

[...] Für das Unglück am Nanga Parbat weiß ich keine andere Erklärung, als daß unter außergewöhnlichen Schneeverhältnissen die ganzen Nordflanken des Rakiot-Peak-Nordostgrates abgerissen sind, so daß die losgelösten Schneemassen auf den Firnboden des Lagers 4 hinabgeschossen sind. [...]

Mit wehbrennenden Herzen beugen wir uns vor unseren unvergeßlichen Toten und ihren braven Trägerkameraden. Wir glauben nicht an jene mystischen Auslegungen, die den Berg zu einem Dämon machen, der alle Angreifer verderben will. Wir glauben an den Geist der toten Kameraden, und mit ihnen an das hohe Ziel.

114

In Indien treffen die Teilnehmer des Unternehmens auf Emil Kuhn, der die Bergung unterstützen möchte. Auf dem Weg zum Hauptlager am Nanga Parbat kommt ihnen Ulrich Luft entgegen; bei der Suche hilft auch Carl Troll, der inzwischen von seiner wissenschaftlichen Erkundung der näheren Umgebung zurückgekehrt ist.

Bauer und Bechtold fliegen am 25. Juni 1937 – also nur fünf Tage nach Bekanntwerden der Katastrophe – von Halle mit der niederländischen Fluglinie KLM über Athen, Alexandria und Bagdad nach Bombay. Dort werden sie von den englischen Behörden nach Möglichkeiten unterstützt. In Bombay treffen sie auch Dr. von Kraus, der bereits einen Tag früher mit dem Flugzeug Europa verlassen hatte. Mit der Bahn fahren sie gemeinsam nach Lahore; dort treffen sie sich mit dem Schweizer Emil Kuhn. Zu viert fliegen sie am 5. Juli mit einem britischen Militärflugzeug nach Gilgit, um sich den langen Anmarsch zu sparen. Dabei überfliegen sie auch den Hauptgipfel des Nanga Parbat, der von Bechtold erstmals photographiert wird. Von Gilgit gelangen sie auf Ponys zum Indus und von dort über Tato und die Märchenwiese zum Hauptlager. Für die gesamte Strecke von Deutschland bis zum Hauptlager haben sie insgesamt nur zwölf Tage gebraucht – für die damaligen Verhältnisse eine Sensation. Ulrich Luft, der ihnen vom Hauptlager entgegen kommt, empfängt die

Die Teilnehmer:
Paul Bauer,
Fritz Bechtold,
Karl von Kraus.

Bergungsexpedition mit den Worten: „Was bin ich froh, daß ihr da seid!"

Paul Bauer:
[Nach dem Bekanntwerden der Katastrophe:]
Von diesem Augenblick an – es war der 20. Juni 1937 – kam der Fernsprecher der Deutschen Himalaja-Stiftung für viele Tage nicht mehr zur Ruhe. Wir konnten die Nachricht nicht glauben. Es schien unmöglich, daß sie alle, samt ihren Trägern umgekommen sein sollten! War wirklich kein einziger im Kampf mit der Lawine Sieger geblieben, wo doch jeder von ihnen schon so oft allen Gefahren getrotzt hatte? Und wenn so eine ungeheure Katastrophe sie überfallen hatte, hätte Wien den Tod aller seiner Männer überleben können? [Durch einen Fehler bei der Telegrammweitergabe von Asien nach Deutschland war anfangs mitgeteilt worden, daß Wien der einzige Überlebende der Expedition sei.]
Die Deutsche Himalaja-Stiftung in München wurde zum Großen Hauptquartier, in dem man nach Gewißheit rang und in dem sich die Kräfte zur Hilfe und Abwehr sammelten. Telegramme waren nach Indien und England gegangen. Wir wachten Tag und Nacht; ununterbrochen wechselten Fragen aus aller Welt und Auskünfte, die ruhig sein mußten und die letzte Hoffnung nicht zerstören wollten. Endlich nach langer, qualvoller Ungewißheit kamen die Antworten vom Foreign Secretary aus Delhi

Das Unglückslager 1937: Blick vom Aufstieg zum Chongra Peak zurück zum Rakhiot Peak:
Rechts unten sind die Zelte von Lager IV zu erkennen, das in der Nacht vom 14. auf den
15. Juni 1937 unter einer Lawine begraben wurde. Dabei starben insgesamt 16 Bergsteiger.
(Aufnahme aus dem Jahr 1934).

Handschriftliche Mitteilung Paul Bauers an Peter Aufschnaiter vom 20.6.1937:
An diesem Tag wurde das Unglück am Nanga Parbat nach Deutschland gemeldet.
In der Stiftungszentrale herrschte in den folgenden Tagen große Aufregung:
Man konnte nicht glauben, daß fast die komplette Mannschaft gestorben war.
Die Informationen aus Asien waren anfangs sehr vage, gleichzeitig mußten
Anfragen aus aller Welt beantwortet werden.

116

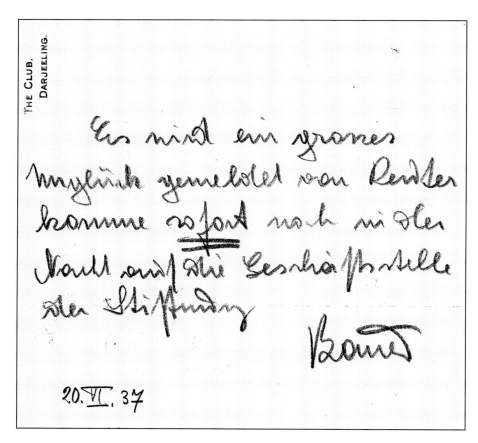

Blick in das Rakhiot-Tal (rechts) und Buldar-Tal (links), am Horizont das Nanga-Parbat-Massiv (rechts oben) und der kleine und große Chongra Peak (links oben); das Foto machte Fritz Bechtold auf dem Flug der Bergungsmannschaft von Srinagar nach Gilgit in 4000 m Höhe oberhalb des Indus-Tals.

Mit Hilfe der Photographie von Fritz Bechtold und der Nanga-Parbat-Karte von Richard Finsterwalder fertigte Fritz Ebster ein Relief im Maßstab 1:10 000 an. Es ging bei der Zerstörung des Alpinen Museums während eines Bombenangriffes 1944 verloren. Otto Schimpp stellte nach dem Krieg ein neues Relief im Maßstab 1:50 000 her, das sich heute in der TU München befindet.

Rast auf der Märchenwiese
während des Anmarsches
der Bergungsmannschaft
zum Hauptlager am Nanga
Parbat: von links Leutnant
Smart, Karl von Kraus,
Ulrich Luft, Emil Kuhn,
Paul Bauer.

vom Deutschen Konsulat, aus Srinagar und Political Agent in Gilgit selbst: Es war kein Zweifel mehr, das Unglück war geschehen. Wien aber war auch unter der Lawine, einzig verschont von den Bergsteigern war Luft.

Das ganze deutsche Volk erzitterte unter diesem Schicksalsschlag und mit ihm viele in der ganzen Welt. Für uns, die wir sie ausgesandt und beraten hatten, die wir selbst uns als einen Teil der Mannschaft fühlten, gab es nur eins, wir mußten zur Unglückstätte, mußten helfen, vielleicht lebte noch einer in den höheren Lagern. Und wenn wir ihnen sonst nichts mehr tun konnten in diesem Leben, so mußten wir im Unglück und im Tod zu unsern Freunden stehen.

Es war wie ein Funke, der von einem zum anderen sprang und sofort zündete. Bechtold, Kraus und ich rissen uns von Beruf und Familie los.[68]

Günter Oskar Dyhrenfurth:

Am 15. Juli begannen die Grabarbeiten; zwei Tage später hatte man ein Lager in der Nähe der Unglücksstelle eingerichtet.

Zunächst blieb alle Mühe ergebnislos, da man nicht wußte, wo man in dem ausgedehnten Lawinenfeld mit dem Graben anfangen sollte. Endlich stieß man auf eine Eisaxt, die einem Träger gehört haben mußte; Stunden später konnte man den ersten Toten freilegen, Pasang Norbu. Aber Norsang Sirdar hatte ausdrücklich erklärt,

daß man die toten Sherpas an Ort und Stelle belassen solle. Darum wurde nach den übrigen Toten nicht weiter gesucht.

Nun hatte man einen Anhaltspunkt, wo die Sahib-Zelte zu suchen seien. Weiter ging die harte Grabarbeit, denn die Lawine – hartgepreßter Schnee mit einzelnen Eisblöcken – war drei bis vier Meter dick. Die ersten, die man fand, waren Pfeffer und Hartmann. Sie lagen wie in friedlichem Schlummer in ihren Schlafsäcken. „Die Hände und das Gesicht waren ruhig, ohne jedes Anzeichen eines plötzlichen Schreckens." Die Armbanduhr zeigte 12.20 Uhr. Sie war offenbar nur durch die Kälte stehen geblieben. Als man sie in die Tasche steckte, lief sie wieder an. Später wurden noch Hepp, Wien und Fankhauser freigelegt und alle in ein gemeinsames Grab gebettet. Nur das dritte Zelt von Müllritter und Göttner, das unter einem großen Eisblock lag, konnte nicht ausgegraben werden.

Die Tagebücher und fast die gesamte persönliche Ausrüstung konnte man bergen. Alles war unversehrt, selbst die photographischen Apparate und ein so empfindliches Instrument wie ein Barograph, der neben Wien gestanden hatte.

68
Zitiert nach: Paul Bauer, Wegbereiter für die Gipfelsiege von heute, hrsg. von der Himalaja-Stiftung im DAV, Deutsche Himalaja-Stiftung, Berwang/Tirol 1987, S. 162.

Teilnehmer der Bergungsmannschaft mit Lawinensonde auf der Suche nach den verschütteten Zelten. (Aufnahme aus unveröffentlichtem Filmmaterial)

Karl von Kraus, Mitglied
der Bergungsmannschaft
1937, vor der Stein–
pyramide für die 1934
verunglückten Bergsteiger,
die Karl Wien und seine
Mannschaft errichtet
hatte.

Skizze aus dem Notizheft
von Martin Pfeffer, das
der tote Bergsteiger bei
sich trug und von der
Bergungsmannschaft
gefunden wurde.

Luft und Kraus, die bis zu ihrer völligen Erschöpfung gearbeitet hatten, und die letzten beiden Träger stiegen am 22. Juli zum Hauptlager ab.

Nach Bauers Beschreibung ist die Lawine vom Rand der Eisterrasse 400 Meter südlich des Lagers abgebrochen. Es war eine grosse Eismasse, die einen kurzen Steilhang hinunterglitt und sich dann noch 200 bis 300 Meter über nahezu ebenes Gelände fortbewegte, wobei die gesamte, 1–1,5 m dicke Neuschneelage mitgerissen wurde. Die Hauptmasse der Lawine kam gerade auf dem Lager zum Stehen. „Die Zelte waren zunächst schon in einer Grube angelegt worden, der Neuschnee, der dauernd fiel, ließ sie noch tiefer unter der Oberfläche verschwinden, so daß am 14., als Smart das Lager verließ, nur mehr ein kleines Spitzchen von den Zelten über den Schnee hinausragte. Deshalb wurden sie nicht von der Lawine weggetragen, sondern an Ort und Stelle in der Grube zugeschüttet." (Bauer)

Die sechszehn [sic!] Mann – sieben Deutsche und neun Sherpas – scheinen gar nicht erwacht, sondern ohne Schrecken vom Schlaf in den Tod eingegangen zu sein.

Auch über diese Tragödie ist in der alpinen Literatur viel geschrieben worden. Merkwürdiger Zufall? Bestimmung? Der „Dämon des Himalaya"? Die Hand Gottes? Die Deutung ist Sache der Weltanschauung. Hier soll nur eines sachlich festgestellt sein: Wenige Minuten höher oben, auf dem weiten Firnplateau westlich des Sattels 6283 m, wäre Lager 4 absolut sicher vor Lawinen gewesen. Warum wurde das obere Standlager 1937 in der Mulde unterhalb der Eisbrüche des Rakiot Peak errichtet? Noch dazu von einem Expeditionsleiter mit Himalaya-Erfahrung! [...]

Erwin Schneider, der den Nanga Parbat so genau kennt, spricht auch von dem entscheidenden Fehler, „dieses sicherste Lager am ganzen Nanga Parbat an einer falschen Stelle aufgeschlagen zu haben". Da es zwischen Lager 1 und 4 unmöglich ist, einen vollkommen sicheren Ort zu finden, sei man offenbar dazu gelangt, auf der großen Firnterrasse die Tücke des kleinen Eisbruches am Rakiot Peak zu unterschätzen.[69]

[69] Günter Oskar Dyhrenfurth: Das Buch vom Nanga Parbat, München 1954, S. 67–71.

Einladung zur „Weihestunde Deutsche Himalaja-Kundfahrt 1937 der Deutschen Himalaja-Stiftung, unterstellt dem Reichssportführer von Tschammer und Osten" im Ufa-Palast in Berlin. Wenige Tage zuvor fand eine Gedenkfeier in der Universität München statt. Bei beiden Feiern wurden die verunglückten Bergsteiger zu Helden der deutschen Nation erklärt. Der in der Einladung erwähnte Text von Walter Flex lautet:

„Was Frost und Leid –
Mir gilt ein Eid,
Der glüht wie Feuerbrände
Durch Schwert und Herz und Hände,
Es ende drum, wie's ende –
Deutschland, ich bin bereit!"

Deutsche Himalaja-Kundfahrt 1937

Sonntag
12. Dezember 1937
11 Uhr 30

Aufforderung zur Teilnahme an der

Ufa-Palast
am Zoo in Berlin
11 Uhr 30

Weihestunde
Deutsche Himalaja-Kundfahrt 1937

der Deutschen Himalaja-Stiftung,
unterstellt dem Reichssportführer von Tschammer und Osten

Folge:

Feierlicher Marsch
aus einem Oratorium
von G. Friedrich Händel

Bilder zum Gedächtnis
der am Nanga Parbat gefallenen
deutschen Forscher und Bergsteiger

Lichtbildervortrag: Dr. Ulrich Luft
Ein Bericht vom Erlebnis der
Nanga Parbat-Kundfahrt 1937

Gelöbnis von Walter Flex
Leitspruch, vorgefunden im Tagebuche
des verunglückten Hans Hartmann

Dritter Satz aus dem Concerto Grosso G-moll von G. Fr. Händel

Mitwirkende: Berliner Instrumental-Collegium / Als Sprecher: Heinz von Cleve

Es wird gebeten von Beifallskundgebungen abzusehen

Bitte wenden

Ehrenplakette für Sherpas, die sich bei der Bergung 1937 hervorgetan hatten. Ursprünglich sollte den Darjeeling–Trägern das Ehren-zeichen des Deutschen Roten Kreuzes verliehen werden. Da dieses jedoch nicht an Ausländer vergeben werden durfte, wurde auf Betreiben des Reichssportführers von Tschammer und Osten ein eigenes Abzeichen hergestellt.

126

Die Teilnehmer:
Paul Bauer
(Expeditionsleiter);
Bergsteiger:
Bruno Balke,
Fritz Bechtold,
Rolf Chlingensperg,
Alfred Ebermann
(Funker und Bergsteiger),
Ulrich Luft,
Mathias Rebitsch,
Hans-Herbert Ruths,
Ludwig Schmaderer,
Stefan Zuck,
Fliegerhauptmann
MacKena und Kapitän
Bowman von der Royal Air
Force, sowie Major Kenneth
Hadow als englische
Verbindungsoffiziere;
Flugzeugbesatzung:
Lex Thoenes
(als Bergsteiger hatte
er 1929 Bauer zum
Kantsch begleitet),
Bordfunker Rudolf Mense,
Bordmonteur Otto Spengler

Anreise wie 1937 mit dem Schiff nach Indien, über Srinagar und das Astor-Tal zum Indus, von dort über die Märchenwiese zum Hauptlager am Nanga Parbat; das Flugzeug wird in Srinagar stationiert.

Es wird erstmals versucht, die Hochlager am Nanga Parbat aus der Luft mit einem Flugzeug zu versorgen. Dafür stellt Generalmajor Udet[70] eine Ju 52 zur Verfügung. Dadurch sollte erreicht werden, den langwierigen und gefährlichen Transport durch Hochträger auf ein Minimum zu reduzieren, denn die Katastrophe von 1937 hatte gezeigt, daß die unvorhersehbaren Gefahren des Berges ein schnelleres Vorwärtskommen nötig machten.

Ein deutsches Flugzeug im Himalaja zur Verpflegung einer Hochgebirgsexpedition war eine Sensation. Mit einem derartigen Einsatz an Technik erschien die Erreichung des Gipfels als sicher.

Paul Bauer:
In der letzten Nacht nach der Bergung 1937 am Lagerfeuer im Hauptlager am Nanga Parbat wurde von Bechtold, Luft, v. Kraus, Kuhn, Smart und Bauer ein neuer Versuch auf den Nanga Parbat abgesprochen und [Bauer] [...] zum Expeditionsführer bestimmt. [...] Bechtold und [...] [Bauer] wählten die Mannschaft aus. Von Eigenmächtigkeit und von Befehl von oben kann auch hier nicht gesprochen werden.[71]

Paul Bauer:
Am 10. Juni sollte unsere Ju 52 zum erstenmal das Hauptlager anfliegen. Wir warteten gespannt. Auf einmal erhebt sich ein Brausen. Ist es eine Lawine? Nein! Bald unterscheidet man deutlich das Motorengeräusch. Das Flugzeug kommt zwischen Chongra Peak und Rakiot Peak über das Nanga-Parbat-Massiv. Als wir es zwischen den Wolken sehen, ist es aber schon wieder im Abflug nach Westen und verschwindet. Wir hören das Motorengeräusch nicht mehr. Dann hören wir es weit in der Ferne. In höchster Eile, aufgeregt, entfachen wir ein Feuer. Die Träger hätten in ihrem Eifer ihre Decken hineingeworfen, um Rauch zu erzeugen, wenn wir sie nicht daran gehindert hätten. In wenigen Minuten steigt eine Rauchsäule im Hauptlager auf. Ob der Flieger noch einmal kommen wird? Plötzlich wieder das Gebrumm. Er kommt über den Kamm des Jiliper Peaks. Jetzt muß er das Hauptlager gesehen haben! Er kommt direkt von der Eiswand des Ganalo Peak her und überfliegt das Lager. Es ist atemberaubend, wie knapp das Fahrgestell

[70]
Ernst Udet (1896-1941), erfolgreicher Jagdflieger des Ersten Weltkrieges, seit 1935 Oberst und seit 1938 Generalluftzeugmeister; er beging am 17.11.1941 nach einer heftigen Auseinandersetzung mit Göring Selbstmord.

[71]
Siehe Schreiben Bauers an die Teilnehmer der Nanga Parbat-Sitzung im Rathaus am 29. August 1952, München, 29. Oktober 1952, S. 2.

Die Mannschaft von 1938 im Hauptlager (3967 m):
von links Alfred Ebermann, MacKena, Kenneth Hadow, Hans-Herbert Ruths, Rolf von Chlingensperg,
Fritz Bechtold, Mathias Rebitsch, Stefan Zuck, Paul Bauer, Bruno Balke, Ludwig Schmaderer.

Die Ju 52 (D–AWBI)
über dem Hauptlager. Das
Flugzeug sollte Lasten in
den Hochlagern abwerfen.
Der langwierige Anmarsch
sollte somit erleichtert
werden. Allerdings konnte
nur auf Sicht geflogen
werden, der Abwurf war
ungenau und einzelne
Lasten wurden beschädigt.

Eine deutsche Ju 52 in Indien war eine Sensation:
hier das Flugzeug auf dem Flugplatz in Srinaçar, von dem die
Besatzung mehrmals während der Expedition zum Nanga Parbat
im Norden startete. Für den Funker Ebermann im Hauptlager
war es sehr schwer, den Funkkontakt zur Ju 52 herzustellen.

Sherpa-Kolonne in der steilen
Querung unter dem Nordgrat
des Rakhiot Peak vor Lager VI,
im Hintergund der Chongra
Peak. An dieser Stelle befand
sich 1932 Lager VI.

die Moräne überschwebt. Fünf, sechs Lasten werden abgeworfen, aber nur ein Sack kommt langsam am Fallschirm im Gleitflug herab. Zwei Säcke reißen sich vom Fallschirm los. Bei zwei anderen entfalten sich die Fallschirme nicht richtig. Eine Kiste fliegt so zwischen die Steine, daß die glänzenden Knäckebrotdosen weit in die Gegend verstreut werden, frisches Obst ist zu Obstsalat verarbeitet. Fleisch- und Marmeladekonserven haben sich ineinander verkeilt. Im großen und ganzen ist aber sehr viel mehr heil geblieben, als wir erwarteten. Besonderes Glück war es, daß zwei große Benzinkannen und ein Edison-Akkumulator vollkommen unbeschädigt ankamen; sie waren in dem langsam herabschwebenden Sack. Nach einer Ehrenrunde fliegt Thoenes wieder talaus, geht höher und höher, kehrt über Gilgit um, kommt wieder auf uns zu, verschwindet aber dann, nach Osten abbiegend, über den Wolken. Dieser erste Anflug war großartig. Das Herz schlug uns bis zum Halse hinauf ob der Kühnheit, ja, ob der Frechheit, mit der der Pilot, unser Lex, über die Moräne huschte. Eine halbe Stunde später hatte sich der Himmel so zugezogen, daß ein Anfliegen des Hauptlagers nicht mehr möglich gewesen wäre.[72]

Am 16. Juni wurde Lager 3 erreicht

Nanga-Parbat-Expedition wird durch Flugzeug verpflegt
Ueber die Errichtung des Lagers 3 der deutschen Nanga-

Parbat-Expedition gibt die Expedition in einem Telegramm an die Deutsche Himalaja-Stiftung u.a. nachstehende Einzelheiten bekannt: „Am 8. Juni gelang es drei Mitgliedern unserer Mannschaft, einen Weg durch das Labyrint [sic!] des Eisbruchs des Rakiot-Gletschers zu finden, und sie erreichten die Terrasse, wo das Lager 2 von früheren Jahren gestanden hatte. In den folgenden Tagen wurde eine beträchtliche Anzahl Lasten mit Nahrungsmitteln und Ausrüstung von den Suerpa- [sic!] und Baltiträgern hinaufgetragen. [...]

Für einige Tage wurde dann unser Fortschreiten am Berg behindert, da sehr schlechtes Wetter einsetzte. Alle Verbindung mit Lager 2 war vom 12. bis zum 15. Juni unterbrochen. Als wir unsere dort eingeschlossenen Freunde wieder erreichten, nachdem wir mühevoll durch den tiefen Schnee gespurt hatten, waren wir froh, zu sehen, daß sie den Sturm in einem geschützten Lager in allerbester Verfassung überstanden hatten.

Am 16. Juni wurde das Lager 3 (5900 m) erreicht und besetzt. An diesem Morgen warf das Flugzeug wiederum frische Lebensmittel und Post über dem Hauptlager ab."[73]

72
Paul Bauer: Das Ringen um den Nanga Parbat 1856-1953, Hundert Jahre bergsteigerischer Geschichte, München 1955, S. 166 f.

73
Hakenkreuzbanner Mannheim, 22. Juni 1938.

Fritz Bechtold: Wie wir Willy Merkl fanden

[...] *Die Rakiot-Eiswand, das Bollwerk des Berges*

[Lager V:] *Ehe wir am Morgen aus den Zelten gekrochen sind, ist Uli* [= Ulrich Luft] *schon geraume Zeit auf und arbeitet am Kochstand an einem Frühstück, dem er angesichts unseres Tagewerkes besondere Liebe zuwendet. Denn Stephan Zuck und ich wollen heute die Rakiot-Eiswand, das große Bollwerk des Berges, bewältigen. Mit bedächtigen Bewegungen richten wir die Sicherungsseile her, tun den Kletterhammer, die Mauer- und Eishaken in den Rucksack, dann ziehen wir los. Der Sturm ist über Nacht eingeschlafen. Im ersten Glanz des Morgens leuchtet über dem Firngrat der Gipfel des Nanga.* [...]

Wir wenden uns der Wand zu. Zuck ist voraus und spurt den langen Quergang, durch den wir eine steile Rinne umgehen. Auf einmal gellt der Ruf von Zuck:

Achtung, über uns hängt ein Toter!

An dem alten Seil von 1934 hängt noch einer jener braven Sherpa-Träger, die beim Abstieg am 10. Juli 1934 erfroren sind. Sein Gesicht ist verhältnismäßig gut erhalten, ganz rein, gelb gebleicht. Trotzdem kann ich nicht erkennen, ob es Nima Dorje oder Nima Tashi ist. Ein Hosenbein ist durch den Schneeabtrieb fortgerissen, die Unterkleidung ist noch gut erhalten. Wir beschließen, ohne Aufsehen weiterzusteigen und den Toten am nächsten Tag zu bergen. Denn die Träger, die Ruths zum Lager V gebracht hat, dürfen nicht aufmerksam gemacht

werden. Sie könnten in der Begegnung mit einem Toten ein Vorzeichen sehen, das sie nicht mehr weitergehen läßt.

[...] In der Frühe kommen auch Bauer, Rebitsch mit fünf Trägern herauf und bringen die Seile. Doch Bauer will versuchen, den Quergang unter dem Rakiotfelsen zur Mulde hinüber zu erzwingen. Er und Rebitsch spuren dorthin, während Herbert und ich auf das Ergebnis ihrer Erkundung warten werden. Luft und Zuck gehen indessen die Wand hinauf, um den Toten zu bergen. Langsam hat sich Uli dem Toten genähert und ihn von seiner Seilbefestigung befreit. Es macht viel Arbeit, ihn über die Unebenheiten der Wand hinabzulassen. Schließlich geht Herbert noch hinauf, um mit einem dritten Seil bei der Überführung zu helfen. Uli untersucht die Taschen des wackeren Sherpa nach etwaigen Briefen, Tagebüchern oder photographischen Aufnahmen, aber er findet nichts, was über die Katastrophentage von damals Aufschluß geben könnte. Dann versenken sie die Leiche in eine tiefe Spalte unter der Wand. Eine Eisstaubwolke steigt auf. Schweigend kommen die drei von oben zurück. [...]

[Am Morgen des 22. Juli] ziehen Bauer, Luft, Zuck und ich mit je einem Träger los. Ich mache mit Pintzo den Anfang. Ohne Aufenthalt kommen wir über die gefährlichen Stellen. Mit seinem schönsten Grinsen drückt Pintzo seine Anerkennung über die hier von uns

Hochlager im Schneesturm am Nanga Parbat:
Bei der Deutschen Nanga-Parbat-Expedition 1938
verzögerte sich der Aufbau der Lagerkette
aufgrund Dauerschneefalls, so daß die Fahrt
ohne Gipfelerfolg abgebrochen werden mußte.

Eine Steinpyramide mit Hakenkreuzflagge für die am Nanga Parbat verunglückten Bergsteiger und Sherpas auf der Endmoräne des Rakhiot-Gletschers; rechts die steil aufragende Wand zum Vorgipfel, links im Hintergrund der Rakhiot-Gletscher.

geleistete Vorarbeit aus. [...] Ohne Schwierigkeit gelangen wir zur Scharte zwischen Rakiot Peak und Mohrenkopf. Wieder ist ein herrlich blauer Tag auf den Nanga gestiegen. Wir halten eine kleine Rast, der Pintzo und ich, und rauchen, ich habe meine Pfeife und der Pintzo dreht sich aus Zeitungspapier und meinem Rauchtabak eine Zigarette.

Ganz nahe ist der Firngrat gerückt mit seinen barocken Schaumrollen, mit seinen Schneetürmen und Wächten – und mit seinen schweren Erinnerungen. Wie ferne dunkle Glocken klingen in mir diese Bilder ... damals, als wir über diesen Grat zogen, der Willy Merkl, Uli Wieland und Willo Welzenbach ... wie sie sich freuen würden, diesen neuen Angriff, diese neue Mannschaft zu sehen ...

Da kommen sie heran zu meinem Rastplatz, der Zuck, der Uli Luft und der Bäuerle. Jeder ist begeistert über den schönen Tag, den guten Weg und über das Vorwärtskommen des Angriffs. Wir gehen weiter. In dem Steilstück kurz unterhalb der Scharte ist die Spur verweht und ich habe ziemlich harte Arbeit. Dann bleibe ich zurück, um zu filmen und schaue hinauf, wie die anderen die Scharte betreten. Ich sehe es deutlich: ein jeder setzt sich auf seine Last, Sahib wie Träger, und jeder sieht nur nach einer Richtung, nach dem Südpfeiler des Nanga Parbat. So herrlich und so weit hier heroben die Welt ist, so begierig hier jeder nach dem Weiterweg sucht, so gilt

doch auf dieser überirdischen Warte der erste Blick immer der furchtbaren Südwand. 5000 Meter hoch, in mächtigen granitenen Pfeilern und überhängenden Eisdomen stößt sie aus den Mittagsnebeln des Rupaltales herauf und krönt sich mit dem Gipfel.

Da höre ich Bauer und Zuck einige Rufe wechseln. Da kommt auch schon Zuck mit beiden Trägern zurück. „Dort oben beim Mohrenkopf liegen zwei Tote", sagt er, „wahrscheinlich sind es zwei Träger."

Der sonst so lustige Buta hat einen starr geradeaus gerichteten Blick und der Pemba lächelt so merkwürdig, wie eben nur ein Sherpa ein Grinsen zerdrücken kann. Sollten sie doch etwas gesehen haben? Kurz entschlossen nimmt Zuck alle Träger zusammen, geht zurück und schlägt unter der Scharte im Schutze eines Eisschrundes ein vorläufiges Lager VI auf. Inzwischen gehen Uli und ich zum Mohrenkopf hinauf. Von dem schmalen Felsen geschützt, liegen dort zwei Tote aufeinander, zwischen ihnen eine Schaumgummimatte. Das Gesicht des oberen ist vollständig erhalten. Von Sturm und Sonne strohgelb gebleicht, als sei es mumifiziert.

Mit entblößten Häuptern stehen wir stumm eine Weile vor der Majestät des Todes. In Gedanken gehe ich die Reihe unserer braven Träger von 1934 durch, aber ich kenne dieses Gesicht nicht, das der Tod gezeichnet und in das der Berg seine Runen gegraben hat. Es ist zweifellos ein Träger, der Kleidung und der Ausrüstung nach.

Die mumifizierte Leiche Gay-Lays, erster Orderly Willy Merkls, wird vier Jahre nach dem Kältetod der beiden am Mohrenkopf von den Bergsteigern der Expedition von 1938 aufgefunden und bestattet. Gay-Lay hätte sich 1934 wahrscheinlich retten können. Er blieb aber bei Merkl.

Den anderen Toten können wir noch nicht ganz sehen, da er zum größten Teil durch den oberen verdeckt ist. Doch unter der Schaumgummimatte ragen Sahibschuhe hervor mit sauber gebundenen Wickelgamaschen [,] und die Expeditionshose kommt mir bekannt vor. Sollte dies Willy Merkl sein? Bauer spricht es zuerst aus. Ja, ja – je mehr ich darüber nachdenke, finde ich, daß es niemand anders sein kann. Dann aber ist dieser Sherpa der getreue Gay[-]Lay, der am 14. Juli 1934, als er sich mit Angtsering noch hätte retten können, bei seinem kranken Bara-Sahib blieb und mit ihm starb.

Vom Felsturm springt gegen Süden eine größere Kante vor. Hier heben wir im Schnee eine große Grube aus und betten den Sherpa darein, nachdem wir seine Taschen vergeblich nach irgendwelchen Aufzeichnungen der Freunde untersucht haben. Dann machen wir uns daran, den Sahib von seiner Schneeumklammerung zu befreien, die vom Kopf bis zur Brust reicht. Ganz vorsichtig legen wir den Kopf frei. Stück für Stück kommt das klare unversehrte Gesicht Merkls zum Vorschein, das der Berg durch die Jahre rein bewahrt hat. Der strahlende Willy –.

Treuer Freund meiner ganzen Jugend – und ich durfte nicht hoffen, dich noch einmal wiederzusehen.

Das Grab am Mohrenkopf
Nach der ersten Erstarrung machen wir uns an die Arbeit, die uns zu tun verbleibt. Uli öffnet Willys Taschen. Wir finden einen verschlossenen Brief, den Willo Welzenbach am 10. Juli 1934 in Lager VII geschrieben hat. Er berichtet darin, daß sie beide krank sind und Hilfe bräuchten, und daß sie Uli Wieland verloren hätten.

In der Tasche findet sich auch ein kleiner Wecker, der sofort weiterläuft, als ich ihn aufziehe. Er stand auf ein Viertel nach neun Uhr. Außer dem Eispickel, dessen Schaft angeknickt ist, finden wir nichts mehr. Angtserings Schilderung war richtig: die beiden hatten nichts mehr als eine einzige Kulidecke und eine Schaumgummimatte. Nur daß die beiden noch die ungeheure Energie aufbrachten, von dem Gratsattel zum Mohrenkopf hinaufzusteigen, das konnte niemand wissen. Aus der Haltung Willys ist zu schließen, daß er noch nicht mit dem Leben abgeschlossen hatte. Er lag da, wie einer, der gerade ausruhen wollte. Seine Handschuhe waren ausgezogen und auf den Oberschenkeln ausgebreitet. Doch deutet alles darauf hin, daß Willy vor Gay[-]Lay gestorben ist. Wir haben Willy Merkl gemeinsam mit seinem Trägerkameraden Gay[-]Lay auf der vorspringenden Schneekanzel bestattet, von der der Blick auf den Gipfel des Nanga Parbat hinübergeht.

Erst vor dem Einschlafen habe ich so ganz gewußt, wie schön es war, daß ich den Willy noch einmal sehen durfte.[74]

[74]
Völkischer Beobachter, 28. August 1938.

Brief Welzenbachs aus Lager 7 vom 10. Juli 1934:
„An die Sahibs zwischen L. 6 und L. 4., insbesondere Dr. Sahib.
Wir liegen seit gestern hier[,] nachdem wir Uli [Wieland] im Abstieg verloren. Sind beide
krank. Ein Versuch nach 6 vorzusteigen mißlang wegen allgemeiner Schwäche. Ich, Willo,
habe vermutlich Bronchitis[,] Angina und Influenza. Bara Sahib hat allgem. Schwächegefühl.
Wir haben beide seit 6 Tagen nichts Warmes gegessen und fast nichts getrunken.
Bitte helft uns bald hier in L. 7. Willo und Willy."

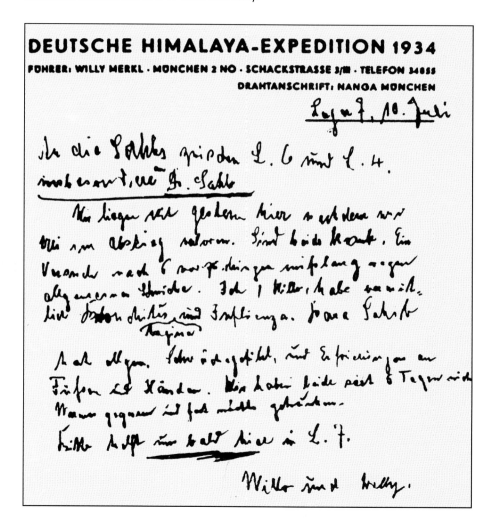

Bergsteigerisches Ziel:

Erkundung der Diamir-Flanke des Nanga Parbat

Nachdem vier Expeditionen es nicht geschafft hatten, über den Rakhiot-Gletscher, den Nordostgrat und den Silbersattel den Gipfel des Nanga Parbat zu erreichen, wurde 1939 eine kleine Expedition ausgerüstet, die die Westseite des Berges erkunden sollte. Hier war bereits 1895 der englische Bergsteiger Mummery bei einem äußerst wagemutigen Besteigungsversuch des Nanga Parbat verschollen. Die Fahrt von 1939 war gedacht als Vorbereitung für die Großexpedition, die 1940 Deutschland verlassen sollte.

1938 war der Plan, durch Lastentransport per Flugzeug die Probleme am Berg zu erleichtern, wegen des schlechten Wetters gescheitert. Der Pilot der Ju 52, Lex Thoenes, hatte bereits damals den Auftrag bekommen, mit seinem Flugzeug die Diamir-Flanke des Berges zu überfliegen und Photos davon mitzubringen. Während des Rückmarsches erkundeten Zuck und Luft zum ersten Mal seit Mummerys Versuchen 1895 Zugänge zum Berg von Westen her.

1939 ging man daran, Alternativen zu der zeitintensiven und wiederholt gefährlichen Route über den Rakhiot-Gletscher zu erforschen. Nicht die Besteigung des Gipfels, sondern die Suche nach neuen Anstiegsmöglichkeiten war das vorrangige Ziel dieser Auslandsbergfahrt.

Die Teilnehmer:

Peter Aufschnaiter (Expeditionsleiter), Lutz Chicken (Expeditionsarzt), Heinrich Harrer, Hans Lobenhoffer.

Da Aufschnaiter Hindostani geläufig sprach, wurde es nicht für nötig erachtet, einen englischen Verbindungsoffizier mitzunehmen.

Trotz ihrer bergsteigerischen Erfolge ist diese Expedition erst im nachhinein[75] durch Heinrich Harrers Bestseller „Sieben Jahre in Tibet" berühmt geworden: Am Ende dieser Fahrt wurden die vier Bergsteiger kurz vor Ausbruch des Zweiten Weltkrieges in Indien interniert, was der Beginn der abenteuerlichen Odyssee von Aufschnaiter und Harrer nach Lhasa war.

Heinrich Harrer, Mitglied der erfolgreichen Seilschaft an der Eiger-Nordwand 1938, war keiner aus dem Kreis der Bergsteigerfreunde um Paul Bauer oder des Akademischen Alpenvereins München. Daß er dennoch in den Himalaja mitfahren konnte, verdankte er hochrangigen und einflußreichen Personen im Staat.[76]

75

Auffallend ist, daß nur wenige Berichte während der Expedition über diese in alpinen Zeitschriften erschienen. So etwa: Die deutsche Nanga Parbat-Kundfahrt 1939, in: Österreichische Alpenzeitung 61, 1939/1940, S. 194 f.; bei diesem handelt es sich allerdings auch nur um eine Wiedergabe der am 11. Juni im Völkischen Beobachter, Wiener Ausgabe, gemachten Mitteilungen.

76

Vgl. dazu Tilman Müller und Gerald Lehner: Ein Held mit braunen Flecken, in: Stern 23/1997, S. 25-30, hier S. 29: „Unmittelbar nach dem ‚Triumph am Eiger' wurde die Harrer-Seilschaft zu einem Sportfest in Breslau gebracht. Hitler persönlich gratulierte den Bergsteigern vor einer Menge von 30 000 jubelnden Zuschauern: ‚Kinder, Kinder, was habt ihr geleistet!' Auch Himmler war da. Der sei zu ihm gekommen, erzählt Harrer heute, und habe gefragt: ‚Ich hätte da eine Expedition nach Tibet, wenn sie Lust haben mitzugehen.' Harrer heiratete am 24.12.1938 die Lotte von Wegener, Tochter des Polar-

Verlauf der Expedition:

6. April:

Abreise aus München, Schiffspassage von Antwerpen aus durch die Straße von Gibraltar über das Mittelmeer, durch den Suezkanal nach Bombay, mit Zug bis nach Karachi, von dort mit dem Sindh-Express nach Rawalpindi.

11. Mai:

Mit Sherpas (u.a. auch wieder mit dem Expeditionskoch Ramona, der seit 1934 bei jeder deutschen Expedition mit dabei gewesen war) Aufbruch von Rawalpindi nach Balakot mit Autos, von dort aus Transport mit ca. 30 Maultieren bis nach Kagan.

20. Mai:

Überschreitung des Babusar-Passes ins Indus-Tal mit Hilfe der Gilgit-Scouts.

29./30. Mai:

Ankunft am Ende des Diamir-Tales, Anwerbung von 40 Kulis für Transport zum Hauptlager.

2./3. Juni:

Errichtung des Hauptlager am Rand des Diamir-Gletschers (4050 m).

13./14. Juni:

Besteigungsversuche der Rippe in der Steilflanke des Nordgipfels (Mummery-Rippe).

15. Juni:

Errichtung von Lager III (5250 m) am Fuß des Einstiegs in die sogenannte Mittelrippe. In den folgenden Tagen Erkundung der Mittelrippe bis in eine Höhe von ca. 5950 m durch Harrer und Aufschnaiter.

20. Juni:

Rückkehr ins Hauptlager.

29. Juni:

Aufschnaiter, Chicken, Harrer und zwei Träger ersteigen über den Diamirai-Sattel (5485 m) den Diamirai Peak (5568m).

Anfang Juli:

Die vier Bergsteiger deponieren ihre Lasten im Hauptlager und unternehmen eine weitere Erkundung zum Rakaposhi (7788 m). Die zunächst erteilte Genehmigung zur Einreise in dieses etwa 100 km entfernte Gebiet wird nach dem Tod des Political Agent, Major Galbraith, am 14. Juni von dessen Nachfolger wenige Tage später zurückgenommen. Deshalb kehren die Bergsteiger ins Diamir-Tal zurück. In der Zwischenzeit ist ihr Hauptlager von Einheimischen weitgehend geplündert worden, und das Wetter verschlechtert sich.

forschers Alfred von Wegener. Er hatte es laut Stern mit dem Heiraten eilig, „[...], da ´ch', so schrieb Harrer am 5. November 1938 an das Berliner RuSHA [= Rasse- und Siedlungshauptamt], ‚zur Mannschaft der deutschen Nanga-Parbat-Expedition gehöre und auf ein halbes Jahr in den Himalaja fahre.' (Ebenda, S. 29 f.) Bei den Unterlagen der DHS im Zentralen Archiv des DAV finden sich keine Vermerke darüber, wie und wann Harrer in die Mannschaft der 1939er Fahrt kam.

Lageskizze des Anstiegs durch das Diamir-Tal von Westen.

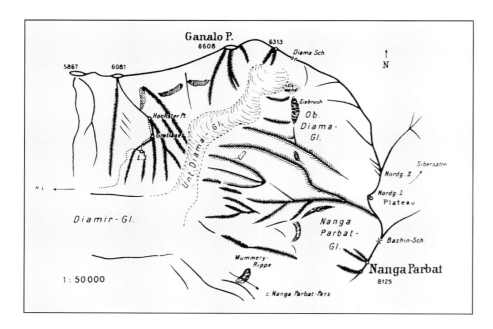

Mannschaft 1939: von links Hans Lobenhoffer,
Heinrich Harrer (vorne), Lutz Chicken.

Die vier Bergsteiger wurden Ende August 1939 kurz vor
Kriegsausbruch in Indien interniert. Harrer und Aufschnaiter
flohen aus dem Lager in Dehra Dun und gelangten nach
einer abenteuerlichen Flucht nach Lhasa. Darüber berichtet
Heinrich Harrers Bestseller „Sieben Jahre in Tibet" sowie
Martin Brauen (Hrsg.): Peter Aufschnaiter. Sein Leben
in Tibet, Innsbruck 1983.

Nanga Parbat vom Haupt-
lager im Diamir-Tal aus:
links die Felsrippen, die
vom Nordgipfel herab-
ziehen, in der Mitte die
Mummery-Rippe.
Oben: Vorgipfel, Bazhin-
Scharte, Hauptgipfel,
Südwestgrat.
Nach den schlechten
Erfahrungen mit der Route
über den Rakhiot Peak
sollte die Kundfahrt 1939
andere Möglichkeiten zur
Ersteigung des Nanga
Parbat vom Diamir-Tal
aus finden.

Trägerkarawane auf dem Weg ins Hauptlager; 1939 bestand die Mannschaft
nur aus vier Bergsteigern. Dennoch wurde eine große Anzahl von Lastenträgern benötigt.

16./18. Juli:
Lager I bis III werden wieder aufgebaut; die Seilschaft
Harrer-Lobenhoffer kann Lager IV in 6000 m errichten,
am 20. Juli Abbruch an der Diamir-Flanke wegen zu
starken Steinschlages.
23. Juli:
Aufschnaiter und Chicken führen die erste Besteigung
des 6606 m hohen Ganalo-Peak-Westgipfels durch,
nachdem sie in 5900 m Höhe kampiert hatten.
Ende Juli:
Die Mannschaft wechselt ins Rakhiot-Tal (Aufschnaiter
und Chicken vom Diamir-Tal über den Kachal Gali und
den Jiliper Gali, Harrer und Lobenhoffer von der Rakhiot
Bridge). Dabei besuchen die Bergsteiger das Grab
Drexels und das Erinnerungsmal auf der Rakhiot-Morä-
ne. Rückmarsch über das Astor-Tal und den Tragbal-Paß.
22. August:
Ankunft in Srinagar.
25. August:
Ankunft in Karachi.
1. September:
Noch vor der englischen Kriegserklärung an das Deutsche Reich (3.9.1939) werden die vier deutschen Bergsteiger von Engländern interniert.

Paul Bauer:
*Die Expedition 1939 war als Kundfahrt von nur 4 Mann
mit kleineren Aufgaben entsandt worden. Eine Kampf-
gemeinschaft auf Leben und Tod war hier nicht so
unbedingt erforderlich. Hier griff die Stiftung in die
Zusammensetzung der Mannschaft ein. Sie bestimmte
– erstmalig – den Leiter in der Person von Peter
Aufschnaiter. Dieser hatte seine Qualifikation hierfür
bereits am Kantsch 1929 und 1931 bewiesen und war
als bester Kenner des Himalaja, seiner Völker, deren
Sprachen und Gewohnheiten zu bewerten. Die Mittel zu
dieser Kundfahrt entsprangen allein dem Stiftungskreis,
woraus wohl unzweifelhaft der Stiftung das Recht
zugestanden werden muss, auf die personelle Besetzung
einzuwirken.*[77]

Paul Bauer:
*Der neue Weg sollte kürzer, sicherer gegen Eislawinen,
weniger dem Sturm ausgesetzt und frei von Gegen-
steigungen sein, vor allem sollten die in dieser Höhe
ungemein kräftezehrenden tagelangen Märsche durch
sonnenglühende Gletschermulden und tiefverschneite*

77
Schreiben Bauers „An die Teilnehmer der Nanga Parbat Sitzung
im Rathaus am 29. August 1952", München, 29. Oktober 1952, S. 2;
Zentrales Archiv des DAV, Bestand der DHS.

Gletscherbecken vermieden werden. Dafür konnte manche technische Schwierigkeit in Kauf genommen werden. [...]

In etwa 5300 Meter Höhe wurde ein Lager auf dem Ganalo-Kamm errichtet, und von einem etwa fünfhundert Meter höher gelegenen Turm konnte man alles gut übersehen. Folgendes zeigte sich: Ein Aufstieg auf die sanfter geneigten Gletscherfelder unter dem Nordgipfel II war vom Diama-Gletscher nicht möglich; zu steile Eisabbrüche im hintersten Becken schlossen diesen Weg aus. Die Steilflanke unter dem Nordgipfel I, an welcher der Diama-Gletscher entlangfließt, ist durch einige Rippen gegliedert; von ihnen blieb, nach eingehendem Studium, nur die mittlere als Möglichkeit übrig. Schließlich blieb als weiter zu prüfender Anstiegsweg das von Mummery verfolgte Rippensystem, welches aus dem weiten Becken des Diamir-Gletschers unmittelbar zum Gletscher unter der Bazhin-Scharte leitet; es war jedenfalls leichter erreichbar als die Rippe in der Steilflanke des Nordgipfels I. [...]

Nach Rückkehr vom Ganalo-Kamm teilte man sich in zwei Gruppen: Aufschnaiter und Harrer suchten einen möglichst sicheren Weg durch den Diama-Gletscher an den Fuß der in Aussicht genommenen Rippe in der Steilflanke des Nordgipfels I. Chicken und Lobenhoffer gingen zur Mummery-Rippe. Am 14. Juni kletterten sie, durch eine kleine Eislawine am frühen Morgen gewarnt, den felsigen Rücken des zweiten Absatzes der Rippe hinauf. Auf dem Kopf des Absatzes fand sich ein Stück Holz, das zweifellos von Mummery und seinem Träger dort zurückgelassen worden war. Die Felsen wiesen hier und auch am Beginn des nächsten Steilaufschwungs starke Spuren von Eis- und Steinschlag auf. Aus diesem Grunde schien der Anstieg für eine größere Expedition auszuscheiden. Tatsächlich überbrandeten in der Folge Eislawinen größten Ausmaßes die ganze Rippe und füllten das weite Gletscherbecken manchmal völlig mit ihrem Staub. Von ferne war dies ein bezauberndes Bild, wenn der glitzernde Staub lautlos aufwirbelte und sich dann verlor; erst später grollte der Donner.

Die beiden stiegen am gleichen Tag wieder ab und stießen zu Aufschnaiter und Harrer, um gemeinsam ein Lager in etwa 5000 Meter Höhe [78] unter der Steilflanke des Nordgipfels I zu errichten. Dieses Lager III konnte so weit von den Wänden des Berges abgesetzt werden, daß es nur mehr vom feinen Eisstaub der Lawinen erreicht wurde. Von hier aus wurden am 17. und 18. Juni zwei Vorstöße unternommen, die von guten Wetter- und Schneeverhältnissen begünstigt waren; dennoch

[78]
Nach Herrligkoffer lag Lager III in 5250 m Höhe. Vgl. Karl Maria Herrligkoffer: Nanga Parbat, Sieben Jahrzehnte Gipfelkampf in Sonnenglut und Eis, Berlin–Frankfurt–Wien 1967, S. 69.

machte sich der Steinschlag bemerkbar. Durch sehr steile Schneerinnen, die aber nicht durch Eislawinen gefährdet sind, erreichte man den Fuß eines gelben Turmes in etwa 5900 Meter Höhe. Hinter ihm konnte ein sicheres Lager errichtet werden; auch konnte man sehen, daß der Weiterweg zwar schwierig, aber möglich war. Er führte über steile Felsen und Eisfelder zum Kopf der Rippe, etwa sechshundert Meter höher. Dieser Kopf bildet das Ende der großen Schwierigkeiten; von hier leiten Schneehänge zu einem Felsgrat, der vom Nordgipfel I herabzieht; das hatte die Erkundung vom Ganalo-Kamm aus klar erkennen lassen. [...]

Damit war über die Aufstiegsmöglichkeit in der Nordwestflanke hinreichende Klarheit geschaffen, und man entschloß sich, an den Rakaposhi zu gehen.

[...]

[Nach der Rückkehr zum Nanga Parbat:]

Am 19. Juli brachen Lobenhoffer und Harrer mit zwei Sherpas auf, um hinter dem gelben Turm Lager IV zu errichten. Allein die Sherpas wurden durch die Steilheit des Eises und durch den Steinschlag, der schon frühmorgens einsetzte, stark beeindruckt, sie konnten schon die untersten, etwa fünfunddreißig Grad geneigten Hänge nicht ohne Stufen gehen und blieben sitzen. So mußte man sich entschließen, den Vorstoß mit den Bergsteigern allein auszuführen. Harrer und Lobenhoffer sollten, zunächst von Aufschnaiter und Chicken unter-

stützt, trachten, so hoch wie möglich vorzustoßen. Die beiden erreichten am 20. Juli über steiles Eis den gelben Turm und stiegen weiter bis zum nächsten Steilaufschwung etwa zwischen 6000 und 6100 Meter; dort konnte man den weiteren Aufstieg sehr gut einsehen. Der Biwakplatz [= Lager IV] mußte jedoch aus einem eisigen Grat herausgehackt werden; auch in der Nacht wurden sie durch Steinschlag belästigt.

Früh am nächsten Morgen wurde wegen der zunehmenden Steinschlaggefahr der Abstieg über die völlig blanken und harten Eishänge angetreten. Die Steilheit – teils über fünfundvierzig Grad – machte den Abstieg sehr unangenehm. Eine weitere Tätigkeit hier war zwecklos; die Erkundung wurde abgebrochen.[79]

[79]
Paul Bauer: 1939, Erkundung der Diamir-Flanke. Nach einem bisher unveröffentlichten Bericht von Hans Lobenhoffer, in: ders.: Das Ringen um den Nanga Parbat 1856–1953, a.a.O., S. 194–198.

Während des Zweiten Weltkrieges war es zur vollständigen Einstellung der bergsteigerischen Stiftungsarbeit
gekommen: Die Expedition von 1939 war als vorberei-
tende Kundfahrt gedacht gewesen, um 1940 am Nanga
Parbat zum Erfolg zu kommen. Mit Kriegsbeginn war
jedoch an weitere Expedtionen nicht mehr zu denken.
Britisch-Indien war zum Feindesland geworden, die
internationale Bergkameradschaft konnte nicht geübt
werden, auch wenn Paul Bauer anfangs noch versuchte,
mit seinen englischen Freunden in Briefkontakt zu
bleiben. Informationen des Roten Kreuzes über die in
Indien internierten Bergsteiger der 1939er Kundfahrt
(Heinrich Harrer, Peter Aufschnaiter, Lutz Chicken und
Hans Lobenhoffer) kamen spärlich, aber zumindest
konnte man sicher sein, daß alle am Leben waren.

Je mehr der Krieg sich auch in der Heimat bemerkbar
machte, desto schwieriger wurde die Arbeit für die
Stiftung: Nahezu alle Bergsteiger waren zur Wehrmacht
eingezogen worden. Zumindest die Finanzen schienen
durch Neuauflagen der Bücher von Bauer und Bechtold
und durch Einnahmen der Filme gesichert; bei Kriegsausbruch besaß die Stiftung ein Barvermögen, das für
zwei Expeditionen ausgereicht hätte.[80] Anfang der
vierziger Jahre wurden große Teile der Stiftungsunter-
lagen von München an verschiedene Stellen ausge-
lagert, teilweise bis nach Österreich. Sie überstanden die
Zerstörung der Geschäftsstelle der Stiftung im Dezember 1944. Das Notariat von Bauer in der Weinstraße
war allerdings im Herbst desselben Jahres ausgebombt
worden. Dabei war – wie Bauer am 16. Dezember 1944
an Arthur Seyß-Inquart, seit 1938 Führer des großdeutschen DAV und seit 1941 Reichsverweser für die
besetzten niederländischen Gebiete, schreibt – „[...]
ziemlich viel verlorengegangen an Korrespondenzen,
Diapositiven und Bildern sowie Büchern, das für die
Himalajasache wertvoll war."[81] Ein Tag nach diesem
Brief wurde die Geschäftsstelle der Himalaja-Stiftung
in der Herzog-Wilhelm-Straße bei einem Flieger-
angriff vollständig zerstört.[82] Auch andere Räume,

80
So Paul Bauer in einer Kurzinformation über die Stiftung vom
12.12.1952; Zentrales Archiv des DAV, Bestand der DHS.

81
Paul Bauer an Dr. Arthur Seyss-Inquart, 16. Dezember 1944, Durchschlag im Zentralen Archiv des DAV, Bestand der DHS; Seyß-Inquart
war nach dem Anschluß Österreichs 1938 Führer des Deutschen
Alpenvereins geworden und während des Krieges u. a. Reichskommis-
sar für die besetzten niederländischen Gebiete. Bis auf diesen Brief an
Seyß-Inquart aus dem Jahre 1944 sind keine weiteren Schriftstücke
erhalten, die über die Stiftungsarbeit während des Krieges Auskunft
geben könnten.

82
Vgl. „Zusammenstellung der am 17. Dezember 1944 durch Bomben-
schaden vernichteten Einrichtungs- und sonstigen Gegenstände der
Geschäftsstelle der Deutschen Himalaja-Stiftung"; Zentrales Archiv
des DAV, Bestand der DHS.

die die Stiftung im Lauf der Jahre in München angemietet hatte, gingen dabei verloren. Darunter fielen u. a. drei Zimmer in der Schwanthalerstraße, die Peter Aufschnaiter als Stiftungsvorstand im Juli 1938 nach der Auflösung des Deutschen Bergsteigerverbandes[83] von diesem übernommen hatte.[84]

Bauer war seit Kriegsbeginn zur Wehrmacht eingezogen worden. Er nahm als Hauptmann im Gebirgsjägerregiment 99 der 1. Gebirgsdivision am Polenfeldzug teil, bevor er am 12. Januar 1941 zur Heeres-Hochgebirgsschule in Fulpmes abkommandiert wurde. Zum Major befördert, wurde er mit anderen Gebirgsjägern bei den Kämpfen im Kaukasus 1942 und 1943 eingesetzt. Im vierten Kriegswinter erkrankte er an Gelbsucht und Malaria und kehrte zur Hochgebirgsschule Fulpmes zurück.[85]

Noch im Januar 1945 versuchte Bauer mit der Ufa in Berlin Kontakt aufzunehmen, um aus dem Filmmaterial der Expedition zum Nanga Parbat 1938, das bisher noch nicht in den deutschen Kinos gezeigt worden war, einen großen Himalaja-Bergfilm anzufertigen. Der allgemeine Zusammenbruch im Frühjahr 1945 vereitelte diese Pläne.

Nach Kriegsende galt es zunächst, die Verbindung unter den Himalaja-Bergsteigern wieder herzustellen und eine Sichtung der Reste des ehemaligen Besitzes vorzunehmen. Auch zu Heinrich Harrer und vor allem zu Peter Aufschnaiter, die beide seit 1939 in Asien waren, wurde Kontakt aufgenommen. In der allgemeinen Not war an neue Expeditionen nicht zu denken. Der einzige Überlebende der Expedition zum Nanga Parbat 1937, Ulrich Luft, leitete als Stiftungsvorstand diese ersten Maßnahmen, wobei ihn Paul Bauer unterstützte. Sehr rasch sahen sie ein, daß, wenn die Stiftung überhaupt wieder handlungsfähig werden sollte, die Einnahmen auch unter den geänderten Bedingungen sichergestellt sein müßten. Paul Bauer versuchte den Plan eines Filmes über die Fahrt zum Nanga Parbat 1938 wieder aufzunehmen. Doch er hatte damit keinen Erfolg. Der Himalaja-Stiftung stand 1948 ein Betrag von etwa 90 000 Reichsmark zur Verfügung – ein Betrag, mit dem man allenfalls eine kleine Expedition

147

[83]
Zur Entstehung des Deutschen Bergsteiger- und Wanderverbandes nach 1934 und seiner Auflösung nach dem Anschluß Österreichs und der Schaffung eines großdeutschen DAV: Helmuth Zebhauser, Alpinismus im Hitlerstaat, a.a.O., S. 142 ff. und S. 161 ff.

[84]
Nachtrag zum Mietvertrag über drei Räume in der Schwanthalerstraße 10a vom 30. Juli 1938; Zentrales Archiv des DAV, Bestand der DHS.

[85]
Angaben entnommen einer Auflistung mit Daten der Militärzeit von Paul Bauer, angefertigt von Gerhart Klamert am 11.3.1998, die dieser aus Bauers Wehrpaß entnommen hat.

hätte durchführen können. Die Währungsreform im Juni 1948 bedeutete mehr oder minder den finanziellen Ruin für die Stiftung. Bei einem Umrechungskurs von 1:10 auf Geldvermögen war an eigene Expeditionen und Fahrten vorläufig nicht zu denken. Darüber hinaus war das Konto der Himalaja-Stiftung bei der Bayerischen Hypotheken- und Wechselbank gesperrt worden. Erst 1949 konnte sie darüber wieder verfügen.[86] Denn es war strittig, ob die Himalaja-Stiftung überhaupt weiterhin bestehen dürfe.

Viel wichtiger als die finanzielle Absicherung wurde für die Stiftung nämlich die „Entnazifizierung". Das damals bestehende Bayerische Landesamt für Vermögensverwaltung und Wiedergutmachung erließ 1951 ein Prüfungsverfahren gegen die Deutsche Himalaja-Stiftung, mit dem geklärt werden sollte, ob die Stiftung als eine nationalsozialistische Organisation eingestuft werden konnte. Der Alliierte Kontrollrat hatte am 10. Oktober 1945 Gesetze erlassen, nach denen alle nationalsozialistischen Organisationen verboten und ihre Vermögen beschlagnahmt worden waren.[87] Daß erst jetzt, sechs Jahre später, die Stiftung in den Bannkreis dieser Gesetze kam, lag daran, daß bei einer Kontrolle der Satzung der Himalaja-Stiftung aus dem Jahre 1936 das darin verankerte Führerprinzip aufgefallen und mißbilligt worden war. Daran entzündete sich 1951 schnell ein Streit um die Himalaja-Stiftung. Das Bayeri-

sche Landesamt für Vermögensverwaltung und Wiedergutmachung unter Leitung von Präsident Endres hatte zu prüfen, ob die Stiftung allein schon durch ihren Mitstifter, den Reichssportführer, als eine nationalsozialistische Organsiation bewertet werden konnte. Nach Meinung der Anwälte der Himalaja-Stiftung hatte sich dieser allerdings nicht als Sport- und Parteifunktionär, sondern als an der Himalaja-Sache persönlich interessierter Privatmann an der Stiftungsgründung beteiligt. Außerdem konnten sich die Rechtsanwälte darauf berufen, daß eine Stiftung nach Bürgerlichem Gesetzbuch keine „Organisation" im Sinne der Kontrollratsgesetze war, sondern „ein zweckgebundenes Vermögen, das durch staatlichen Hoheitsakt die Eigenschaft einer juristischen Person bekommen hat. [...] Genau so wenig wie eine einzelne natürliche Person ‚abgeschafft oder für ungesetzlich' nach dem Kontrollratsgesetz Nr. 2 erklärt werden kann, genau so wenig ist das bei der Himalaja-Stiftung als juristische Person der Fall."[88]

86
Vgl. Schreiben der Bayer. Hypotheken- und Wechselbank an DHS, z. H. Herrn Notar Paul Bauer, 17.2.1949.

87
Es handelt sich hierbei um das Kontrollratsgesetz Nr. 2.

88
Dr. A. Holl, Dr. F. Hamann, u.a. an Präsident Dr. Endres, 9.3.1951, Durchschlag im Zentralen Archiv des DAV, Bestand der DHS.

Ein weiterer Vorwurf war, daß bei der Auswahl der Expeditionsteilnehmer jeweils die Parteizugehörigkeit maßgebend gewesen sei. Die Verteidiger der Stiftung konnten nachweisen, daß bei allen Expeditionen zwischen 1934 und 1939 diese nicht zwingend vorgeschrieben gewesen war. Zwar waren Bauer und andere nach 1933 Mitglieder der NSDAP geworden, aber selbst der Expeditionsleiter von 1937, Karl Wien, war nicht der Partei oder einer ihr angeschlossenen Organisation beigetreten.

Daß die Parteizugehörigkeit in der Tat nicht ausschlaggebend war, wird deutlich, wenn man die abgewiesenen Bewerbungen zu Himalaja-Fahrten der dreißiger Jahre durchsieht. Es lassen sich hierbei mehrere Beispiele finden, bei denen die Bewerber versuchten, hohe nationalsozialistische Stellen zu ihrer Protektion einzusetzen. So etwa im Fall des SS-Angehörigen Hermann Raditschnig aus Villach, der den Gauleiter der Saar, Josef Bürkel, und den Reichsführer-SS, Heinrich Himmler, zu mehreren Empfehlungsschreiben überreden konnte. Raditschnig wurde sowohl 1937 als auch 1938 trotz seines bergsteigerischen Könnens abgelehnt.[89] Daraus läßt sich allerdings auch keine Renitenz gegen hochrangige nationalsozialistische Stellen ablesen. Die ablehnende Haltung resultierte aus der Bauerschen Maxime der Mannschaft und aus der langjährigen Kenntnis und Freundschaft der

Teilnehmer untereinander. Es handelte sich um eine elitäre Gruppe, die sich im Akademischen Alpenverein München (AAVM) zusammengefunden hatte und in die man weder als „Bergvagabund" wie etwa Hans Ertl oder Anderl Heckmair, noch durch externe Protektion gelangen konnte.[90]

Das Verfahren gegen die Himalaja-Stiftung wurde gekoppelt mit demjenigen gegen den Deutschen Berg-

89
Vgl. die Bewerbungsunterlagen von H. Raditschnig; Zentrales Archiv des DAV, Bestand der DHS.

90
In diesem Sinne äußert sich Bauer an anderer Stelle im Jahre 1952: „Zusammenfassend kann gesagt werden, dass irgendwelche Einflüsse von oben oder von einer autoritären Staatsführung auf die Mannschaftszusammensetzung bis 1938 nicht zur Geltung gekommen sind. Zwar versuchten viele Einzelne[,] die mit wollten[,] oder ehrgeizige Klub- oder Vereinsvorstände[,] die Mitglieder dabei haben wollten, masgebende [!] Persönlichkeiten in Bewegung zu setzen. Robert Ley und Heinrich Himmler, Rudolf Hess und verschiedene Gauleiter, der Leiter der Ordensburg Sonthofen, der Oberbürgermeister von Wien, der Leiter des Reichskolonialamtes und andere versuchten über die Reichssportführung auf die Leitung der Stiftung und auch unmittelbar auf den Endunterzeichneten [d.h. Bauer] einen Druck auszuüben zur Beteiligung irgend eines Schützlings oder irgend eines Skilehrers, der unter Ausnützung einer Situation hochvermögende Herren zu beeindrucken verstanden hatte. Von Tschammer und Osten vermied aber jedes Hineinreden und liess den Dingen ihren natürlichen Lauf [...].", Aus: Schreiben Bauers „An die Teilnehmer der Nanga Parbat Sitzung im Rathaus am 29. August 1952", München 29.10.1952, S. 2, Zentrales Archiv des DAV, Bestand der DHS; Bauer macht in diesem Zitat die Einschränkung, daß nur bis 1938 eine Einflußnahme von außen vermieden werden konnte.

steiger- und Wanderverband, der als Fachsäule 11 eine Teilorganisation des Deutschen Reichsbundes für Leibesübungen gewesen war. Die einzige Verbindung zwischen diesen beiden ansonsten voneinander getrennten Einrichtungen lief über Paul Bauer: Er war bis 1938 Fachamtsleiter und gleichzeitig die maßgebliche Person der Stiftung, auch wenn er vor 1945 nie Stiftungsvorstand gewesen war. Rechtsanwalt Dr. Alfred Holl, der die Himalaja-Stiftung in dieser Angelegenheit vertrat, legte dem Landesamt für Vermögensverwaltung nahe, daß der Bergsteigerverband und die Himalaja-Stiftung nichts gemeinsam hatten. Der Bergsteigerverband war als eigene Organisation bereits 1938 mit der Schaffung des großdeutschen Alpenvereins (DAV) nach dem Anschluß Österreichs aufgelöst bzw. mit dem DAV zusammengelegt worden.[91]

In die Gründungssatzung der Stiftung war 1936 entsprechend den Zeitumständen das Führerprinzip mitaufgenommen worden. Auch in der Himalaja-Stiftung war klar, daß die Satzung überarbeitet werden mußte. Doch sie blieb auf dem Standpunkt, daß dies ein Verwaltungsakt zwischen der Regierung von Oberbayern und dem Bayerischen Kultusministerium als den Kontrollstellen und dem Stiftungsvorstand allein war.[92] Denn wenn eine Regelung auf dem Verwaltungswege zustande kommen sollte, hätte die Stiftung damit darauf hinweisen können, daß bereits eine Behörde die

Stiftung rehabilitiert hätte. Spätestens dadurch wären andere Vorwürfe haltlos geworden.

Doch so leicht glückte keine Einigung. Es zeigt sich nämlich recht deutlich, daß in das Verfahren über das Fortbestehen der Himalaja-Stiftung persönliche Momente hineinspielten: Alte Streitigkeiten innerhalb der Münchner Alpinistenszene kamen wieder an die Oberfläche, erneut stand Paul Bauer im Zentrum der Ereignisse. Der Präsident des Landesamtes für Vermögensverwaltung und Wiedergutmachung, Dr. Endres, war gut bekannt mit dem damaligen Vorsitzenden des Verwaltungsausschusses des DAV, Dr. Albert Heizer. Es hat den Anschein, daß Endres aufgrund dieser Bekanntschaft in mehreren Briefen eine Aufnahme von Vertretern des Alpenvereins in den Beirat der Himalaja-Stiftung forderte. Vehement waren die Versuche

91
Zu diesem Vorgang siehe vor allem Helmuth Zebhauser: Alpinismus im Hitlerstaat, Kempten 1998, sowie Rainer Amstädter: Der Alpinismus, Wien 1996.

92
Vgl. Aktennotiz von Max Mayerhofer (Mayerhofer war Sekretär der Stiftung), 17.4.1951: „Bauer plant: ehestens die an sich fertiggestellte Stiftungssatzung redaktionell zu überarbeiten und dann der Regierung von Oberbayern und [dem] Kultusministerium zur Genehmigung vorzulegen. Dies unbeschadet der laufenden Angelegenheit beim Landesentschädigungsamt." Zentrales Archiv des DAV, Bestand der DHS.

der Stiftung, dies zu verhindern. Erneut schien die Souveränität der Stiftung gefährdet.[93]

Die Lage der Stiftung war verworren, ihre Zukunft gefährdet. Im Hintergrund der juristischen Probleme flammten immer wieder andere Brandherde auf, die die Stiftung behinderten. Durch meist anonyme Beschuldigungen gegen die Stiftung im allgemeinen und Bauer im besonderen wurde die Stiftungsarbeit regelrecht sabotiert. Ein Beispiel: In einem Brief an das Bayerische Landesamt für Vermögensverwaltung vom 8. April 1951 wurde von einem Herrn Hofmiller, der im Namen der „Bergsteigergruppen der AV-Sektionen Trostberg und Rosenheim" maschinenschriftlich unterzeichnete, das Amt aufgefordert, das Vermögen der Himalaja-Stiftung zu überprüfen. Insbesondere sei dabei zu erwarten, daß aufgrund von Vorführungen der Stiftungsfilme jene zu neuen Einnahmen gekommen sei, obwohl es sich bei ihr eindeutig um eine nationalsozialistische Organisation handele. Es heißt in diesem Schreiben:

Wie uns von den alpinen Jugendgruppen im westlichen Bundesgebiet mitgeteilt wurde, läuft dort in verschiedenen Städten in Lichtspieltheatern die „Filmchronik der deutschen Nanga-Parbat Expedition 1937". Dieser Film der bedauerlichen Katastrophen-Expedition wurde im dritten Reich auf Veranlassung des ehem. Vereinsführers Paul Bauer propagandistisch in einer Weise ausgewertet, dass materiell ein Erfolg zu buchen

151

war, aber den Toten sowie der deutschen Bergsteigerschaft ein schlechter Dienst erwiesen wurde.

Da dieses Filmwerk s. Zt. aus den Mitteln der „Himalaja-Stiftung" hergestellt wurde und diese Stiftung während der Nazizeit unter Aufsicht des ehem. Reichssportführers Tschammer-Osten stand und von dem ehem. stv. Alpenvereinsführer Paul Bauer geleitet wurde, als Rechtsnachfolger der heutige Deutsche Alpenverein in Frage kommt, fragen wir an, ob der Deutsche Alpenverein dieses Filmwerk auf Grund des Kontrollratsgesetzes zur Anmeldung gebracht hat?[94]

Es fiel auf, daß parallel zu dem anhängigen Verfahren gegen die Himalaja-Stiftung dieser Brief, dessen Absender nicht ausfindig gemacht werden konnte, beim Landesamt in der Arcisstraße 11 in München einging. In der Erwiderung dieses Briefes betonte Holl die Fehler, die das Schreiben allein schon nach formalen Gesichtspunkten enthielt: Die Himalaja-Stiftung war nie dem Alpenverein beigetreten, Bauer sei aufgrund seines

---

93
So etwa Mayerhofer in der Aktennotiz vom 17.4.1951: „Präsident Endres scheint immer mehr den Boden seines Amtes zu verlassen und die Position eines Einigungsamtes einzunehmen." (Zentrales Archiv des DAV, Bestand der DHS, wie Anm. 92.)

94
Abschrift dieses Briefes in einem Brief von RA Dr. Holl an Paul Bauer, 18.4.1951, Zentrales Archiv des DAV, Bestand der DHS.

vormaligen Amtes als Fachamtsleiter zu einem der zwei Stellvertreter des Alpenvereinsführers ernannt worden und nicht aufgrund seiner Tätigkeit für die Stiftung. Der Alpenverein nach 1945 sei deshalb in keinster Weise die für Stiftungsfragen zuständige Stelle, zumal es einen „Rechtsnachfolger" einer Stiftung als einer juristischen Person überhaupt nicht geben kann. Holl erwiderte die einzelnen Punkte des Briefes der vorgeblichen, nicht ausfindig zu machenden Bergsteigerjugend. Er schreibt unter anderem:

Im allgemeinen bezeichnet man derartige Schriftstücke von vorneherein als anonym, und eine Behörde pflegt derartige Dinge nicht zur Kenntnis zu nehmen. Das Bayerische Landesamt für Vermögensverwaltung hingegen hat dieses „Schriftstück" den verschiedenen Staatsorganen zugestellt. Es muss deshalb dazu kurz Stellung genommen werden:

[...] f) Dann will die „heutige Bergsteigerjugend" den Film als „ungeeignetes Propagandamittel" der Öffentlichkeit entziehen. Das wäre ja eine feine Demokratie! Wenn irgend etwas an der Stiftung „ungeeignet" ist, dann braucht sich die angebliche „Bergsteigerjugend" darum nicht kümmern, dann wird die Regierung von Oberbayern als Aufsichtsbehörde schon selbst wissen[,] was zu tun ist [...].

Wenn man sich das ganz objektiv und leidenschaftslos vor Augen hält, dann gibt es für dieses merkwürdige Schreiben nur eine einzige Erklärung: Es ist eine bestellte Arbeit. In welchen Kreisen der freundliche „Besteller" zu suchen ist, dürfte nicht allzu schwer zu erraten sein.[95]

Holl spannte in diesem Schreiben einen Bogen zwischen diesen Anschuldigungen gegen die Stiftung zum wenige Jahre zurückliegenden Entnazifizierungsverfahren gegen Bauer. Zwischen 1947 und 1949 war es bereits zu anderen anonymen Behauptungen über Bauer gekommen, wodurch das damalige Verfahren beeinflußt werden sollte. So hatte Bauer Anfang August 1949 für das Institut für Unterrichtsfilme in München einen Himalaja-Lichtbildervortrag erarbeitet, der in der Augsburger Volkshochschule gezeigt werden sollte, die im damaligen Amerika-Haus der Fuggerstadt ihre Räume hatte. Der Leiter des Instituts für Unterrichtsfilme, Dr. Eckart, rief Bauer wenige Tage vor dem Vortrag an und fragte ihn bestürzt, ob dieser bereits entnazifiziert sei. Die Militärregierung hatte sich nämlich bei Eckart aufgrund einer telefonischen Denunziation gemeldet, die nach Rückfrage Eckarts aus Kreisen des

95
Brief Dr. Holls an das Bayerische Landesamt für Vermögensverwaltung u. a., 30.4.1951, Zentrales Archiv des DAV, Bestand der DHS. Es handelt sich bei diesem Brief um eine genaue Auflistung und Erwiderung der über mehrere Jahre hinweg erfolgten Verleumdungen gegen Bauer und die DHS.

Alpenvereins stammte. Bauer wies Eckart auf seine Entnazifizierung hin – ansonsten hätten ihn die Amerikaner nicht als Notar bereits wieder arbeiten lassen. Als Bauer zu seinem Vortrag in Augsburg schließlich eintraf, war jedoch eine anonyme Anzeige gegen ihn beim Kulturreferenten der Stadt Augsburg, Dr. Uhde, eingegangen. Daraufhin wollte Bauer spontan abreisen. Jedoch waren so viele Zuhörer gekommen, daß er schließlich doch seinen angekündigten Vortrag hielt. Uhde übergab Bauer das Schreiben mit den Beschuldigungen: Eine angebliche Ortsgruppe München-Ost des Alpenvereins äußerte sich darin zu Bauers Verstrikkungen im Nationalsozialismus und zu seinem deshalb ungerechtfertigten neuen Engagement nach dem Krieg. Es war von Paul Hübel, dem Kulturreferenten des Alpenvereins, an Uhde gesandt worden. Seit diesem Vorfall vermuteten Bauer und Holl als Initiatoren der Verleumdungen Kreise, „die nicht weit von der derzeitigen Alpenvereinsleitung zu suchen sind."[96]

Zwei Jahre später goß der Alpenverein weiteres Öl in das Feuer: Der Vorsitzende des Verwaltungsausschußes des Deutschen Alpenvereins, Heizer, nahm in einem Brief an Präsident Endres am 23. April 1951 Stellung zur Himalaja-Stiftung und zum Deutschen Bergsteigerverband. Darin heißt es:

Der Verwaltungsausschuss des Deutschen Alpenvereins e.V. mit dem Sitz in München ist der Auffassung,

dass die Himalaya-Stiftung auf Grund ihrer Entstehung, ihrer Satzung und der Tatsache, dass der Reichssportführer im Rahmen des Führerprinzips diese Stiftung beherrschte, als ein Teil des aufgelösten NSRL [= Nationalsozialistischer Reichsbund für Leibesübungen] *angesehen werden muss. Jedenfalls ist der Reichssportführer nicht als Privatperson – auch nicht aus Zweckmäßigkeitsgründen – zugezogen worden. Aus Zweckmäßigkeitsgründen hatte* [sich] *niemals die Privatperson von Tschammer-Osten für die Stiftung interssiert. Bei der Hauptversammlung des Deutschen Alpenvereins im Jahre 1938 in Friedrichshafen* [auf dieser HV wurde nach dem Anschluß Österreichs der neue, großdeutsche DAV gegründet] *hat der Reichssportführer Herrn Notar Bauer, den Führer des Deutschen Bergsteigerverbandes, als seinen „Treuen Gefolgsmann und Freund" bezeichnet und als einen der stellvertretenden Vereinsführer bestellt.* [...]

Der Gedanke, dem die Himalaya-Stiftung dienen soll, ist nicht Eigentum eines kleinen Kreises, sondern er berührt die gesamte Bergsteigerschaft, deren grösste Orginasation [!] *nun einmal der Deutsche Alpenverein ist. Der Deutsche Alpenverein, bzw. sein Verwaltungsausschuss*[,] *ist bereit, in einer Stiftung mitzuarbeiten,*

96
Ebenda, S. 9.

deren Satzung in wirklich demokratischem Sinne geändert ist. In Bergsteigerkreisen wird eine solche Verbreiterung der in der Himalaya-Stiftung zusammenwirkenden Kräfte erwartet.[97]

Aufgrund dieses Schreibens verweigerte Bauer seine Teilnahme an einer Sitzung im Landesamt für Vermögensverwaltung am 5. März 1951, auf der auch Vertreter des Alpenvereins anwesend sein sollten. Die Alpenvereinsleitung hatte ganz offensichtlich versucht, durch die politische Infragestellung Bauers ihre Bemühungen voran zu treiben, die Stiftung zu übernehmen.

Der weitere Fortgang der Ereignisse im Frühsommer 1951 läßt sich nicht mehr lückenlos rekonstruieren. Aus dem Ergebnis allerdings, der Erklärung des Landesamtes vom 3. Juli 1951 und der durch Genehmigung des Kultusministeriums vom 24. September 1951 erfolgten Satzungsänderung läßt sich schließen, wie eine Einigung gefunden wurde: Das Landesamt bestätigte zunächst die Auflösung des Deutschen Bergsteigerverbandes. Gleichzeitig war vereinbart worden, daß die Himalaja-Stiftung eine nochmals geänderte Satzung dem Kultusministerium zur Genehmigung vorlegen sollte. Nicht mehr vorgesehen war eine Beteiligung des Alpenvereins im Beirat der Stiftung. Stattdessen sollten zwei Vertreter der Bayerischen Staatsregierung in das Stiftungsgremium aufgenommen werden, die von

der Staatsregierung aus einer Vorschlagliste der Stiftung ausgewählt werden sollten. Es wurden dies Herr Professor Dr. Hans Meinzolt vom Kultusministerium und Herr Ministerialdirigent Dr. Alfred Kiefer aus dem Finanzministerium. Gerade letzterer hatte sich in der gesamten Auseinandersetzung mit dem Landesamt für Bauer und für die Stiftung eingesetzt.

Von juristischer Seite aus stand damit einer Wiederaufnahme der Stiftungsarbeit nichts mehr im Wege. Die finanzielle Lage der Stiftung blieb allerdings weiterhin sehr schlecht. Durch das sich hinschleppende Verfahren war es zu erneuten Einbußen gekommen, da zugesicherte Spenden von dessen Ausgang abhängig gemacht worden waren. Bauer bemühte sich persönlich um Sponsoren, auch wenn ihm diese Vermarktung zukünftiger Expeditionen persönlich zuwider war.

Das Verhältnis zum Deutschen Alpenverein blieb in den folgenden Jahren weiterhin verkrampft. Aber trotz aller Streitigkeiten, zu denen es gekommen war, schlossen beide 1956 eine Vereinbarung über Mitgliedschaft der Stiftung im DAV. Die Stiftung hieß zukünftig „Himalaja-Stiftung im Deutschen Alpenverein (Deut-

---

[97]
Brief Dr. Heizers an das Bayerische Landesamt für Vermögensverwaltung, 24.4.1951; Zentrales Archiv des DAV, Bestand der DHS.

sche Himalaja-Stiftung)". Der Deutsche Alpenverein ergänzte seine Satzung um die Formulierung „Der DAV besteht aus Sektionen und Stiftungen". Zusätzlich wurde ein Ausschuß für Auslandsbergfahrten gebildet, der paritätisch von Vertretern der Stiftung und des Alpenvereins besetzt werden sollte. Für den Stiftungsbeirat, der am 15. Februar 1956 über den Beitritt debattierte, mußte es bei der noch zu findenden Lösung gewährleistet sein, daß „[...] die Stiftung in sich selbständig ist und genau dieselbe Selbständigkeit geniesst, wie sie jede Sektion des Alpenvereins in ihren Dingen auch hat."[98]

Keinem der beiden war diese Regelung leicht gefallen. Auch im Alpenverein, der nach außen hin als der Gewinner erscheinen mochte, gab es Meinungen, die sich entschieden gegen die Aufnahme aussprachen, so etwa noch auf der Hauptversammlung des DAV in Cuxhaven im September 1956, die über den entsprechenden Antrag zu entscheiden hatte. Im Bericht über die Hauptversammlung heißt es in den Mitteilungen des DAV:

Die Debatte um eine Satzungsänderung, die die abgesprochene Aufnahme der Deutschen Himalaja-Stiftung ermöglichen sollte, ließ teils juristische Spitzfindigkeiten und Winkelzüge, teils Unkenntnis der Sachlage aufscheinen. Die Abstimmung erbrachte eine Mehrheit für den Antrag des HA.[99]

Während der DAV recht ungenau über die Aussprache berichtete, enthält der Artikel des ÖAV über die Cuxhavener Hauptversammlung ganz direkte Spitzen gegen die Himalaja-Stiftung:

Ebenso wechselhafte Wechselrede löste der Antrag des HA aus, die „Deutsche Himalaya-Stiftung", in den DAV aufnehmen zu wollen. Schließlich drang der HA gegen erhebliche Bedenken aus der Versammlung (vielleicht auch in Erinnerung an den monopolartigen Charakter, den diese Stiftung sich nach 1933 angemaßt hatte [...]) doch durch [...].[100]

Am 5. Oktober 1956 konnte Dr. Heizer, Vorsitzender des Verwaltungsausschusses des DAV, an die Himalaja-Stiftung versöhnlich schreiben:

Durch diesen Beschluß [der Hauptversammlung in Cuxhaven] hat der Hauptausschuß des D.A.V. die Voll-

---

98

Paul Bauer an die Teilnehmer der Besprechung vom 15. 2.1956, ohne Datum (wahrscheinlich wenige Tage vor der Beiratssitzung); Zentrales Archiv des DAV, Bestand der DHS.

99

Siehe: N.N.: Hauptversammlungs-Echo aus Cuxhaven, in: Mitteilungen des DAV, 8. Jahrg. Heft 10, Oktober 1956, S. 162.

100

Siehe: N.N.: Hauptversammlung des DAV in Cuxhaven, in: Mitteilungen des Österreichischen Alpenvereins, Jahrgang 11 (81), Nov. 1956, Heft 11, S. 108 f., hier S. 108.

macht erhalten, die Deutsche Himalaja-Stiftung in den D.A.V. im Sinne der Vereinbarung aufzunehmen. [...] Damit glauben wir am Ziele unserer jahrelangen Bemühungen zur Zusammenführung der Deutschen Himalaja-Stiftung und des Deutschen Alpenvereins angekommen zu sein. Diese Tatsache möchten wir hier besonders würdigen und der Erwartung Ausdruck geben, daß hieraus nur Gutes für unsere Organisationen und für Ansehen und Erfolge unserer Bergkameraden im Auslande erwachsen möge.[101]

Warum aber war die Aufnahme der Himalaja-Stiftung nach all den Streitigkeiten mit dem Alpenverein überhaupt möglich geworden?

Zum einen war die Stiftung finanziell am Ende und konnte eigene Expeditionen mit ihrem spärlichen Vermögen alleine nicht mehr durchführen. Die Einigung mit dem DAV brachte somit in diesem Punkt gewisse Vorteile für die Stiftung: Das Stiftungsbüro in der Weinstraße gab sie endgültig auf, die Kanzlei des Alpenvereins sollte die allgemeinen Geschäfte der Stiftung übernehmen sowie Raum und Personal zur Verfügung stellen. Der gemeinsam gebildete Ausschuß für Auslandsbergfahrten beriet über die Organisation und finanzielle Förderung von Expeditionen. In einem Punkt hatte sich der Alpenverein hierbei durchsetzen können: Während zu Beginn der Verhandlungen über

die Aufnahme der Stiftung noch vorgesehen war, jeweils vier Vertreter der beiden Organisationen in den Ausschuß zu entsenden, sicherte sich schließlich der DAV mit fünf Abgesandten die Majorität in dem Gremium. Das Zusammenwirken mit dem Alpenverein brachte eine gewisse Rationalisierung und Sicherung der Stiftungsarbeit.

Zum anderen kam es zu einem Generationswechsel an der Spitze der Himalaja-Stiftung. Der offizielle Stiftungsvorstand Ulrich C. Luft war bald nach Kriegsende als Wissenschaftler in die USA gezogen, Bauer blieb als sein ständiger Vertreter die eigentliche Führungsperson der Stiftung. Er unterzeichnete alle Papiere und bestimmte den Kurs der Stiftung. Für die ehemaligen Teilnehmer der Fahrten der Himalaja-Stiftung, die den Beirat der Stiftung bildeten, war Paul Bauer unumstrittenes Vorbild und ein kameradschaftlicher Freund. Für seine Gegner allerdings war er die treibende Kraft bei der Durchsetzung der Interessen des elitären AAVM oder gar einer der Exponenten des nationalsozialistischen Sports.

101
Brief Dr. Heizers an die Deutsche Himalaja-Stiftung, 5.10.1956; Zentrales Archiv des DAV, Bestand der DHS.

Zwar leitete Bauer in einer Zwischenphase zwischen 1957 und 1965 die Stiftung persönlich, doch immer mehr übergab er deren Geschäfte an Gerhart Klamert, einem jung-dynamischen Bergsteiger und Juristen. Klamert stammte aus dem Kreis der jungen Bergsteiger, die nach dem Krieg zum AAVM gestoßen waren und die Bauer als Bergsteiger bewunderten und in ihm ein Vorbild als Organisator von Expeditionen sahen. Doch diese Gruppe wollte gleichzeitig einen jüngeren Vorstand. Das Zurücktreten von der Stiftungsleitung fiel Bauer nicht leicht, auch wenn er des Streites mit dem Alpenverein müde war. Er blieb auch nach der offiziellen Übergabe des Vorsitzes der Stiftung an Gerhart Klamert im Jahr 1965 als Berater für die Stiftung aktiv. Die Einigung mit dem Alpenverein und das klaglos funktionierende Element des Ausschusses für Auslandsbergfahrten wurden durch einen neuen Stiftungsvorstand leichter möglich.

Ein zusätzlicher Grund für die Zusammenarbeit ist im folgenden zu sehen: Zu Beginn der fünfziger Jahre hatte die Stiftung es gegen alle Anfeindungen geschafft, ihre Existenz nicht entzogen zu bekommen. Just in dem Moment, als zumindest von juristischer Seite neuen Expeditionen nichts mehr im Wege stand, trat ein Konkurrenzunternehmen in die Öffentlichkeit: Karl Maria Herrligkoffer und sein 1954 gegründetes „Deutsches Institut für Auslandsforschung", das als eine fiduziarische Stiftung aufgezogen wurde. Das bedeutete, daß es keiner staatlichen Aufsicht unterlag. Nach dem Erfolg der Herrligkoffer-Organisation am Nanga Parbat 1953 erschien der Stiftung ein Zusammengehen mit dem Deutschen Alpenverein für sinnvoll. Neben der Organisation eigener Fahrten ging es jetzt auch um eine Zurückdrängung Herrligkoffers.

5. In Konkurrenz zu Herrligkoffer.
Die Deutsche Himalaja-Stiftung und das Deutsche Institut für Auslandsforschung

Karl Maria Herrligkoffer
(1916–1991),
Expeditionsleiter der
Willy-Merkl-Gedächtnis-
Expedition 1953
zum Nanga Parbat und
Gründer des Deutschen
Instituts für Auslands-
forschung.

Wenige Personen im Bereich des Alpinismus dieses Jahrhunderts sind bis heute so umstritten wie der Münchener Arzt Dr. Karl Maria Herrligkoffer. Für die einen galt er als ein bergsteigerischer Laie. Für die anderen war er bei allen Eigentümlichkeiten seiner Person derjenige, der mit großen Erfolgen von seinen Expeditionen zurückkehrte und mit seinem Organisationstalent neue Wege bei der Finanzierung von Auslandsbergfahrten durch Sponsoren ging.

Herrligkoffer, Jahrgang 1916, hatte in München Medizin studiert und sich 1944 in Anatomie habilitiert. Er war ein Halbbruder von Willy Merkl, der ihn in jungen Jahren bereits mit in die Berge des Chiemgaus genommen hatte.[102] Nach der Katastrophe am Nanga Parbat 1934, bei der – wie oben beschrieben – Willy Merkl tödlich verunglückt war, hatte sich der 28jährige Herrligkoffer bemüht, den Nachlaß seines Bruders zu bekommen. Dabei kam es am 7. November 1935 auch zu einer ersten Begegnung zwischen ihm und Paul Bauer in dessen Funktion als Fachamtsleiter.[103] Bauer sollte sich für die Herausgabe der Expeditionsunterlagen an die Familie Herrligkoffers beim Reichssportführer und bei der Arbeitsgemeinschaft der Reichsbahn-Turn- und -Sportvereine einsetzen. Doch die Expedition war anders abgewickelt worden: Die Eltern Merkls hatten bereits alle Rechte an den Unterlagen abgetreten.[104] Außerdem war die Unternehmung juristisch gesehen keine Privat-

veranstaltung Merkls gewesen, sondern die Teilnehmer hatten untereinander für die Zeit der Reise eine eigene juristische Gesellschaft gegründet. Damit hatte die Familie Merkls keinerlei Rechte an den Unterlagen der Expeditionen von 1932 und 1934.

Diese Vorgeschichte aus dem Jahr 1935 verdeutlicht sehr gut, warum Herrligkoffer nach dem Krieg

102
Herrligkoffer und Willy Merkl hatten dieselbe Mutter, Therese Herrligkoffer, geborene Merkl.

103
Siehe Niederschrift über ein Gespräch zwischen Herrligkoffer und Bauer am 7.11.1935 in der Geschäftsstelle des Fachamtes für Bergsteigen und Wandern; Zentrales Archiv des DAV, Bestand der DHS.

104
Vgl. dazu ein mehrseitiges Gutachten (ohne Datum), das anscheinend von der Münchener Revision an Fritz Bechtold geschickt wurde. Darin folgendes Zitat: „[...] Die Erbin Merkls [gemeint ist seine Mutter] hat am 25. Januar 1935 nachstehende Vollmacht ausgestellt: ‚Ich erteile Herrn Ing. Fritz Bechtold, Trostberg, uneingeschränkte Vollmacht, mich in Angelegenheit der Deutschen Himalaya-Expedition zum Nanga-Parbat zu vertreten. Ich mache Herrn Bechtold zur Auflage, die Geschäfte ausschließlich im Sinne meines verstorbenen Sohnes Willy Merkl zu führen. Gez. Therese Herrligkofer-Merkl; Rudolf Herligkofer.' [Die Namen der Eltern sind falsch geschrieben.] Die Frage, wer aus dem Vertrag als Nachfolger Merkels [sic!] legitimiert ist, ist deshalb damit zu beantworten, dass Fritz Bechtold, Trostberg, ausschließlich hierfür in Frage kommt." (Ebenda, S. 14 a.) In diesem Gutachten wird auch die Möglichkeit einer Stiftung besprochen (vgl. ebenda, S. 15 ff.); Zentrales Archiv des DAV, Bestand der DHS.

mit großem persönlichen Einsatz seine erste Expedition ausrüstete. Es ging ihm darum, in Nachfolge seines Halbbruders dessen Ziele zu erreichen. Als er 1953 im Hauptlager am Nanga Parbat ankam, grüßte er als erstes seinen auf dem Berg gebliebenen Bruder. Für Herrligkoffer war der Nanga Parbat somit nicht nur der deutsche, sondern ein ganz persönlicher, familiärer „Schicksalsberg". Deshalb nannte er seine Fahrt „Willy Merkl-Gedächtnis-Expedition".

Hinsichtlich der Art und Weise, wie eine Himalaja-Expedition durchgeführt werden sollte, bestanden zwischen Bauer und Herrligkoffer grundlegende Auffassungsunterschiede. Nicht die freundschaftliche und bergkameradschaftliche Kenntnis der Teilnehmer untereinander, wie sie Bauer seit seiner Erfahrung der Kameradschaft im Ersten Weltkrieg favorisierte, sondern allein die bisherigen bergsteigerischen Leistungen wurden bei Herrligkoffer zum ausschlaggebenden Kriterium bei der Teilnehmerwahl. So stellte sich der Wettstreit der Organisationen auch als eine Auseinandersetzung zweier Richtungen des Expeditionsbergsteigens dar.[105]

Es war rasch abzusehen, daß es zwischen Herrligkoffer und der Himalaja-Stiftung zu einem Wettlauf um den Himalaja kommen sollte. Jährlich bekam nur eine Expedition die Einreisegenehmigung in das inzwischen von Pakistan und Indien umstrittene Nanga-Parbat-Gebiet. Auch beim anderen „deutschen" Achttausender, dem Kangchendzönga, sah es nach dem chinesischen Einmarsch in Tibet nicht besser aus: Das Sikkim-Gebiet war von indischer Seite zum militärischen Sperrgebiet erklärt worden, eine Fahrt zum Ziel der Expeditionen von 1929 und 1931 war damit mehr oder weniger aussichtslos geworden. Gerade aber wegen der deutschen Niederlage im Zweiten Weltkrieg empfand es Bauer und mit ihm die Himalaja-Stiftung als eine Verpflichtung, mit ihren Möglichkeiten bei einer Rehabilitierung Deutschlands in der Welt mitzuhelfen: Man pflegte weiterhin die guten Kontakte mit ausländischen, meist britischen Bergsteigern, um mit deren Hilfe Expeditionen in ferne Gegenden zu planen. Wie nach der Niederlage 1918 und den Jahren während der Weimarer Republik waren auch nach 1945 Expeditio-

105
So schreibt Paul Bauer in einem Brief an das Sportreferat beim Bundesinnenministerium vom 7.3.1953: „Herrligkoffer hat nicht erkannt, dass man für einen Angriff auf einen Achttausender eine fest geschlossene Mannschaft braucht, ein Grundsatz, der von Zürich über Paris und London bis Jokohama und New York heute Gemeingut aller Kenner ist. Er hat seine Leute, gestützt auf die Propaganda und das zu erwartende Geld, angeworben, wo er sie fand. Mit einigen Ausnahmen sind die Leute Spitzenklasse. Doch jeder Sportsmann weiss, dass es noch lange keine Mannschaft gibt, wenn man die ‚Besten' aus allen Clubs zusammenruft." (Ebenda, S. 2.)

nen in den Himalaja keine reinen alpinistischen oder sportlichen Ereignisse, sondern die Teilnehmer sollten und wollten auch als Repräsentanten ihres Landes auftreten.

Doch nicht nur aufgrund der internationalen Lage war es immer schwieriger geworden, eine Expedition zu starten. Sponsorengelder von Firmen waren bei dem sich gerade erst abzeichnenden wirtschaftlichen Aufschwung der jungen Bundesrepublik nicht in großem Maße zu erwarten – vor allem, wenn jetzt zwei Organisationen sich einen Wettlauf um Spenden und Zuschüsse liefern sollten. Und auch um die Gunst der Regierungsstellen in Bonn und in München wurde geworben, mußten doch etwa die offiziellen Visagesuche über das Auswärtige Amt mit seinen Vertretungen in Asien an die dortigen Ministerien geschickt werden.

Wie verlief diese Auseinandersetzung jedoch im einzelnen? Herrligkoffer hatte es bis zum Frühsommer 1952 geschafft, mehrere prominente Personen, wie etwa den Münchner Oberbürgermeister Wimmer, Bundesfinanzminister Fritz Schäffer und einzelne Mitglieder der Bayerischen Staatsregierung, zur Unterstützung seiner Pläne einer Expedition zum Nanga Parbat für das Jahr 1953 zu gewinnen. Alle, die ihm helfen wollten, und mit deren Namen Herrligkoffer Werbung für seine Expedition machen konnte, bildeten

das sogenannte Kuratorium. Nachdem allerdings etliche Zeit vergangen war und Herrligkoffer das Kuratorium von seinen Plänen nicht weiter unterrichtet hatte, lud Oberbürgermeister Thomas Wimmer, der das Ehrenprotektorat für das Kuratorium übernommen hatte, für den 29. August 1952 zu einem Treffen in das Münchner Alte Rathaus. Daran nahmen neben Herrligkoffer und Anderl Heckmair, der als Vertreter der voraussichtlichen Mannschaft anwesend war, Vertreter des Alpenvereins, des Kuratoriums, der Bundesbahn, der Handels- und Handwerkskammer, sowie Fritz Bechtold und Paul Bauer für die Himalaja-Stiftung teil.

In einem Brief Bauers an Ernst von Siemens, der ein hochgeachtetes Mitglied des AAVM und sein Freund war, heißt es:

[I]m Juli 1952 glaubte ich, zwei Kundfahrten in den Himalaja finanziell fundiert zu haben. Es war mir gelungen, die Spitzenverbände der deutschen Wirtschaft zu interessieren[,] und sie stellten die benötigten Geldmittel sicher in Aussicht.

Da platzte Herrligkoffer mit seinen öffentlichen Aufrufen hinein. [...] Die Wirtschaft wurde unsicher, fragte, was ist das und stellte die Sache zurück.

Wir sagten uns: „In Gottes Namen! Schön sind die Pläne und Methoden Herrligkoffers nicht. Aber wenn so viel bedeutende Namen dabei sind, werden wir unsere Pläne zurückstellen; Hauptsache, dass überhaupt je-

mand geht. Wir werden dort helfen, damit es etwas Ordentliches wird.[106]

Da Herrligkoffer nur mit äußerst ungenauen Planungsentwürfen vor die Anwesenden treten konnte, wurde ein Ausschuß eingerichtet, der die Pläne überprüfen sollte. Die erste Sitzung dieses Ausschusses fand daraufhin zwei Wochen später am 13. September statt. Den Vorsitz führte Heizer vom Deutschen Alpenverein.[107] Gegen Herrligkoffers Entwürfe wurden dabei von Bauer erhebliche Bedenken geäußert:

Die sachlichen Bedenken sind: dass keinerlei Voranschlag und Plan vorliegt, dass die Zeit bei dem Stand der wirklichen Vorarbeit nicht mehr ausreicht, dass die politischen Verhältnisse am Nanga Parbat eine grosse Expedition dorthin überhaupt unmöglich machen können, dass es mehr als zweifelhaft ist, ob man Träger bekommen kann, dass die Bezeichnung „Willy Merkl zum Gedächtnis" und die familien-egoistische Bindung eines solchen Unternehmens überhaupt abzulehnen ist, dass endlich keine Mannschaft vorhanden ist und die mit Bestimmtheit genannten Namen Peter Aschenbrenner und Mathias Rebitsch so gut wie sicher für die Sache[,] so wie sie jetzt steht[,] nicht zu gewinnen sind.

Die persönlichen Bedenken sind, dass Dr. Herrligkoffer nicht für Willy Merkl sprechen kann, da zwischen den beiden Familien kaum mehr eine persönliche Bindung bestand, dass Dr. H. [= Herrligkoffer] keine bergstei-

gerische Erfahrung besitzt, es wurde nicht einmal dargetan, dass er auch nur Bergwanderer ist, dass gegen seine Motive begründete Zweifel bestehen, da er nach dem Tode seines Stiefbruders 1934 persönlichen Gewinn aus der Expedition seines verstorbenen Stiefbruders zu ziehen suchte und auch tatsächlich gezogen hat, und es bis jetzt vollkommen vermieden hat, seine persönliche wirtschaftliche Stellung in dem Unternehmen zu klären.[108]

Diese Zeilen bedeuteten eine Totalabsage an Herrligkoffer. Die Vertreter der Stiftung, des Alpenvereins und der Deutschen Bundesbahn lehnten es ab, das Unternehmen zu unterstützen, wollten allerdings im Prüfungsausschuß zunächst noch mitarbeiten, um eine ins Rollen gebrachte Expedition zum Guten zu wenden. In der Sitzung wurde auch ein Brief von Sven Hedin,

106
Brief Paul Bauers an Ernst von Siemens vom 1.3.1953; Zentrales Archiv des DAV, Bestand der DHS.

107
Siehe Brief Paul Bauers an Fritz Schmitt, 2.12.1952; Zentrales Archiv des DAV, Nachlaß Fritz Schmitt, Personenarchiv Akt Paul Bauer.

108
Schreiben Paul Bauers, „Stand der von Dr. Herrligkoffer propagierten Deutschen Nanga Parbat Expedition 1953", 19.10.1952; Zentrales Archiv des DAV, Bestand der DHS.

dem weltberühmten schwedischen Tibetforscher, vorgelesen. Darin erklärte er seinen Austritt aus dem Kuratorium Herrligkoffers. Wenige Monate, bevor diese Forscherpersönlichkeit im November 1952 starb, bedeutete dies einen ungemein großen Prestigeverlust für den Münchner Arzt. Auch der aus Bayern stammende Bundesfinanzminister Fritz Schäffer distanzierte sich von Herrligkoffer. Schäffer war als Mitglied der Sektion München zum Beitritt in das Kuratorium persönlich von Herrligkoffer gedrängt worden. Er hatte zunächst gedacht, daß die Expedition vom Alpenverein unterstützt würde. Als er sich darin aber getäuscht sah und hörte, daß neben Herrligkoffer es auch andere Pläne für Fahrten in den Himalaja gab, beabsichtigte er, aus dem Kuratorium auszutreten.[109] Schäffer hatte zuvor noch Bundespräsident Theodor Heuss zur Schirmherrschaft überreden wollen, sehr wohl also mit persönlichem Einsatz sich der Sache gewidmet. Die Himalaja-Stiftung hatte allerdings ihrerseits den Minister vor den Unternehmungen Herrligkoffers im Juli 1952 gewarnt – bereits vor der ersten Sitzung im Münchener Rathaus am 29. August desselben Jahres.[110] Schäffer ärgerte sich sehr über Herrligkoffer: Er bekam weder von diesem noch von seiner Alpenvereinssektion Nachricht, aber Herrligkoffer warb weiterhin mit seinem Namen.

Daß das Klima in der Ausschußsitzung von vornherein gereizt war und neben Sachargumenten emotionale

Motive eine große Rolle spielten, wird darin deutlich, daß erneut Vorwürfe gegen die Deutsche Himalaja-Stiftung wegen ihrer vermeintlichen nationalsozialistischen Vergangenheit geäußert wurden. Es wurde sogar deren Auflösung und ein Zusammengehen mit dem Alpenverein gefordert, da die Stiftung nicht mehr der Experte für Himalaja-Fahrten sein dürfe.[111]

Herrligkoffer hatte in der Tat eine ganze Reihe von Fehlern gemacht. Zunächst hatte er eine Spendensammlung begonnen, ohne eine Genehmigung des zuständigen bayerischen Innenministeriums einzuholen.

109
Vgl. Schreiben des persönlichen Referenten Schäffers an die Alpenvereinssektion München e.V. vom 14.11.1952; Zentrales Archiv des DAV, Bestand der DHS.

110
Der persönliche Referent Schäffers, Herr Bracker, schickte am 28.11.1952 seinen Brief an die Sektion München vom 14.11.1952. In einem Begleitschreiben wird ein Brief der Himalaja-Stiftung vom 24.7.1952 genannt, in dem Schäffer vor Herrligkoffer gewarnt worden sei. Auch Bundeskanzler Adenauer wurde von dem Bundestagsabgeordneten Dr. Hugo Decker, einem guten Freund der Stiftung, auf Veranlassung Bauers über die Zweifelhaftigkeit des Herrligkofferschen Unternehmens informiert. (Siehe hierzu: Brief der Deutschen Himalaja-Stiftung an Dr. Gerd Courage vom 26.1.1953; Zentrales Archiv des DAV, Bestand der DHS.)

111
Vgl. Schreiben der Deutschen Himalaja-Stiftung an die Teilnehmer der Nanga Parbat Sitzung im Rathaus am 29. August 1952; Zentrales Archiv des DAV, Bestand der DHS

Der Ausschuß erkundigte sich beim Ministerium. Dieses gab den Rat, die Sammlung zu stoppen und die Genehmigung zu beantragen. Herrligkoffer machte beides nicht: Er sammelte einfach weiter, wobei die Spenden teilweise bei von Herrligkoffer genannten Konten der Münchener Universitätsgesellschaft und des Deutschen Alpenvereins eingingen. Spenden an diese waren von der Steuer absetzbar. Doch was sollte – wenn der Alpenverein etwa seine Unterstützung aufkündigte – mit den Geldern passieren, die allein für die Unternehmung Herrligkoffers bestimmt waren, dessen Konten aber nicht steuerbegünstigt waren?

Am 28. Oktober 1952, knapp zwei Monate nach der ersten Besprechung bei Oberbürgermeister Wimmer, lag dem Arbeitsausschuß der vorläufige Expeditionsplan Herrligkoffers vor. Die Deutsche Himalaja-Stiftung sollte die Unterlagen überprüfen, und zu diesem Zweck wurde für den kommenden Tag eine außerordentliche Beiratssitzung der Stiftung einberufen.[112] Schon nach der ersten Einsichtnahme zeigten sich erhebliche Schwächen in der Planung. So waren etwa die Marschetappen zu lang veranschlagt und die politische Situation vor Ort außer Acht gelassen worden. Paul Bauer schrieb in einem Brief an Ernst von Siemens:

Es bestehen begründete Zweifel, ob die in der bergsteigerischen Mannschaft aufgeführten Männer zur Teilnahme bereit sind. Die Frage des Expeditionsleiters ist ungenügend gelöst. Die Einzelheiten des Planes stimmen nicht zusammen. Der Zeit- und der Angriffsplan fehlt überhaupt. Die Kalkulation weist Rechenfehler von fünfstelligem Ausmass auf. Notwendige Positionen sind überhaupt vergessen. Bei ganzen Kapiteln fehlen jede Details und Berechungsangaben. Bei anderen sind sinnlose Einzelheiten aufgezählt (zwei Hämmer, eine Feile usw. 40 Hauszelte, 20 Hochzelte usw.) [,] aber es fehlen dabei andere Angaben, die wesentlich wichtiger gewesen wären. Im ganzen ist der Plan – vier Monate nach Beginn der Propaganda – erst in den ersten Anfängen usw. usw.

Der Beirat konnte daher den Plan nicht billigen und beschloss einstimmig, sich ausdrücklich davon zu distanzieren, um nicht mitverantwortlich zu werden.[113]

An anderer Stelle, in einem Brief an den Schweizer Ernst Grob, führt er detaillierter die Unkorrektheiten von Herrligkoffers Planung auf:

112
Siehe Brief Paul Bauers an Fritz Schmitt, 2.12.1952; Zentrales Archiv des DAV, Nachlaß Fritz Schmitt, Personenarchiv Akt Paul Bauer. Hier werden auch die Teilnehmer genannt: Dr. E. Allwein, F. Bechtold, P. Bauer, W. Fendt, Dr. A. Kiefer von der Bayerischen Staatsregierung, H. Kunigk, Dr. K. von Kraus, M. Rebitsch, abwesend: P. Aufschnaiter, E. Grob, Dr. U. C. Luft, Dr. H. Meinzolt.

113
Brief Paul Bauers an Ernst von Siemens, 10.11.1952; Zentrales Archiv des DAV, Bestand der DHS.

Große Positionen waren ohne jede Details einfach über den Daumen gepeilt. Andere[,] z. B. die Ausrüstung[,] hatte er gedankenlos von einer alten Liste der Expedition 1934 abgeschrieben. Die Gewichte fehlten ganz. Wo er Details gab, sodass eine Prüfung möglich war, zeigten sich sofort schwerwiegende Fehler, die vollkommene Unkenntnis verrieten. Aber es zeigte sich auch, mit welchem sträflichem Leichtsinn der Plan behandelt worden war. Bei der Multiplikation von 600 Trägern! für 14 Tage zu 3 Rupie = 3 Mark bringt er einen um ca. 11.000.– [...] zu niedrigeren Betrag heraus[...]. Dabei ist auch die Ausgangszahl falsch, denn 14 Tage genügt nicht. [...]

So geht es weiter[,] und der Voranschlag schliesst mit 273.000.– DM. – Es ist mit Händen greifbar, ohne dass man die Einzelheiten zu prüfen braucht, dass die Rechnung nicht stimmen kann: Die Schweizer brauchten im Herbst mit sieben Trägern für genau vier Monate 312.000 Schweizer Franken, das sind rund 366.000.– DM. Da will Herrligkoffer für 15 Mann für 6 Monate in Pakistan, wo die Rupie rund 1,30 DM gegen rund 0,90 DM in Indien kostet[,] mit 273.000.– DM auskommen!? [114]

Außer der drohenden Konkurrenz zu eigenen Unternehmungen war für den gewissenhaften Organisator Bauer dieses Planungschaos der zweite entscheidende Grund für die Ablehnung Herrligkoffers. Die Himalaja-Stiftung trat daraufhin aus dem Ausschuß aus und unterrichtete Kuratoriumsmitglieder, die der Stiftung nahestanden, von ihren Bedenken. Herrligkoffers unzuverlässiger Gesamtcharakter ließ sich nach Meinung der Stiftung aus den Plänen an sich, aber auch anhand der Art, wie er die Mitglieder des Ausschusses informierte, nachweisen. Die Stiftung stellte daher den Antrag, den Ausschuß aufzulösen und Herrligkoffer jegliche Unterstützung zu verweigern.

Es ist anzunehmen, daß neben allen berechtigten Vorwürfen gegen Herrligkoffer die Stiftung über diese Konkurrenz verärgert war. Zunächst war sie von Herrligkoffer überhaupt nicht gefragt worden, ob sie sich mit Rat und Tat beteiligen wollte. Der Alleinvertretungsanspruch der Stiftung auf deutsche Himalaja-Fahrten wurde von Herrligkoffer mehr als nur in Frage gestellt, er war schlichtweg ignoriert worden. Darüber hinaus trat Herrligkoffer – im Gegensatz zu den im Stillen vorbereiteten Expeditionen der dreißiger Jahre – mit seiner langen Liste prominenter Kuratoriumsmitglieder an die Öffentlichkeit heran. Er konnte damit einen hohen „Publicity"-Effekt in der Presse für sich verbuchen. Bauer war der Meinung, daß die Öffentlichkeit sehr wohl über die Expedition, nicht aber über ihre

114
Brief Paul Bauers an Ernst Grob, 1.3.1953; Zentrales Archiv des DAV, Bestand der DHS.

Vorbereitung unterrichtet werden sollte. Die Erfahrung von 1934 hatte er nicht vergessen: Damals war noch vor Auslaufen des Schiffes der Gipfelsieg schon als eine sichere Sache in der Presse beschrieben worden. Der Druck auf die Teilnehmer wurde damit automatisch erhöht, und um so tiefer saß der Schock nach der Katastrophe. Bauer schreibt in diesem Zusammenhang:

Die „publicity" hat einen verderblichen Einfluss, dem sich nur wenige entziehen können, weil die Motive des Handelns dadurch mehr und mehr verschoben werden.

Der volle, nur aus dem eigenen Willen und der eigenen Lebensauffassung entspringende Einsatz ist für den Verlauf eines Angriffs auf den Nanga Parbat z. B. absolut entscheidend. Wenn diese – nennen wir sie einmal ideale – Haltung durch das dauernde Bombardement, das die „publicity" mit sich bringt, ausgebrannt und umgeschmolzen worden ist zu einer Vorstellung, dass man etwas tun müsse und getrieben wird von einem äusseren Drängen, dann ist das Zentrum, aus dem das Handeln seine Richtung und seine Stosskraft erhält, verlagert worden. [...]

Ich halte es [...] für besser, wenn man die Sache in der Presse im Sande verlaufen lässt. Das ist auch die Meinung aller meiner Freunde[,] und wir werden uns nach wie vor zurückhalten, solange es geht.[115]

Persönliche Animositäten und prinzipielle Unterschiede bei der Planung von Expeditionen waren die Gründe, warum die Himalaja-Stiftung sich nicht weiter an der weiteren Vorbereitung der Herrligkoffer-Expedition 1953 beteiligte. So schreibt Bauer an von Siemens:

Die Stiftung wird jetzt unbeirrt ihre eigenen Wege gehen. Aber wir werden jetzt keine Zeit mehr mit der Herrligkoffer-Unternehmung versäumen. Es würde eine Blamage für Deutschland werden, wenn Dr. Herrligkoffer eine Expedition zum Nanga Parbat führen würde. Aber verbieten können wir es ihm nicht. Wir Deutsche werden uns auch lächerlich machen, wenn wir einen homo novus, einen Mann, der nicht einmal Bergsteiger ist, der keinerlei Auslandserfahrung besitzt, dem auch die theoretischen Kenntnisse fehlen, als Leiter einer grossen Mannschaft, der ersten grossen Expedition nach dem Zusammenbruch[,] hinaussenden und ihm gute 300.000 DM dafür in die Hand geben. Wo all die anderen ihre erfahrendsten und besten Leute auswählen? [...]

Kurzum eine Sache, die man mit sehr gemischten Gefühlen betrachtet, die schon viel geschadet hat und noch unendlich viel schaden wird, wenn H. wirklich mit einer Expedition nach Pakistan ziehen wird.

115
Brief Paul Bauers an Gerhart Kreyssig, Schriftleitung der Süddeutschen Zeitung, 19.11.1952; Zentrales Archiv des DAV, Bestand der DHS.

Sie macht uns entsetzlich viel Arbeit. Wenn sie doch endlich ein Ende nähme.[116]

Auch der Alpenverein hatte Probleme, Herrligkoffer und seine Pläne zu unterstützen. Am 2. Juli 1952 war er von Herrligkoffer erstmals über dessen Vorhaben offiziell unterrichtet worden.[117] Selbst drei Monate später noch, auf der Hauptversammlung des Deutschen Alpenvereins Anfang Oktober 1952 in Stuttgart, konnte keine einheitliche Linie gefunden werden: Etliche Stimmen sprachen sich gegen eine Beteiligung des DAV aus, da Herrligkoffer nie detaillierte Pläne vorlegen konnte.[118] Allerdings schlug sich die Sektion München entschieden auf die Seite Herrligkoffers. Gerade ihre Jungmannschaft engagierte sich dabei sehr stark, war es doch zu erwarten, daß aus ihrem Kreis junge Bergsteiger mit Herrligkoffer zum Nanga Parbat fahren würden. Auch der Österreichische Alpenverein unterstützte Herrligkoffer, da von den zwölf vorgesehenen Teilnehmern vier Bergsteiger und zwei Wissenschaftler aus der Alpenrepublik stammten.[119]

Herrligkoffer hatte bereits seine mangelnde bergsteigerische Erfahrung eingestanden und beabsichtigte deshalb, einen bergsteigerischen Leiter am Berg neben seiner Person als Gesamtleiter und Expeditionsarzt zu bestellen. Dennoch gab es wenige Monate vor der geplanten Abreise aus Deutschland selbst unter den Teilnehmern Bedenken gegen die eigenwilligen Pläne und Methoden Herrligkoffers. War Andreas Heckmair im Sommer 1952 von Herrligkoffer als Vertreter der Bergsteiger mit zu dem Treffen bei Oberbürgermeister Wimmer hinzugezogen worden, trennten sich Ende Januar 1953 ihre Wege. Heckmair, Bergführer in Oberstdorf und Mitbezwinger der Eiger-Nordwand von 1938, hatte versucht, andere Bergkameraden mit in die Mannschaft aufzunehmen, u.a. Mathias Rebitsch. In einem Brief Heckmairs an Rebitsch vom 22. Januar 1953 heißt es:

Die Spannung zwischen mir und Herrligkoffer rührt seit meinem damaligen Versuch, Dich und Ruths

116
Brief Paul Bauers an Ernst von Siemens, 10.11.1952; Zentrales Archiv des DAV, Bestand der DHS.

117
Vgl. N.N.: Der Deutsche Alpenverein und die geplante Nanga-Parbat-Expedition, in: Mitteilungen des DAV, 5. Jahrg., Heft 2, Februar 1953, S. 29-31, hier S. 29.

118
Vgl.: Alfred Jennewein (1. Vorsitzender des Deutschen Alpenvereins): Zum Plan einer Nanga-Parbat-Expedition 1953, in: Mitteilungen des DAV, Heft 2, Februar 1953, S. 22 f.

119
Vgl. N.N.: Der Deutsche Alpenverein und die geplante Nanga-Parbat-Expedition, a.a.O., S. 30.

[= Hans-Herbert Ruths, Teilnehmer der Nanga-Parbat-Expedition von 1938] *zur Überwindung der bestehenden Schwierigkeiten, mit in die Mannschaft herein zu bringen. Wenn mir das damals geglückt wäre[,] stünden wir heute anders da. Herrligkoffer gebärdete sich im Laufe der Zeit immer selbstherrlicher und war überhaupt keinen* [!] *Rat mehr zugänglich. Er hat alle[,] auch diejenigen, die es noch so gut mit ihm meinten, vor den Kopf gestossen. Das Schwergewicht legte er nur deshalb auf die österreichische Seite, weil die[,] ferne vom Schuss, ihm in keiner Weise etwas einreden konnten. Er aber reihte Dummheit an Dummheit.*

[...] Ich werde auch noch Einspruch erheben, dass H. über die Gelder[,] die auch zum Teil durch meine Initiative gespendet wurden, frei verfügt. Wenn mir das glückt, dann ist ihm der Kragen restlos gebrochen.[120]

Heckmair erklärte seinen Austritt aus der Herrligkoffer-Mannschaft am selben Tag noch öffentlich anläßlich eines von ihm gehaltenen Vortrages bei der Münchener Alpenvereinssektion Oberland.[121] Bauer berichtete über diesen Vortrag einem Ministerialrat im Bundesfinanzministerium in Bonn. Dabei werden auch die Gründe für Heckmairs Rückzug genannt, gleichzeitig versuchte nun Bauer wiederum die Gunst dieser Stunde für seine Pläne zu nutzen:

Heckmaier [!] *sprach – ich gebe die Ausdrücke wieder, um Sie zu unterrichten, nicht irgendwie um sie mir zu eigen zu machen oder um die Ehre des Herrn Dr. Herrligkoffer anzugreifen – von Hochstapelei und geistiger Unzurechnungsfähigkeit. Ich habe den dringenden Verdacht, dass Herrligkoffer Vabanque spielt, denn Heckmaier* [!] *berichtet sogar, dass nicht einmal die primitivsten Vorbereitungen, wie Beschaffung der Ausrüstung u.s.w... klappen. Es steht zu befürchten, dass es mit finanziellen Dingen ähnlich ist.*

[...] Es gäbe nur noch eine Möglichkeit, die Sache ohne peinliches Aufsehen in der Öffentlichkeit zu bereinigen, wenn das Kuratorium sofort einen tatkräftigen Ausschuss oder besser noch einen Bevollmächtigten mit der Regelung beauftragen würde, oder wenn die Regierung, z. B. das Innenministerium, da es sich um eine öffentliche Sache handelt, die Regelung in die Hand nehmen würde.[122]

120
Brief Anderl Heckmairs an Mathias Rebitsch vom 22.1.1953; Zentrales Archiv des DAV, Bestand der DHS.

121
Vgl. Brief Bauers an Mathias Rebitsch vom 23.1.1953; Zentrales Archiv des DAV, Bestand der DHS.

122
Brief Bauers an Ministerialrat Bracker vom 29.1.1953; Zentrales Archiv des DAV, Bestand der DHS.

Im Januar 1953 war es an der Zeit, daß nach langwierigen Verhandlungen der Hauptausschuß des DAV zu einem eindeutigen Votum für oder wider Herrligkoffer kam. Schließlich sollte die Expedition bereits im März Deutschland verlassen. Noch im Dezember 1952 und Januar 1953 gab es gleich mehrere Besprechungen des Verwaltungs- und Hauptausschusses über dieses Problem, bei denen teilweise auch Herrligkoffer anwesend war. Am 12. Dezember tagte der Verwaltungsausschuß. Herrligkoffer legte dabei u.a. seine Finanzierungspläne vor. In den Mitteilungen des DAV heißt es im Bericht über diese Sitzung:

Dr. Heizer empfahl nochmals eine Zusammenarbeit des DAV mit der Himalaya-Stiftung im Interesse der Einigkeit und des Ansehens. Es wurde beschlossen, die von Dr. Herrligkoffer im Frühjahr 1953 vorgesehene Expedition unter 6 vorgelegten Bedingungen zu unterstützen. Dr. Herrligkoffer erbat sich eine Frist bis 22.12. für die Entscheidung, da er sich mit den Teilnehmern besprechen müsse. Der 1. Vorsitzende wurde im Interesse einer beschleunigten Behandlung ersucht, den Beschluß des VA. zum Gegenstand einer schriftlichen Beschlußfassung im Hauptausschuß zu machen.[123]

Welche Bedingungen der Alpenverein Herrligkoffer machte, ist nicht zu klären. Nachdem bereits eine erste schriftliche Abstimmung zum Ergebnis gehabt hatte, der Alpenverein solle Herrligkoffer nicht unterstützen, wurde diese Anfang Februar 1953 wiederholt. Herrligkoffer hatte inzwischen eine Antwort auf die sechs Bedingungen formuliert. Deshalb gab der DAV seinem Anliegen eine zweite Chance im Hauptausschuß. Alfred Jennewein, der damalige erste Vorsitzende des DAV, berichtete in den Mitteilungen des Vereins über den Ausgang jener Abstimmung des Hauptausschusses:

Die schriftliche Abstimmung beim Hauptausschuß hat ergeben, der Expedition des Dr. Herrligkoffers die Unterstützung des Deutschen Alpenvereins zu versagen, nachdem zwei der vorgesehenen Teilnehmer sich von Dr. Herrligkoffer gelöst haben, nachdem ferner die Zeit bis zur Abreise zu knapp ist, als daß eine Unterstützung durch den Deutschen Alpenverein noch wirksam werden könnte, nachdem Dr. Herrligkoffer zwingende Bedingungen zu einer Unterstützung nicht erfüllen will und nachdem sich auch herausgestellt hat, daß er eine Reihe von Schwierigkeiten in ihrer Bedeutung für den Erfolg der Expedition zu erkennen nicht geneigt ist.

Mit dieser Entscheidung – und das ist die nahezu einstimmige Meinung des Hauptausschusses – ist keinesfalls ein Beschluß gefaßt worden gegen zukünftige deutsche Himalaya-Expeditionen. Es handelt sich hier

123
N.N.: Der Deutsche Alpenverein und die geplante Nanga-Parbat-Expedition, a.a.O., S. 30.

ausschließlich um die Ablehnung eines Himalaya-Planes, der in sich so viele Schwächen aufweist, daß der Deutsche Alpenverein glaubt, die Mitverantwortung dafür nicht übernehmen zu können.[124]

Der Hauptausschuß des Alpenvereins hatte am 19. Februar 1953 getagt. Mit 20 gegen drei Stimmen war dabei eine Unterstützung Herrligkoffers abgelehnt worden.[125]

Verärgert holte nun Herrligkoffer zu einem Gegenschlag aus – hauptsächlich gegen die Stiftung, aber auch gegen den Alpenverein. Als es sich zum Ende des Jahres 1952 bereits abgezeichnet hatte, daß der Ausschuß seine Pläne nicht unterstützen würde, trat Herrligkoffer an die Öffentlichkeit. Gemeinsam mit Oberbürgermeister Wimmer veranstaltete er eine Pressekonferenz, auf der er über die Fortschritte bei der Organisation Auskunft gab. Auf seine Probleme dabei ging er nicht ein, erhob sehr wohl aber schwere Vorwürfe gegen die Himalaja-Stiftung und den DAV. Gleichzeitig hatte er Wimmer nicht über die ablehnende Haltung des Ausschusses unterrichtet.

Am 21. Januar 1953 erschien in der Zeitschrift „Revue" ein Artikel, der von einem guten Bekannten Herrligkoffers, dem Münchner Journalisten und Bergschriftsteller Walter Pause, stammte. Dieser war Anlaß für einen wahren Pressekrieg, der über Wochen in

Münchner Zeitungen tobte und von beiden Seiten energisch geführt wurde. Pause hatte in seinem Artikel die Stiftung und speziell Bauer wegen ihrer ablehnenden Haltung kritisiert und in diesem Zusammenhang die Vorwürfe wegen ihrer Vergangenheit während des Nationalsozialismus wiederholt. Insbesondere wurde erstmals über die Ereignisse nach der Katastrophe am Nanga Parbat 1934 und über das Verfahren gegen Aschenbrenner und Schneider 1935 öffentlich berichtet.[126] Sachliche Kritik reichte demnach nicht aus, die Vergangenheit wurde zum Werkzeug anstehender Auseinandersetzungen.

Mitten in dieser Pressekampagne reiste Herrligkoffer Ende Januar 1953 überraschend nach Asien, um vor Ort die immer noch nicht erteilte Einreisegenehmigung zu bekommen. Zunächst hatte er den entsprechenden

---

124
Alfred Jennewein, Zum Plan einer Nanga-Parbat-Expedition 1953, a.a.O., S. 23.

125
Dieses Abstimmungsergebnis wurde von Paul Bauer an das Sportreferat beim Bundesministerium des Innern nach Bonn gemeldet. Vgl. Brief Bauers an das Bundesministerium des Innern, Sportreferat, 21.2.1953; Zentrales Archiv des DAV, Bestand der DHS.

126
Vgl. „Akten-Notiz zur Beiratssitzung, 8.4.1953", S. 2; Zentrales Archiv des DAV, Bestand der DHS.

Antrag an die „Regierung von Kaschmir" geschickt, obwohl das Ziel, der Nanga Parbat, in Pakistan lag, Kaschmir aber eine indische Region war. Auch an schweizerische Stellen hatte er sich gewendet, damit sich diese für ihn um eine Einreise bemühen sollten.[127] Dieses Chaos bei der Vorbereitung setzte sich in Asien fort: Herrligkoffer beantragte zunächst die Einreise bei der pakistanischen Regierung, diese wiederum wandte sich an die Deutsche Botschaft in Karachi. Von dort wurde dem Auswärtigen Amt in Bonn gekabelt, ob man eine Empfehlung für Herrligkoffer an die pakistanischen Behörden ausgeben dürfe. Diese wurde anscheinend nicht gegeben, denn Herrligkoffer reiste unverrichteter Dinge wieder nach Deutschland und bemühte sich persönlich in Bonn um die Bewilligung. Immer stärker geriet Herrligkoffer in Zeitnot. In Bonn drohte er, notfalls auch ohne Visum abzureisen – mit dem Hintergedanken, die pakistanische Regierung könnte einer Expedition, die mit großem Medienrummel auftauche und sich bereits in Asien befände, die Einreise nicht mehr verweigern.

Wenigstens hatte es Herrligkoffer in Asien erreicht, eine Trägermannschaft für seine Expedition auszuwählen.[128] Bei bisherigen Kundfahrten war dies von englischen Stellen den deutschen Bergsteigern abgenommen worden. Vor allem der Himalayan Club in Darjeeling hatte diese wichtige Aufgabe übernommen

und die enorm leistungsfähigen Sherpas dieser Region die weite Strecke bis in den Himalaja geschickt. Teilweise waren sogar eigene englische Expeditionspläne deswegen verschoben worden. Auf diese Hilfe konnte Herrligkoffer nicht zurückgreifen. Für das Ausland war er ein Nobody, der das hohe Ansehen der deutschen Bergsteiger für seine Pläne benützte.

Und trotzdem schaffte es Herrligkoffer, daß sich das allgemeine Klima zu seinen Gunsten wendete. Zwar blieb die Himalaja-Stiftung „bis zuletzt schroff ablehnend"[129], doch am 2. März 1953 kam es zu einem Treffen im Bundesinnenministerium. An diesem nahmen neben Herrligkoffer und Peter Aschenbrenner, der als bergsteigerischer Leiter nunmehr vorgesehen war, auch der 1. Vorsitzende des Alpenvereins, Alfred Jennewein, teil. Die Regierungsstellen konnten Herrligkoffer die Pässe und Einreisegenehmigungen nicht verweigern. Die Deutsche Botschaft in Karachi wurde umgehend

127
Vgl. für diesen gesamten Vorgang: Brief Paul Bauers an Ernst Grob, 1.3.1953; Zentrales Archiv des DAV, Bestand der DHS.

128
Vgl. Fritz Schmitt: Zur Ausreise der Nanga-Parbat-Expedition, in: Mitteilungen des Deutschen Alpenvereins, 5. Jahrgang, Heft 4, April 1953, S. 50.

129
Ebenda.

angewiesen, in der üblichen Weise die Expedition vor Ort zu unterstützen und ihre Befürwortung zuzuleiten. Ausdrücklich wurde allerdings von den Bonner Beamten nach einer Intervention Jenneweins darauf hingewiesen, daß darin keine Unterstützung des Gesamtplanes zu erkennen sei. Herrligkoffer hatte mit dieser Einigung jedoch einen Achtungserfolg erlangt.[130]

Vertreter der Himalaja-Stiftung waren zu dieser Sitzung nicht eingeladen worden. Die Stiftung drohte durch den Streit ins Abseits zu geraten. Deshalb schrieb Bauer an das Sportreferat in Bonn wenige Tage später einen fünfseitigen Brief, in dem er detailliert den Standpunkt der Stiftung zu erklären versuchte.[131] Darin listete er nicht nur noch einmal alle Probleme auf, die das Unternehmen selbst betrafen, sondern er skizzierte auch die aus den „Mängeln resultierende[n] Gefahren für das deutsche Ansehen."[132] So heißt es in seinem Brief:

[...] *Alle anderen Nationen nehmen nur ihre besten, erfahrensten Männer, um ihnen die Führung einer Expedition anzuvertrauen. Es muss Befremdung hervorrufen, dass Deutschland die Führung einem Aussenseiter, einem Nichtbergsteiger, einem Mann, der keinerlei Voraussetzungen mitbringt, überträgt. Selbst wenn alle Glückumstände zusammenwirken würden, und der Gipfel erreicht würde, wird dieser Umstand für alle Zeiten Kopfschütteln über jene hervorrufen, die dafür verantwortlich waren, und das waren eben die Deutschen. [...]*[133]

Aus den Bedenken gegen Herrligkoffers Expedition zog Bauer folgenden Schluß:

Die oben angeführten Bedenken waren für die Stellungnahme des Arbeitsausschusses wichtig, sie waren auch grossenteils im Alpenverein bekannt. Den Regierungsstellen sind sie aber bisher noch nicht mitgeteilt worden, da die Stiftung dazu keine Veranlassung hatte. Nachdem die Bedenken aber in den Verhandlungen eine Rolle spielten, müssen sie offen gelegt werden.

Wenn die Bergsteiger einmal am Berg sein werden, wünscht ihnen die Stiftung, dass sie einträchtig zusam-

130
Vgl. hierzu „Aktenvermerk, Bonn, den 11.3.1953, Betr.: Himalaja Expedition" (nach einer Rückfrage Bauers bei Regierungsstellen angefertigt); Zentrales Archiv des DAV, Bestand der DHS. In einem Brief an Mathias Rebitsch vom 4.3.1953, dessen Autor nicht zu ermitteln ist [wahrscheinlich Anderl Heckmair], heißt es: „Herrl. ist in den letzten Tagen[,] nachdem er anscheinend in Karachi nichts erreicht hat, zusammen mit Peter Aschenbrenner nach Bonn gefahren. Sie scheinen die Befürwortung des AA [=Auswärtigen Amtes] erhalten zu haben und werden meiner Ansicht nach, termingemäß am 4. April ausreisen."; Zentrales Archiv des DAV, Bestand der DHS.

131
Vgl. Brief der Deutschen Himalaja-Stiftung, Paul Bauer, an das Bundesministerium des Inneren, Sportreferat vom 7.3.1953; Zentrales Archiv des DAV, Bestand der DHS.

132
Ebenda, S. 3.

133
Ebenda.

menarbeiten, dass sie den Gipfel erreichen und gesund zurückkommen mögen, auch wenn sie den Gipfel nicht erreichen, aber die Expedition einwandfrei durchführen, wird die Stiftung ihre Leistung anerkennen.

Die Stiftung warnt aber wegen der bestehenden Bedenken davor, die Expedition zu entsenden. Vielleicht wäre es auch möglich, die schlimmsten Gefahrenmomente noch zu beseitigen. In dieser Hoffnung wird eine Abschrift dieser Darlegung zugeteilt.[134]

In dem Schreiben folgt an dieser Stelle eine längere Verteilerliste, angeführt vom Bundeskanzleramt, mit dem Auswärtigen Amt, einzelnen Bundestagsabgeordneten – u.a. Franz-Josef Strauß – und dem Alpenverein. Sie zeigt bereits, daß es der Stiftung ernst war: Sie sah die Schwächen Herrligkoffers. Der scharfe Ton in diesem Schreiben Bauers zeigt zudem, daß es für die Stiftung immer dringender wurde, die Abreise der Expedition zu verhindern. Hätte die Herrligkoffer-Mannschaft nicht abfahren dürfen, wären die Chancen für eine Stiftungsexpedition noch 1953 sicherlich gestiegen. Geldspenden der Wirtschaft für eigene Unternehmungen fielen immer spärlicher aus, wenn die Presse nur über Herrligkoffers Asienreise berichtete. Und mit einer staatlichen Empfehlung hätte viel leichter Geld gesammelt werden können. Bei der Stiftung machte sich deshalb nach dem Bonner Treffen Resignation breit. In einem Brief Klamerts an Mathias Rebitsch vom 4. März heißt es:

Weißt Hias, ich kann mich jetzt schon manchmal des Gedankens nicht erwehren, dass unsere Felle doch im Absinken sind. Ich kann Dir zwar keine klaren Tatsachen berichten, glaube aber, mit meinen Schwarzsehereien nicht zu sehr daneben getippt zu haben. Um es kurz zu sagen: Hinter allem ist kein Schwung und mangelnde Aktivität. [...] Damit [gemeint ist die Einigung auf der Bonner Sitzung] *scheinen auch – wenigstens nach P.B.'s Ansicht – die Würfel für unser geplantes Pakistan-Unternehmen gefallen zu sein. Es wird wohl kaum einem zweiten Unternehmen die Befürwortung gewährt werden."*[135]

134
Vgl. Brief der Deutschen Himalaja-Stiftung, Paul Bauer, an das Bundesministerium des Inneren, Sportreferat vom 7.3.1953; Zentrales Archiv des DAV, Bestand der DHS, S. 5.

135
Brief Gerhart Klamerts an Mathias Rebitsch vom 4.3.1953; Zentrales Archiv des DAV, Bestand der DHS. Durch die ungeklärte Sachlage, welche Expedition für das Jahr 1953 die Einreisegenehmigung erhalten würde, wurde der Expeditionsplan der Stiftung immer weiter in den Sommer verschoben. Zusätzlich erließ die nepalische Regierung ein Einreiseverbot gegen Heinrich Harrer. Als Ausweichziel bereiste deshalb eine Bergsteigergruppe des AAVM mit Unterstützung der Himalaja-Stiftung in diesem Jahr Südamerika. Die Teilnehmer waren Fritz März, Heinz Steinmetz und Jürgen Wellenkamp, denen sich zeitweise Heinrich Harrer anschloß. Vgl. dazu Fritz März, Heinz Steinmetz, Jürgen Wellenkamp: Deutsche Kordilleren-Kundfahrt 1953, in: Jahrbuch des Deutschen Alpenvereins (Alpenvereinszeitschrift, Band 79), 1954, S. 24–38.

Es hat den Anschein, daß – gerade weil die Chancen auf Erfolg für die Stiftung seit Jahresbeginn geringer wurden – sich Bauer um eine „Demaskierung des Herrligkofferschen Unternehmens"[136] bemühte. Auch er hatte gute Bekannte in Bonn, die über die Anfang März getroffene Einigung empört waren. Verärgert war die Stiftung auch über den DAV. Im Protokoll der Beiratssitzung vom 5. April 1953 heißt es:

Auffallend bleibt z. Zt. [,] dass seitens des DAV nichts unternommen wird gegenüber den verschiedenen erheblichen Ausfällen der letzten Zeit. Die Haltung des 1. Vorsitzenden Jennewein in Bonn am 2. März?
Eine Aussprache in dem Gremium DAV/DHS (Dr. Heizer/Krammer & Bauer/Allwein) wäre fällig.[137]

Ende März 1953 stieß Hans Ertl, aus Bolivien kommend, zur Mannschaft Herrligkoffers. Er sollte am Nanga Parbat einen Farbkinofilm drehen. Damit stand Ertl vor der Erfüllung eines alten Wunsches: Nachdem er von Bauer 1937 noch als Teilnehmer abgelehnt worden war, unterstützte ihn Herrligkoffer in seinen Plänen. Ertl hatte für seinen Film eine Filmgesellschaft gewinnen können, die 75 000 DM für die Verfilmung des Expeditionsgeschehens gab. Damit war die letzte Finanzierungslücke der gesamten Fahrt gestopft.[138]
Es wird die Männer der Himalaja-Stiftung umso mehr geärgert haben, daß mit Ertl und Aschenbrenner zwei

Bergsteiger Herrligkoffer unterstützten, mit denen sie selbst in der Vergangenheit Auseinandersetzungen geführt hatten.[139]

136
Zitat Paul Bauers in seinem Brief an Dr. Dr. Heinrich Emmendörfer, Düsseldorf, vom 13.3.1953; Zentrales Archiv des DAV, Bestand der DHS.

137
„Akten-Notiz zur Beiratssitzung, 8.4.1953", S. 2; Zentrales Archiv des DAV, Bestand der DHS.

138
Vgl. Brief Paul Bauers an Peter Aufschnaiter vom 9.5.1953, S. 2; Zentrales Archiv des DAV, Bestand der DHS. In demselben Brief geht Bauer auch auf die Person Ertls ein. Ertl wird von Bauer darin als eine „zweifelhafte Persönlichkeit" anschaulich beschrieben, die sich auf einer Expedition in Bolivien am Eigentum anderer bereichert habe. Er schließt seine Beschreibung wie folgt: „Kurzum[,] es sind da Dinge passiert, die sich wahrscheinlich jetzt bei der Herrligkoffer'schen Expedition genau so wiederholen werden, denn Ertl ist ein Bankerotteur und eine rücksichtslose Raubtiernatur. [...] Hoffentlich führt es nicht zu solchem Durcheinander und zu solcher Blamage für uns Deutsche, dass weitere Expeditionen darunter zu leiden haben." (Ebenda, S. 3 f.); Ertl filmte am Nanga Parbat 1953 erstmalig einen abendfüllenden Kinofilm in Farbe. Die 27 Kilogramm schwere Filmausrüstung trug der damals 45jährige Ertl alleine ohne Trägerhilfe auf über 7000 Meter. Vgl. dazu Hans Ertl, Meine wilden dreißiger Jahre, Berlin/München 1982, S. 233.

139
Gegen eine Eignung Aschenbrenners sprach sich Bauer in seinem Brief vom 7.3.1953 an das Sportreferat aus. Darin heißt es: „Gegen Peter Aschenbrenner als Leiter der Bergsteigergruppe oder bergsteigerischen Leiter bestehen Bedenken. Mit Rücksicht auf die sehr unliebsamen Erörterungen, die 1934 in der Times erschienen und die in

Im Gegensatz zur Himalaja-Stiftung fand sich die Alpenvereinsleitung allmählich damit ab, daß sie gegen die Ausreise der Herrligkoffer-Expedition letztlich nichts unternehmen konnte. Trotz all der Probleme, die sie mit Herrligkoffers Expeditionsvorbereitungen gehabt hatte, wollte sie doch auf keinen Fall nach einem möglichen Gipfelerfolg auf der falschen Seite stehen. Schließlich waren die Teilnehmer alle Mitglieder des Alpenvereins.

Der Vorsitzende des Verwaltungsausschußes Heizer schrieb in den Vereinsmitteilungen:

Bei der Abreise der deutschen und österreichischen Expedition zum Nanga Parbat scheint es mir nötig, daß ich entgegen meiner Gepflogenheit eine Selbstverständlichkeit sage, damit nicht weiter die Atmosphäre vergiftet wird. Selbstverständlich ist es nämlich, daß auch der DAV den Bergsteigern, die alle dem Deutschen und Österreichischen Alpenverein angehören, die besten Wünsche zum Nanga Parbat mitgibt.

Bedauerlicherweise hat seit Monaten der Ausschließlichkeitsanspruch, der nur in der Zeit der Diktatur, von dieser aus gesehen, verständlich ist, die Gehirne kleiner Menschen beherrscht. Unter freien Menschen kann man sich aber doch über die Pläne eines anderen freuen und ihnen Erfolg wünschen, wenn man sich mit ihnen aus Gründen, die in seiner eigenen Auffassung liegen, nicht identifizieren kann. Und man kann die Ausführung

solcher Pläne mit Interesse und kameradschaftlicher Sorge begleiten.[140]

Dieses klare Statement war eine eindeutige Spitze gegen Bauer und die Himalaja-Stiftung.

Indien und England noch lebendig sind, würde man von seiner Person sogar als Teilnehmer bei der ersten deutschen Expedition nach dem Kriege besser absehen. Auch ist er verschiedenen Beiratsmitgliedern der Stiftung als Bergsteiger und als Unteroffizier (Oberjäger) im Krieg sehr gut bekannt und wird als sehr tüchtiger Bergführer[,] aber nicht als befähigt angesehen, die Leitung eines so grossen Unternehmens zu meistern." (Ebenda, S. 3.) Interessant an diesem Zitat ist, daß Paul Bauer bei der Beurteilung Aschenbrenners eine Brücke zu den Ereignissen von 1934 am Nanga Parbat schlug. Zu Hans Ertl und der Zurückweisung seiner Bewerbung um Teilnahme an der Nanga-Parbat-Expedition 1937 vgl. den Akt „Bewerber" im Zentralen Archiv des DAV, Bestand der DHS. Daraus geht hervor, daß die Himalaja-Stiftung entgegen der späteren Behauptung Ertls, er sei wegen seiner mangelnden Linientreue zum Nationalsozialismus von Bauer nicht mitgenommen worden, ihn wegen des immensen Mehraufwandes eines Normalfilmes (Format 34 mm) ablehnte. Die Filme der DHS waren Schmalfilme im 16-mm-Format, von denen später eine vergrößerte Kopie (sog. Mutterkopie) für Kinofilme im 34-mm-Format in Deutschland hergestellt wurden. Zu Ertls Sichtweise: Hans Ertl: Meine wilden dreißiger Jahre, a.a.O., S. 232–235; Dort heißt es u.a.: „In einem Nachsatz wurde bezeichnenderweise noch darauf hingewiesen, daß ich ‚kein Parteigenosse und im übrigen judenfreundlich eingestellt' sei, was durch Überprüfung meiner Beziehungen zu den in der Schweiz und in den Vereinigten Staaten lebenden nichtarischen Mitgliedern der Familie Dyhrenfurth jederzeit festgestellt werden könnte." (Ebenda, S. 234.)

140
Fritz Schmitt: Zur Ausreise der Nanga-Parbat-Expedition, a.a.O., S. 50.

Letztendlich hatte die Stiftung keinen Erfolg dabei gehabt, die Herrligkoffer-Expedition 1953 zu verhindern. Nachdem sie sich anfangs bemüht hatte, Herrligkoffer zu unterstützen, war sie nach den Ereignissen des Jahres 1952 um so entschiedener gegen ihn vorgegangen. Gerade als die gemeinsame Front mit dem Alpenverein erste Brüche bekam, vermischten sich bei ihr sachlich berechtigte Kritik mit dem Ärger, nicht mehr die alleinigen Vertreter Deutschlands im Himalaja-Bergsteigen zu sein. So blieb man auch während der Fahrt Herrligkoffers skeptisch im Hinblick auf dessen Erfolgsaussichten.

Herrligkoffer verließ mit seiner Mannschaft am 4. April München. Erst wenige Stunden vor Abfahrt des Zuges trafen die Pässe und die Einreisebewilligungen aus Pakistan ein. Bauer berichtete davon Peter Aufschnaiter nach Neu Delhi am 27. April und folgerte:

Wahrscheinlich wird es auf der ganzen Expedition so weitergehen, wobei allerdings die grosse Frage ist, ob sich die Behörden in Pakistan auch so unter Druck setzen lassen, wie dies Herrligkoffer bei den Behörden hier gelungen ist, indem er die Presse gegen die Behörden, die Kuratoriumsmitglieder gegen die Presse und die Presse gegen die Kuratoriumsmitglieder, kurz einen gegen den anderen ausspielte.[141]

Es war zu befürchten, daß Herrligkoffer mit seinem Auftreten im Ausland den guten Namen der Stiftung aufs Spiel setzen würde. Sein Vorgehen entsprach in keiner Weise Bauers hohen Ansprüchen einer nationale Grenzen überschreitenden Bergkameradschaft, wie sie seit den Expeditionen der dreißiger Jahre gepflegt wurde. Deshalb distanzierte sich die Stiftung öffentlich von der Herrligkoffer-Expedition:

Wir haben uns gezwungen gesehen überall zu erklären, dass wir mit diesem Unternehmen nichts zu tun haben. Und dass wir für nichts verantwortlich gemacht werden dürfen, was durch sie [die Expedition] *und mit ihnen drüben in Pakistan geschieht. Der News Letter Nr. 5 des Himalayan Club, in dem geschrieben war, dass die Deutsche Himalaja-Stiftung diese Nanga-Parbat-Expedition unterstütze, zwang uns geradezu dazu, überall zu erklären, dass dies nicht der Fall ist. Wir haben dies Mrs. Henderson mitgeteilt und Mr. Graham in Kalkutta und dem Himalayan Club in London und den Herren in Pakistan und Karachi, mit denen wir in Verbindung standen.*[142]

[141]
Brief Paul Bauers an Peter Aufschnaiter vom 27.4.1953, S. 2; Zentrales Archiv des DAV, Bestand der DHS.

[142]
Brief Paul Bauers an Peter Aufschnaiter vom 9.5.1953, S. 2; Zentrales Archiv des DAV, Bestand der DHS.

Für die Stiftung war eine unangenehme Situation entstanden. Herrligkoffer, der Konkurrent bei Auslandsbergfahrten, war in Asien und lagerte am Nanga Parbat, den sich die Stiftung als ihr Hauptziel ausgesucht hatte. Was würde passieren, wenn ausgerechnet der bekämpfte Gegner am „Schicksalsberg der Deutschen" Erfolg haben sollte? Sicherlich wünschten Bauer und seine Freunde die gesunde Rückkehr der Expedition, aber der Gipfelsieg würde die Arbeit der Stiftung schwer treffen. Auf alle Fälle mußte sich die Stiftung darauf vorbereiten, wie sie auf den jeweiligen Ausgang des Herrligkofferschen Unternehmens reagieren würde. Bauer lud deshalb zu einer Sondersitzung des Stiftungsbeirates nach München. Im Einladungsschreiben dazu heißt es:

Die Ereignisse machen eine grundlegende Aussprache erforderlich.

Ausserdem ersehe ich aus verschiedenen Äusserungen von den allerverschiedensten Seiten, dass ich manches erklären und mich auch rechtfertigen muss[,] *und zwar gegen Zweifel und Vorwürfe, die gerade entgegengesetzt sind.*

Die einen sagen: „Warum unterstützt Ihr nicht diese Unternehmung des Herrn Dr. Herrligkoffer?" Die anderen sagen gerade im Gegenteil: „Warum habt Ihr nicht von Anfang an so energisch Widerstand geleistet, dass es dazu gar nicht kommen konnte?"

[...] Ich möchte [diese Fragen] *vielmehr zurückstellen*[,] *bis sich entschieden hat, wie das Unternehmen des Herrn Dr. Herrligkoffer ausgeht.*

Wenn nämlich alle Glücksumstände, die man sich denken kann, zusammenwirken, und sie erreichen den Gipfel und kommen gesund wieder, so wird sich der Chor derer, die uns vorwerfen, dass wir sie nicht unterstützt haben, verstärken[,] *und man muss diese eine Seite mehr herausarbeiten. Wenn aber das Gegenteil eintritt, so wird sich die Partei der Anderen ausserordentlich vergrössern*[,] *und dann muss ich mich wohl in erster Linie dagegen rechtfertigen, dass ich nicht von Anfang an energisch genug gewarnt habe und mit allen Mitteln dagegen aufgetreten bin.*[143]

Es galt abzuwarten, welche Nachrichten aus Asien nach Deutschland gekabelt werden würden.

[143]
Brief Paul Bauers an die Mitglieder des Stiftungsbeirates, ohne Datum (während der Herrligkoffer-Expedition); Zentrales Archiv des DAV, Bestand der DHS.

„Kampf und Sieg am Nanga Parbat".[144]
Hermann Buhl auf dem Gipfel

Herrligkoffer hatte Erfolg am Nanga Parbat: Am 3. Juli 1953 - kurz vor Sonnenuntergang - stand der Öster-reicher Hermann Buhl als erster Mensch auf dem Gipfel des Nanga Parbat.[145] Damit war Herrligkoffer auf An-hieb gelungen, was fünf deutschen Expeditionen vor dem Krieg versagt geblieben war. Sicher - hätte das Unternehmen einen unglücklichen Ausgang genommen, wäre die Reaktion in Deutschland und in der alpinen Expertenwelt anders ausgefallen. Der Nanga Parbat war schon längst durch die langjährige Berichterstattung zu einem Begriff existentieller Herausforderung – nicht nur für den einzelnen Bergsteiger, sondern im Bewußtsein der deutschen Öffentlichkeit für die ganze Nation – geworden. Zwar hat Buhl nicht wie die Vorkriegsexpedi-tonen *im Namen der Nation* um den Gipfel „gekämpft". Er tat es für sich. Und trotzdem bedeutete die Erstbe-steigung des Nanga Parbat für die junge Bundesrepublik gerade wegen der leidvollen Vorgeschichte eine unge-meine Sensation: Ein Jahr später wurde das „Wunder von Bern" gefeiert – Deutschland wurde 1954 Fußball-weltmeister. Eine ähnliche Sympathiewelle schlug auch den Bezwingern des Nanga Parbat entgegen; Buhl wurde nach seiner Rückkehr am Flughafen von Bundes-kanzler Adenauer als Bergsteigerheld empfangen, und

die Wochenschau berichtete darüber in den deutschen Filmtheatern. Aus dem Respekt vor der körperlichen Leistung und dem absoluten Willen, die die Basis des Erfolges waren, erwuchs eine Vorbildfunktion des Sportheros Buhl für die Wirtschaftswundergeneration allgemein. Einsatz und Leistung lohnten sich wieder – das war die Botschaft Buhls. Der K 2, der Nanga Parbat und der Mount Everest – immer mehr Achttausender, von denen vor dem Krieg keiner erstiegen werden konn-te, wurden seit 1950[146] bezwungen. Ein wahrer Wettlauf

Hermann Buhl nach seinem Alleingang auf den Gipfel des Nanga Parbat am 3. Juli 1953.

144
Titel des Buches von Karl Maria Herrligkoffer mit der Besteigungs-geschichte des Nanga Parbat, 1971 in München erschienen.

145
Vgl. hierzu als zuletzt erschienenes Buch: Reinhold Messner, Horst Höfler (Hrsg.): Hermann Buhl, Kompromißlos nach oben, Augsburg 1997. Die Auseinandersetzungen um Herrligkoffers Ausreise werden hierbei zu kurz und deshalb teilweise falsch wiedergegeben: Der „Aus-schuß" zur Prüfung der Herrligkofferschen Pläne wird überhaupt nicht erwähnt. Außerdem sei der Alpenverein gemeinsam mit der Deutschen Himalaja-Stiftung gegen Herrligkoffer vorgegangen – von einer An-näherung zwischen dem DAV und Herrligkoffer ist keine Rede. Vgl. Ebenda S. 134.

146
1950 bestieg eine französische Expedition unter Leitung von Maurice Herzog die Annapurna, womit der erste Gipfel über 8000 m erreicht war. Über die Erstbesteigungen der Achttausender berichten: Günter Oskar Dyhrenfurth, Der Dritte Pol, München 1960, sowie Luis Trenker, Helmut Dumler (Hrsg.): Die höchsten Berge der Welt. Erlebnisse der Erstbesteiger, München 1974, 2. Aufl. 1980.

um die Gipfel des Himalaja schien überall entbrannt zu sein, und ausgerechnet Herrligkoffer konnte die Lorbeeren auf der deutschen Seite einsammeln.

Bauer und seine Freunde werden sich über Buhls Triumph persönlich gefreut haben. Der Berg war endlich bestiegen – allerdings unter Leitung der falschen Person. Die Himalaja-Stiftung sah sich als Traditionsträger deutscher Himalaja-Fahrten. Darüber hinaus empfand sie ihr Bemühen um den Nanga Parbat als ideale Aufgabe. Da der Anlaß zu einer neuen Expedition bisher immer das Scheitern der vorherigen gewesen war, war aus dem Gedenken der am Nanga Parbat verunglückten Kameraden ein Vermächtnis für die aktiven Bergsteiger erwachsen, an dem gemeinsamen alpinistischen Ziel festzuhalten. Nun hatte ein ganz anderer Bergsteigerkreis – teilweise langjährige Gegner der Stiftung – diesen „Gipfel der Himalaja-Stiftung" an sich genommen.

Buhl hatte sein Ziel nur durch Lossagung vom Expeditionsleiter Herrligkoffer erreicht: Auf eigene Faust war er im Alleingang auf 8125 Meter gestiegen, während Herrligkoffer per Funk bereits den Befehl zum Rückmarsch aus den Hochlagern vom Hauptlager gegeben hatte. Die Stiftung fühlte zwar eine gewisse Schadenfreude über das Zerwürfnis zwischen Herrligkoffer und Buhl. Dennoch hätte ein Expeditionsleiter Bauer diese im Endeffekt egoistische Tat sicherlich

ebenfalls kritisiert, denn Buhl hatte die Hierarchie unter den Teilnehmern mehr als nur in Frage gestellt. Aber er hatte den Erfolg auf seiner Seite, der sein Handeln im nachhinein rechtfertigte.

Äußerst ärgerlich war für die Stiftung, daß Herrligkoffer sich den „Sieg" zuschrieb. Auf einmal waren alle Streitigkeiten zwischen der Mannschaft und Herrligkoffer in der allgemeinen Euphorie vergessen.[147] Auch die Bauersche Maxime der Mannschaft geriet mit Herrligkoffers Erfolg ins Wanken. Es war für Herrligkoffer leicht, Bilanz zu ziehen: Auf der einen Seite der ältere Expeditionsstil der zwanziger und dreißiger Jahre, der Mißerfolg und Tote gebracht hatte, auf der anderen Seite er – mit dem berühmten Gipfelphoto Hermann Buhls und keinen Verunglückten. Diese banal anmutenden Überlegungen dürfen nicht unterschätzt werden: Die Rivalität legte sich nicht, sie wurde mit dem Erfolg Herrligkoffers immer stärker. Die Stiftung war unter Zug- und Erfolgszwang gesetzt worden, wenn sie ihre Berechtigung behalten wollte.

Anfang August 1953 lud Oberbürgermeister Wimmer zu Ehren der Herrligkoffer-Mannschaft zu einem Emp-

147
Später kam es zum Zerwürfnis der Teilnehmer, vor allem zwischen Ertl und Buhl auf der einen, Herrligkoffer auf der anderen Seite. Auf diese Vorgänge kann an dieser Stelle nicht eingegangen werden.

fang in das Münchner Rathaus. Paul Bauer und andere Vertreter der Deutschen Himalaja-Stiftung nahmen daran teil. In seiner Glückwunschrede ging Wimmer in einem Nebensatz auch auf die vorherigen Expeditionen ein, ohne allerdings die Stiftung oder gar Paul Bauer direkt anzusprechen. Er sagte an eine „bestimmte Adresse"[148]: „Wenn man ein gewisses Alter erreicht hat, soll man abtreten und der Jugend die Nachfolge überlassen."

Bauer schrieb daraufhin einen offenen Brief an Wimmer, der in der Süddeutschen Zeitung abgedruckt wurde. Dieser zeigt, wie persönlich getroffen Bauer von Herrligkoffers Erfolg war. Er rechtfertigte nochmals die ablehnende Haltung der Himalaja-Stiftung, die auch vom Alpenverein und selbst von dem von Wimmer eingesetzten Prüfungsausschuß geteilt worden war. Es war schwer, diese jetzt noch zu erklären. So verwies Bauer immer wieder darauf, daß zwischen Buhl und Herrligkoffer differenziert werden müßte:

Wenn Sie übrigens bezweifeln sollten, dass die Bedenken berechtigt waren, bitte ich Sie, die Expeditonsteilnehmer selbst zu fragen. – Die ausserordentliche Leistung Buhls, die aufopfernde Tat Ertls, Frauenbergers und anderer stehen über jeden Zweifel. Unsere Bedenken galten anderen Punkten. Und sie haben alle, samt und sonders, weit mehr als zu befürchten war, ihre Bestätigung gefunden.[149]

Die Auseinandersetzungen vor und während der Fahrt Herrligkoffers im Jahr 1953 waren der Beginn einer langjährigen Gegnerschaft zwischen der Himalaja-Stiftung und dem 1954 von Herrligkoffer gegründeten „Deutschen Institut für Auslandsforschung". Auch wenn sich die Kontrahenten persönlich kannten und die Fronten gerade in der Münchner Alpinistenszene nicht immer eindeutig geklärt waren, versuchte stets die eine die andere Seite zu behindern. Die Bergsteiger der Himalaja-Stiftung stammten überwiegend aus einem engen Freundeskreis, dessen Kern auch in den folgenden Jahren aus dem AAVM kam. Sicherlich gab es auch hier Spannungen zwischen den Teilnehmern, doch sie standen in keinem Verhältnis zu den Vorkommnissen nach den Unternehmungen Herrligkoffers. Dieser besaß zwar ein großes Talent, Finanzen für seine Expeditionen zu sammeln, aber er war kein Bergsteiger, der seine Mannschaften aus seinem bergkameradschaftlichen

[148]
Dieses und folgendes Zitat: Brief Paul Bauers an Oberbürgermeister Wimmer, 8.8.1953; Zentrales Archiv des DAV, Bestand der DHS.

[149]
Ebenda.

Freundeskreis bilden konnte.[150] Zudem führte sein schwieriger Charakter bei zahlreichen Auslandsreisen zu Streitigkeiten mit Teilnehmern, die teilweise in Prozesse mündeten.[151]

Aus Fehlern der einen Organisation versuchte die andere Organisation für sich Kapital zu schlagen, Erfolge dagegen wurden dem Rivalen mißgönnt. Der Ausschuß für Auslandsbergfahrten des DAV wurde für die Stiftung ein geeignetes Gremium, deutschen Expeditionen die Berge der Welt zu eröffnen und Herrligkoffer'sche Unternehmungen zu behindern. Mit Herrligkoffer machte man weiterhin schlechte Erfahrungen. Die Vertreter der Stiftung hatten gemeinsam mit denen des Alpenvereins Ende der fünfziger Jahre beschlossen, bis auf weiteres keinen seiner Anträge auf Unterstützung seitens des DAV zu genehmigen. Daran wurde bis in die siebziger Jahre festgehalten.

Wie vielschichtig die Auseinandersetzung zwischen den Kontrahenten verlief, zeigt folgendes Beispiel: Bauer hatte für sein 1931 erschienenes Buch „Im Kampf um den Himalaja" bei den Olympischen Sommerspielen von Los Angeles 1932 eine Goldmedaille für das bedeutendste Sportbuch bekommen. Danach erschienen Bücher mit Titeln wie „Im Kampf um den Himalaja", „Um den Kantsch" oder „Ringen um den Nanga Parbat". Es bedeutete deshalb eine bewußte Spitze Herrligkoffers gegen die Stiftung und vor allem gegen Paul Bauer, wenn er seine eigenen Bücher mit „Kampf und Sieg am Nanga Parbat" bzw. „Sieg am Kanchenjunga"[152] betitelte. Damit sollte offensichtlich der Erfolg über die Himalaja-Riesen, aber auch über die bergsteigerische Konkurrenz gezeigt werden.

150

Daß diese neue Art der Mannschaftsbildung auch außerhalb der Himalaja-Stiftung kritisiert wurde, zeigt folgendes Zitat aus einem Leserbrief der SZ vom 14./15./16.8.1953. Ein Münchner Leser, Dr. Walter Brand, schreibt: „Hier scheint mir der eigentliche Angelpunkt für das Auseinanderbrechen der Expedition zu liegen: daß sie im Grunde genommen keine zusammengeschweißte Kameradschaft war, sondern eine mehr oder weniger zufällig zusammengeholte Gruppe von guten Bergsteigern. Hier scheint auch der entscheidende Fehler Herrligkoffers zu liegen. [Absatz] Die Besteigung des Nanga Parbat wird als bergsteigerische Leistung ihre Bedeutung haben; aber es war kein wirklicher Sieg aus einer gemeinschaftlichen Gesinnung heraus. [...] Und es sieht beinahe so aus, als ob nunmehr auch in der Welt des Bergsteigers, mit ihren ungeschriebenen Gesetzen der Gemeinschaft und Kameradschaft das Startum [!] des Einzelgängers und des Ehrgeizlings gesprengt hätte. Dann allerdings wäre die Expedition zum Nanga Parbat, trotz der bergsteigerischen Leistung, kein Triumph des echten Bergsteigertums, sondern vielleicht seine größte Niederlage." (Ebenda, S. 7.)

151

Gleich nach der Rückkehr aus Pakistan kam es zu erheblichen Streitigkeiten zwischen Herrligkoffer und Buhl, über die in der Presse berichtet wurde. Vgl. dazu u.a.: Gert K. Gerhart, Schatten fallen auf einen alpinen Sieges-Lorbeer, in: SZ, 4.8.1953, S. 3; Ernst Müller-Meiningen jr.: Der Gipfelstürmer mit dem Maulkorb, in: SZ, 7.8.1953, S. 3, und Aussprache der Teilnehmer bei Oberbürgermeister Wimmer, in:

SZ, 10.8.1953, S. 8; zur Bewertung des Streites in der alpinen Fachliteratur: Günter O. Dyhrenfurth, Das Buch vom Nanga Parbat, München 1954, S. 150 f.

Auch bei der Auseinandersetzung zwischen Reinhold Messner und Karl Maria Herrligkoffer im Anschluß an die Nanga-Parbat-Expedition 1970 spielte der Stiftungsvorstand Gerhart Klamert als Rechtsanwalt Messners eine maßgebliche Rolle. Direkt war die Stiftung bei diesem Rechtsstreit allerdings nicht beteiligt. Deshalb wird die Angelegenheit an dieser Stelle nicht weiter ausgeführt. Vgl. zu den Ereignissen am Nanga Parbat 1970 vor allem: Reinhold Messner: Die rote Rakete am Nanga Parbat. Drehbuch zu einem Film, der nie gezeigt werden kann, München 1971.

152

Karl Maria Herrligkoffer: Kampf und Sieg am Nanga Parbat, München 1971, und ders.: Sieg am Kanchenjunga, 1. Aufl., München 1983.

Batura-Hauptkamm mit dem Batura-Gletscher;
oberhalb des Gletschers die von Dolf Meyer und Martin Schließler
am 5. August 1954 erstbestiegene Batura-Spitze (ca. 7300 m).

6. Expeditionen der Deutschen Himalaja-Stiftung in den fünfziger Jahren

184

Die Teilnehmer:
Mathias Rebitsch (Expeditionsleiter).

Wissenschaftliche Gruppe:
Dr. Wolfgang Pillewizer (Führer der wissenschaftlichen Gruppe), Dipl.-Ing. Karl Heckler, Kartograph, Glaziologe und Geodät (Teilnehmer der Cordillera-Blanca-Expedition des Alpenvereins 1936); Dr. Karl Heinz Pfaffen, Vegetationskundler; Dr. Hans-Jochen Schneider; Dr. Karl Wienert, Geophysiker (Teilnehmer der Deutschen Tibet-Expedition 1939).

Bergsteigergruppe:
Dr. Paul Bernett (Expeditionsarzt und Bergsteiger); Anderl Heckmair; Gerhart Klamert (stellvertretender Expeditions-leiter, „VICE"); Dolf Meyer; Martin (Martl) Schließler; Dipl.-Ing. Hans Zeitter; Eugen Schumacher (Filmer; er erstellt während der Fahrt einen Farbfilm: „Im Schatten des Karakorum").

Finanzierung durch Mittel der Deutschen Forschungs-gemeinschaft, des Deutschen Alpenvereins, durch die Deutsche Himalaja-Stiftung und den Österreichischen Alpenverein; das Sporthaus Schuster, München, spendet große Teile der Ausrüstung.

Diese Expedition war eigentlich für 1953 vorgesehen gewesen, doch Herrligkoffer hatte für seine Fahrt zum Nanga Parbat die Genehmigung erhalten. Da aber immer nur eine ausländische Expedition die Genehmigung für das Zielgebiet – das Karakorum-Gebirge – erhielt, mußte der Plan der Stiftung um ein Jahr verschoben werden. Als Alternative für 1953 war bereits mit den Vorbereitungen einer Nepal-Kundfahrt begonnen wor-den. Da nunmehr beide Vorhaben für 1953 gescheitert waren und Herrligkoffer mit dem Gipfelsieg zurück-gekehrt war, waren die Erwartungen an die erste Expe-dition der Stiftung seit 1939 sehr hoch.

Nach 15 Jahren wieder eine Expedition in den Hima-laja zu schicken – das bedeutete auch, den bergsteige-rischen Nachwuchs bei der Mannschaftsaufstellung zu berücksichtigen. Die bedeutenden Bergsteiger der Zeit der Stiftungsgründung waren in die Jahre gekommen, und nicht alle waren aus dem Krieg unversehrt zurück-gekehrt. So war etwa Zuck 1941 im Kaukasus gefallen.

Erste Versuche, neue Wege im Expeditionsberg-steigen zu gehen, gleichzeitig sich die Erfahrungen der

Die Mannschaft von 1954: von links Eugen Schumacher, Dr. Wolfgang Pillewizer, Hans Zeitter, Paul Bernett, Gerhart Klamert, Matthias Rebitsch, Dolf Meyer, Karl Heckler, Martin Schließler, Dr. Karl Heinz Pfaffen, Anderl Heckmair.

Mathias Rebitsch und Gerhart Klamert,
die beiden Expeditionsleiter der DÖHKE 1954.

bergsteigerischen Vätergeneration zunutze zu machen, waren die zwei Kundfahrten nach Südamerika unter österreichischer bzw. deutscher Leitung zu Beginn der fünfziger Jahre: die Österreich-italienisch-schwedische Cordilleren-Kundfahrt 1952 (Leiter: Mathias Rebitsch) mit der Erstbesteigung von drei Sechstausendern in Südperu[153] und die Deutsche Kordilleren-Kundfahrt 1953 (Teilnehmer: Fritz März, Heinz Steinmetz und Jürgen Wellenkamp)[154]. Sie wurden vom Akademischen Alpenverein München (AAVM), von der Deutschen Himalaja-Stiftung und vom Deutschen Alpenverein unterstützt und ausgerüstet.

Verlauf der Expedition 1954:
28. April:
Abreise aus München, Schiffspassage von Genua aus über das Mittelmeer, den Suezkanal nach Karachi.

[153]
Vgl. Mathias Rebitsch: Bergfahrten im Süden Perus („Von der Österreichisch-italienisch-schwedischen Cordilleren-Expedition 1952"), in: Jahrbuch des Deutschen Alpenvereins (Alpenvereinszeitschrift, Band 78) 1953, S. 79-85.

[154]
Vgl. Fritz März, Heinz Steinmetz, Jürgen Wellenkamp: Deutsche Kordilleren-Kundfahrt 1953, in: Jahrbuch des Deutschen Alpenvereins (Alpenvereinszeitschrift, Band 79) 1954, S. 24–38.

12. Mai:

Ankunft in Karachi, Begrüßung durch den deutschen Geschäftsträger Dr. Schmidt-Horix, durch den österreichischen Handelsbevollmächtigten und durch Gerhart Klamert, der zur Vorbereitung der Expedition mit dem Flugzeug von München aus vorausgereist war; Weiterreise mit dem Zug von Karachi nach Rawalpindi.

19. Mai:

Eine erste Gruppe der Expedition fliegt von Rawalpindi nach Gilgit.

20. Mai:

Da wegen schlechten Wetters das Flugzeug mit der zweiten Gruppe (Klamert, Zeitter, Schneider, Pfaffen, Pillewizer) nicht starten kann, besichtigt diese die Stadt Taxylla, die griechische Stadt aus der Zeit Alexanders des Großen.

22. Mai:

Klamert, Pfaffen und Schneider fliegen nach Gilgit. Der Political Agent in Gilgit wählt 14 Hunza-Träger aus und hilft bei der Organisation des Nachschubes. In Gilgit schließen sich der Expedition die Pakistani Shah Khan, Sahib Shah und Mr. Daud Beg an.

23. Mai:

Pillewizer und Zeitter fliegen nach Gilgit.

Ende Mai/Anfang Juni:

Erkundung des Danyor-Tals, des Bagrot-Tals und des Hinarche-Gletschers mit Ersteigungsversuchen des Rakaposhi. Nachdem diese scheitern, zieht die Expedition über Chalt entlang Bola Das, einem Seitenfluß des Hunza, in das Gebiet des Kukuay- und des Baltar-Gletschers. Rebitsch erkrankt an einer schweren Bronchitis und Ruhr und muß im königlichen Bungalow in Gilgit stationär behandelt werden.

Juni:

Die Wissenschaftlergruppe bleibt zunächst am Kukuay-Gletscher, zieht von dort aus selbständig in das Batura-Gebiet. Die Bergsteiger dagegen marschieren zum Baltar-Tal. Dort erkunden sie Ersteigungsrouten des Batura-Kamms von Süden her. Zeitter, Klamert und Daud Beg versuchen vergeblich über eine Scharte einen Übergang in das Kukuar-Tal zu finden, sie nehmen dafür einen Gipfel von ca. 5500 m mit. Die Bergsteigergruppe versucht einen Sechstausender mit steilsten Graten zu besteigen. Er wird vorläufig „Wildspitze" benannt. Ein plötzlicher Wettersturz treibt die Schneegrenze auf unter 3600 m bis zum Lagerplatz der Bergsteiger. Die Spitzengruppe muß ihren Besteigungsversuch knapp unter dem Gipfel im Schneesturm abbrechen; Lawinen erschweren den Rückmarsch vom Berg; Heckmair erkrankt.

Ende Juni:

Rückkehr nach Chalt. Von dort starten verschiedene Erkundungstrupps:

In der sogenannten
Batura-Mauer an der Ab-
bruchkante des Gletschers.
Der Batura-Gletscher fließt
mehrere Meter pro Tag,
so daß andauernd Eistürme
einbrechen.

Anfang Juli:
Meyer und Zeitter studieren die Flanken des Diran (7257 m) vom Minapin-Gletscher aus. Rebitsch und Bernett gelangen durch das Hunza-Tal zum Mir von Nagar. Dort trennen sich die beiden: Bernett zieht mit einem Hunza-Träger zum höchsten Gipfel des West-karakorums, dem Distaghil Sar (7885 m), Rebitsch erkundet von Nagar die Nordseite des Diran und der Bagrot-Gruppe. In Nagar erhält er eine Nachricht von Pillewizer, der einzelne Gipfel in der Batura-Gruppe für ersteigbar hält; daraufhin Aufbruch ins Batura-Gebiet

15. Juli:
Empfang in der Residenz des Mir von Hunza in Baltit-Kerimabad, der die Unternehmung sehr unterstützt.

17. Juli:
Ankunft in Pasu am Ende des Batura-Gletschers. Von Pasu marschieren die Bergsteiger mit einer Yakkolonne über den Batura-Gletscher.

21. Juli:
Einrichtung des Hauptlagers (3500 m) auf einem Moränenhügel gegenüber der Schafalm Put Mahal.

Aufgrund den Beobachtungen der Wissenschaftler-gruppe von Anfang Juli wird geplant, über einen Seiten-gletscher zu den Firnflanken der höchsten Batura-Spitzen (7785 m und 7710 m) zu gelangen. Durch die verstärkte Sonneneinstrahlung hat sich der Gletscher jedoch erheblich verändert. Zeitter erkrankt ernsthaft und muß von Klamert im Hauptlager versorgt werden.

Die begonnene Besteigung des Seitengletschers wird durch die starke Spaltenbildung und herab-brechende Séracs sehr erschwert (Fließgeschwindigkeit des Gletschers nach Pillewizer mehrere Meter am Tag!), u.a. müssen die Zelte mehrmals am Tag versetzt wer-den. Trotzdem werden fünf Lager errichtet (Lager V von Bernett und Meyer in 6700 m). Meyer kann bei einer letzten Erkundung über 7000 m spuren. Einen Tag bevor die höchste Batura-Spitze (7785 m) angegangen wer-den soll, bricht eine senkrechte Firneisbarriere vor Lager III ab, so daß der Nachschub der höheren Lager unmöglich wird. Lager III muß geräumt werden, Klamert und Zeitter schaffen es aber trotzdem, Nachschub zum Lager IV zu bringen. Rebitsch untersucht vom Haupt-lager aus die Nachschubroute und hält ein Verbleiben für zu riskant. Nach zweitägigem Sturm wird Lager V aufgegeben.

4. August:
Spitzenmannschaft, Nachschubtrupp und Rebitsch gemeinsam in Lager IV.

5. August:
Trotz des Sturmes versuchen Meyer und Schließler, zumindest die nächste Batura-Spitze zu erreichen. Um 10.30 Uhr stehen sie auf der Spitze (ca. 7300 m). Bei der Rückkehr in Lager IV erfahren sie von Bernett,

Überquerung des Hunza-Flusses in der Nähe der Ortschaft Pasu.

Vor dem Bau des Karakorum-Highways waren die sogenannten „Rafiks" die einzigen Wege in den Flußtälern des Karakorum. Dazu werden Steine ohne Mörtel so aufeinander getürmt, daß ein schmaler Steg entsteht. Auf der Expedition 1954 verunglückte Karl Heckler beim Sturz von einem Rafik in den Hunza-Fluß tödlich.

Der Mir von Hunza mit dem Thronfolger, dem jungen Ghasanfar.

der inzwischen auch zu Lager IV durchgestiegen ist,
daß Karl Heckler am 26. Juli tödlich verunglückt ist.
6. August:
Andauernder starker Schneefall zwingt die Spitzen-
mannschaft zur Aufgabe. Gefährlicher Abstieg ins
Hauptlager.
August:
Erkundungen im westlichen Batura-Winkel, am
Ghulkin-Gletscher, am Mutschual-Gletscher sowie
im Daintar- und Naltar-Tal; Entlohnung der Hochträger
in Baltit und Verabschiedung von den pakistanischen
Bergsteigern.

Der Expeditonsleiter Mathias Rebitsch:

*Das Ziel unserer „Deutsch-Österreichischen Himalaja-
Karakorum-Expedition 1954" war die bergsteigerische
Erkundung und die wissenschaftliche Erforschung eines
zum Teil noch unerschlossenen Berggebietes im westlichsten Karakorum durch das Zusammenwirken einer
kombinierten „Bergsteiger- und Wissenschaftlergruppe"
gewesen.*[155]

155
Mathias Rebitsch: Deutsch-Österreichische Himalaja-Karakorum
Expedition 1954, in: Jahrbuch des Deutschen Alpenvereins (Alpen-
vereinszeitschrift, Band 80) 1955, S. 103–115.

Einreise für Rebitsch–Himalaya–Expedition genehmigt

Die vom Alpenverein, von der Forschungsgemeinschaft und von der Deutschen Himalaya-Stiftung unterstützte Deutsch-Österreichische Himalaya-Karakorum-Expedition 1954 unter der Leitung von Mathias Rebitsch hat nun offiziell über die Deutsche Botschaft in Karachi die Mitteilung erhalten, daß die Regierung von Pakistan die Erlaubnis zur Einreise in den Gilgit-Distrikt (Himalaya-Karakorum) erteilt hat.

Rebitsch erhielt auch vom Mir von Nagar im Hunza-Gebiet ein sehr herzliches Schreiben, in dem dieser mitteilte, daß er der Expedition in seinem Hoheitsgebiet jede mögliche Hilfe zuteil werden lasse und die Bereitstellung von 25 auserwählten Hochträgern zusicherte. Damit sind die letzten eventuellen Schwierigkeiten im künftigen Operationsgebiet der Kundfahrt behoben und auch das Trägerproblem ist gelöst. Die besten Voraussetzungen zum Gelingen der Expedition sind somit gegeben. Die Finanzierung ist zum Großteil gesichert. Dr. Wienert, der sprach- und landeskundige Teilnehmer der Expedition, der als Wissenschaftler im pakistanischen Staatsdienst arbeitet, ist kürzlich in München eingetroffen, um mit seinen Kameraden die letzten Vorbereitungen zu besprechen. [...]

Die Wahl des neuen Expeditionsgebietes – die Umgebung von Gilgit – hat sich als eine glückliche und richtige Entscheidung von Rebitsch erwiesen, da ihm die Regierung von Pakistan u.a. mitteilte, daß sie einem Ansuchen um Einreise in das Baltoro-Gebiet (in dem die Achttausender K II, Gasherbrum und Hidden Peak stehen) nicht stattgeben könne, weil sie bereits einer italienischen Expedition die Genehmigung für diesen Raum erteilt habe. [...]

Das neue Arbeitsgebiet der Rebitsch-Expedition – die gewaltigen unerschlossenen Gebirgszüge um Gilgit – stellt kein „Ausweichziel" im Sinne einer Wertminderung gegenüber dem Baltoro-Gebiet dar; es ist im Gegenteil das ideale und großzügige Betätigungsfeld einer Bergsteiger- und Forschungsexpedition, das der klassischen Tradition des Alpenvereins und der Deutschen Himalaya-Stiftung voll entspricht. Deshalb wurde die neue Zielsetzung von den fördernden Vereinigungen besonders begrüßt, wenn auch den Hochgipfeln der unbegründete Nimbus der 8000-Meter-Zahl fehlt. [...]

Ziel der Bergsteigergruppe ist die Erstbesteigung eines der zahlreichen, teilweise noch namenlosen Siebentausender. Welcher von ihnen angegriffen wird, kann erst nach eingehender Erkundung festgelegt werden. Im Vordergrund der Planung stehen der 7780 m hohe Rakaposhi und der Dasto Ghil, mit 7890 m der höchste Berg im westlichen Karakorum. Wenn die Barmittel es erlauben, soll auch ein Rekognoszierungsflug über das Operationsgebiet durchgeführt werden.

Yaks übernehmen den
Transport der Lasten.
Sie sind ausdauernder
und genügsamer als Pferde
und finden in dem unweg-
samen Gelände leichter
zurecht.

Die Festlegung des engeren Gebietes für die kartographischen, glaziologischen, zoologischen und pflan-
zengeographischen Arbeiten der Forschungsgruppe –
die sich als Hauptziel die wissenschaftliche Erschließung
des 58 Kilometer langen Batura-Gletschers und die
Erstellung einer großmaßstäblichen Karte gesetzt hatte
– hängt von den örtlichen Gegebenheiten und von der
Erlaubnis zum Betreten grenznaher Hochtäler ab.[156]

Tagebuch von Wolfgang Pillewizer:
*In Rawalpindi lernten wir einen englischen Geschäfts-
mann kennen, der bei Harrer und Aufschnaiter in Tibet
war. Wir verbrachten bei ihm einen netten Abend. Am
19. Mai vormittags flog die erste Gruppe unserer Expedition mit Hias Rebitsch nach Gilgit. Der Nanga Parbat war
wolkenfrei. Wir erhielten inzwischen Besuch vom Staatssekretär des Kaschmir-Ministeriums, Sahib Fahim, der
seine zwei unverschleierten Frauen mit großen „Nasen-
flinserln" mitbringt, um unsere Bergsteigerausrüstung
zu besichtigen. Die Frauen, denen man die Hand weder
reichen noch küssen darf, kichern und befühlen fachmännisch alle Woll- und Perlonstoffe. [...]*

156
Pressedienst des Deutschen Alpenvereins, 8. März 1954. Zentrales
Archiv des DAV, Bestand der DHS.

23. Mai:

[...] In Gilgit herrscht ein herrlich kühles Klima. Nicht viel anders als bei uns während des Hochsommers im Gebirge. Der Ort liegt in einer fruchtbaren grünen Oase inmitten kahler Bergriesen. Wir sind im Bungalow des Mir von Hunza einquartiert, der ihn uns kostenlos zur Verfügung stellte. Die Behörden sorgen sich rührend um uns. Am Nachmittag waren wir zu einem Polo-Spiel der Gilgit-Scouts eingeladen. Ein wunderbares Bild, wie die Reiter hinter der Polokugel herjagen, tollkühn aufeinanderprallend. Nach dem Polospiel trat die Dudelsack-Kapelle des Regiments auf. Uns zu Ehren spielte sie das Deutschlandlied. Reizend ist der junge Steinbock, den sie als Mascottchen dabei haben. Ich werde morgen mit Paul Bernett und Schumacher zum Mir von Hunza reiten, um ihm einen Besuch abzustatten. Schumacher soll filmen. [...] Der Mir von Hunza bekommt unsere letzten, kostbar gewordenen Kartons Münchener Bier.[157]

Martin Schließler: Auf Erkundung im Danyortal

[...] Lange sitzen wir vor dem Zelt, bis es dunkel wird, dann legen wir uns schlafen. Nach einigen Stunden trommelt Regen aufs Dach und ich ziehe in Anderls Zelt um, damit die Träger, die zwar gewohnt sind[,] die Nacht im Freien zu verbringen, im Trockenen sitzen können.

Am Morgen ist der Himmel wieder klar. Ringsum hohe, weiße Berge! Die Lasten werden wieder verteilt und weiter geht der Marsch taleinwärts. Nochmals kommen wir unvermutet durch eine menschliche Siedlung. In fast 3000 m Höhe ziehen Wälder aus Birken und Kiefern an den Hängen entlang. Am Beginn des Gletschers finden wir auf einem Wiesenfleck einen idealen Lagerplatz. Einfallender Nebel vereitelt eine weitere Erkundung. Den nächsten Tag werde ich immer zu den eindrucksvollsten in meinem Leben zählen. Vom Zeltplatz aus kann man mit dem Glas die Steilflanken des Rakaposhi einsehen. Der Anblick ist wenig ermutigend. Jähe Grate, Wände und Rinnen, bedroht von absturzbereiten Eistürmen und Wächten. Trotz dieses Eindrucks wollen wir weiter vorstoßen. Von den beiden tüchtigsten Trägern begleitet gelangen wir am Bachbett entlang zum Gletscher. Zwischen Moränen und Eis tasten wir uns weiter. Immer wieder wird der Aufstieg von mächtigen Lawinenkegeln versperrt. Je näher wir den Eiswänden kommen, umso klarer wird es uns, daß es von dieser Seite keine Aufstiegsmöglichkeit zum Gipfel des Rakaposhi gibt. Wenn man schon in dem Sattel zwischen Maluga und Rakaposhi stünde, dann würde man wohl weiter kommen. Plötzlich bricht hoch oben eine Eisbarriere ab

[157]
Tagebucheintrag Pillewizers aus: Paul Bernett: Den Eisriesen des Karakorum entgegen, 2. Bericht der DÖHKE 1954, Juni 1954, S. 2–4; Zentrales Archiv des DAV, Bestand der DHS.

und zerbirst vor uns, das ganze Gletscherbecken ausfüllend, zu einer Staubwolke. Wir lassen die Träger zurück und kommen, Spalten und Eistürme umgehend, noch einige hundert Meter weiter. Aber auch hier entdecken wir keinen Weiterweg. Es ist eine wilde Welt, in der ein Mensch nur selten als Gast geduldet wird. Um nicht kostbare Zeit zu verlieren, ging es am nächsten Tag im Gewaltmarsch nach Gilgit zurück.[158]

Anderl Heckmair:

[Am Hinarche-Gletscher:] „Nach Stunden erreichen wir das andere Ufer, wo in 3400 m Höhe Birken grünen. Nun streben wir dem eigentlichen Firnkessel zu, in dem von allen Seiten Gletscher zusammenfließen. Wir betrachten den Gletscher, den Klamert als Aufstiegsmöglichkeit bezeichnet hatte. Wir müssen ihm recht geben, denn wenn der Hinarchegletscher auch sehr steil ist, so führt er doch zu einem Sattel, von dem aus ein Versuch auf den Rakaposhi über den Grat geländemäßig möglich erscheint. Voller Zuversicht steigen wir zunächst weiter und spähen nach geeigneten Plätzen für Zwischenlager. Jedoch je höher wir kommen, umso mehr schwindet unsere Zuversicht. Die Brüche werden wilder und drängen uns in eine Zone, die wir wegen der Eislawinengefahr nicht betreten wollen. Besorgt mustern wir die Steilwände[,] und da bricht auch schon eine Eisbarriere ab und donnert genau über die Route, die wir begehen

wollen. Die andere, von 2000 m hohen Wänden begrenzte Seite des Gletschers ist ebenfalls dauernd von Eisschlag bedroht. In kurzen Abständen kommen zwei Eislawinen herunter und fegen über den ganzen Gletscher.

Wir haben genug gesehen. Nichts wie heraus aus diesem Höllenkessel! Enttäuscht stapfen wir zurück. Es wird uns sehr schwer fallen, Hias [Rebitsch] die Mitteilung zu machen, daß auch von dieser Seite ein Ersteigungsversuch des Rakaposhi wegen der objektiven Gefahren nicht zu verantworten ist. Trotz der späten Stunden schicken wir vom Lager unseren Träger noch mit der Hiobsbotschaft ins Tal.[159]

Mathias Rebitsch: Karl Heckler † 26.7.1954

Es war ein Zusammenspiel scheinbar sinnloser Zufälle gewesen, die ihn so jäh aus unserem Kreis gerissen hatten. Die Arbeiten der Wissenschaftler waren in der Hauptsache abgeschlossen gewesen. Beim Rückmarsch über den Karawanenpfad der Hunza-Schlucht wollte

158
Bericht Martin Schließlers, 4. Bericht der DÖHKE 1954, Juni 1954, S. 1 f.; Zentrales Archiv des DAV, Bestand der DHS.

159
Bericht Anderl Heckmairs, Durch das Baggrottal zum Hinarchegletscher, in: 4. Bericht der DÖHKE 1954, Juni 1954, S. 2–4; Zentrales Archiv des DAV, Bestand der DHS.

Karl Heckler seine vor ihm marschierende Trägerkolonne fotografieren. Er stand dabei auf dem Außenrand des Weges und neigte sich zu weit nach auswärts. Ein Randstein brach unter seinem Fuß aus und Karl stürzte rücklings über einen senkrechten Felsabbruch in den Hunza-Fluß ab. Seine Freunde konnten ihm nicht helfen. Er fand einen schnellen Tod. Jetzt ruht er auf dem christlichen Friedhof von Gilgit neben einem englischen Vermessungsbeamten, der ebenfalls in Hunza im Dienst der Wissenschaft starb. Für uns ist es immer noch unbegreifbar, daß wir ohne ihn zurückkommen mußten. Wir haben Karl unendlich viel zu danken und unser Film ist seinem Gedenken gewidmet.[160]

Aus dem Nachruf auf Karl Heckler von Eugen Roller:
[...] Seine hervorragende, unermüdliche Tätigkeit in Peru [auf der 3. Anden-Kundfahrt des DAV in die Cordillera Blanca 1936 als Geodät und Kartograph] ermöglichte die Schaffung der großen Alpenvereinskarte 1:200 000 der Cordillera Blanca, die an erster Stelle Karl Hecklers Namen trägt und ihn damit in den beachteten Kreis der internationalen wissenschaftlichen Bergsteiger einreihte. Dieser Umstand und seine auch nach dem Zweiten Weltkrieg noch ungebrochene Liebe zur fernen und hohen Bergwelt waren es, die Hias Rebitsch und den Deutschen Alpenverein veranlaßten, ihn zur größeren und schwereren Aufgabe im Karakorum zu rufen.

[...] Karl Heckler war in seinem vorbildlichen Alpinismus, dessen Wesen für ihn die Wurzel im geistigen Streben hatte und das ihn immer die Stimme des Erhabenen hören ließ, durch sein stets heiteres Wesen, seine Bescheidenheit und Selbstlosigkeit, vor allem aber durch seine stete Hilfsbereitschaft und absolute Treue ein seltener Mensch und zuverlässiger Bergkamerad.[161]

160
Mathias Rebitsch: Deutsch-Österreichische Himalaja-Karakorum-Expedition, a.a.O., 112 f.

161
Dieses Vorwort geht einem Aufsatz Hecklers voraus, der nach dessen Tod im Jahrbuch des DAV abgedruckt wurde: Als Geodät im Karakorum, Aus dem Tagebuch von Karl Heckler †, in: Jahrbuch des Deutschen Alpenvereins (Alpenvereinszeitschrift, Band 79) 1954, S. 12–23, hier S. 12.

198

Die DNE 1955 revolutionierte das Expeditionsbergsteigen, da hierbei erstmals auf Hochgebirgsträger verzichtet wurde. Aufgrund einer verbesserten Ausrüstung und der Erfahrungen der vorangegangenen Expeditionen konnten nun die Berggipfel mit wenigen Lagern und einer kleinen Mannschaft angegangen werden.

Organisator der Expedition: Deutsche Himalaja-Stiftung, unterstützt von der Bayerischen Staatsregierung, den Städten München und Nürnberg und dem Deutschen Alpenverein.

Bergsteigerisches Ziel: der aus mehreren Gipfeln bestehende Annapurna-Himal, insbesondere die Annapurna IV (7524 m, Erstbesteigung am 30. Mai 1955 im Alpenstil ohne Träger durch Biller, Steinmetz und Wellenkamp); Erkundung und Umwanderung des Annapurna-Himal, Erstbesteigung des Kang Guru (7009 m) sowie von weiteren fünf Sechstausendern und vier Fünftausendern nördlich der Hauptkette (Damodar-Himal).

Die Teilnehmer:[162]
Heinz Steinmetz (Expeditionsleiter), Harald Biller, Fritz Lobbichler, Jürgen Wellenkamp.

1954 wird zum ersten Mal einer deutschen Expedition von der nepalischen Regierung die Erlaubnis erteilt, im darauffolgenden Jahr in das bis 1945 nahezu verschlossene Königreich zu reisen.

Verlauf der Expedition:
28. März:
Abreise vom Münchner Hauptbahnhof.
30. März:
Von Genua aus mit dem Schiff „Asia" Richtung Bombay.
13. April:
Ankunft in Bombay, Steinmetz fliegt am 15.4. nach New Delhi (Visaaufnahme in der nepalischen Gesandtschaft, Treffen mit dem deutschen Botschafter und Peter Aufschnaiter), die restliche Mannschaft fährt am 18. April mit der Bahn nach Raxaul, der indisch-nepalesischen Grenzstation, 1500 km von Bombay entfernt und ca. 90 km südlich von Kathmandu, der Hauptstadt Nepals (Ankunft in Raxaul am 19. April); Steinmetz trifft ebenfalls in Raxaul ein; Wellenkamp fliegt am 21. April vom benachbarten Simra voraus nach Kathmandu und organisiert von dort aus den Weitertransport des Expeditionsgutes (4 Tonnen) per Flugzeug nach Kathmandu.
22. April:
Mannschaft mit Gepäck in Kathmandu.
26. April:
Aufbruch aus Kathmandu mit 126 Kulis zum im Westen liegende Annapurna-Massiv.

---

[162]
Zunächst war vorgesehen, den Innsbrucker Arzt Manfred Bachmann zusätzlich mitzunehmen. Auf ihn wurde später verzichtet.

Die Mannschaft von 1955: Rast nach dem Gipfelgang zur Annapurna IV:
von links Harald Biller, Heinz Steinmetz, Jürgen Wellenkamp.

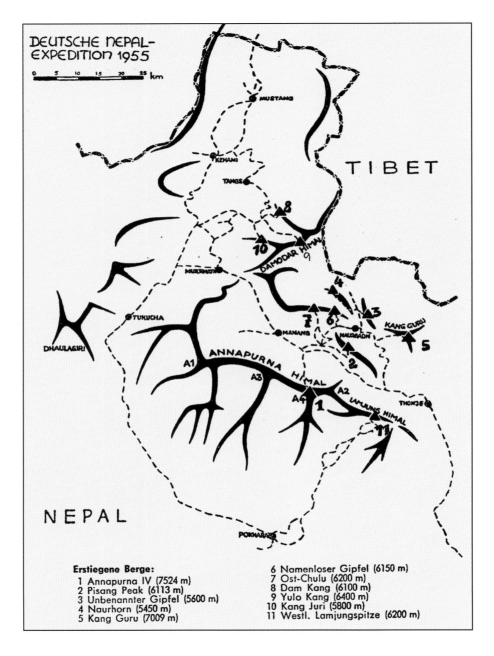

Erstiegene Berge
der Deutschen Nepal-
Expedition 1955.

Erstiegene Berge:
1 Annapurna IV (7524 m)
2 Pisang Peak (6113 m)
3 Unbenannter Gipfel (5600 m)
4 Naurhorn (5450 m)
5 Kang Guru (7009 m)
6 Namenloser Gipfel (6150 m)
7 Ost-Chulu (6200 m)
8 Dam Kang (6100 m)
9 Yulo Kang (6400 m)
10 Kang Juri (5800 m)
11 Westl. Lamjungspitze (6200 m)

Die Annapurna-Gruppe mit der Annapurna II (7937 m,
links oben) und dem nach Westen verlaufenden Gipfelgrat
zur Annapurna IV (7524 m, rechts oben).

14. Mai:
Hauptlager an der Annapurna IV im Sabzi-Chu-Tal aufgebaut.
30. Mai:
Erstbesteigung der Annapurna IV.
2. Juni:
Rückkehr ins im Basislager.
10. Juni:
Erstbesteigung des Pisang Peak (6113 m) durch Wellenkamp.
23. Juni:
Erstbesteigung des Naur-Horns (5450 m) durch Steinmetz, Wellenkamp und Lobbichler.
2. Juli:
Erstbesteigung des Kang Guru (7009 m) durch Steinmetz, Wellenkamp und Lobbichler.
14. Juli:
Erstbesteigung eines namenlosen 6150 Meter hohen Berges durch Biller und seinem Sherpa Da-Tondu.
23. Juli:
Erstbesteigung des Ost-Chulu (6250 m) durch Biller, Steinmetz, Wellenkamp und Lobbichler.
Um dem einsetzenden Monsun auszuweichen, marschieren die Bergsteiger über den Thorung-La ins Kali-Tal und das Thistang Khola nach Mustangbhot (Lho Mantang, im Grenzgebiet zu Tibet nördlich des Annapurna-Kammes, Damodar-Himal).

25. August:
Erstbesteigung des Westgipfels des Dam Kang (6400 m) durch Wellenkamp im Alleingang.
29. August:
Erstbesteigung des Yulo Kang (6400 m) durch Steinmetz, Wellenkamp, Biller und Lobbichler.
31. August:
Erstersteigung des Kang Juri (5800 m) durch Lobbichler im Alleingang. Rückmarsch durchs Kali-Tal nach Süden Richtung Pokhara.
Anfang Oktober:
Rückkehr nach Pokhara.
17. Oktober:
Erstbesteigung der Westlichen Lamjung-Spitze durch Steinmetz und Wellenkamp.
31. Oktober
Flug von Pokhara nach Kathmandu.
November/Anfang Dezember:
Vortragsreise durch Indien.
Erste Dezemberhälfte:
Schiffspassage von Bombay aus mit Schiff „Victoria".
Weihnachten 1955:
Ankunft in Deutschland.

Deutsche Himalaja-Stiftung (Hrsg.): Ergebnisbericht der Deutschen Nepal-Expedition 1955

Das Ziel der Expedition war der Annapurna-Himal[,] im besonderen Annapurna IV, deren 7524 m hoher Gipfel am 30. Mai 1955 von drei Mitgliedern der Expedition erstmals erreicht wurde. Die Expedition hatte des weiteren die Aufgabe[,] die Verhältnisse in den Regionen nördlich der Himalaya-Hauptkette und an dieser während und nach der Monsunzeit zu erforschen. Es wurden bei dieser Betätigung im Verlauf der gesamten Expedition, also während einer 9monatigen Abwesenheit von Europa[,] neben der Annapurna IV noch weitere 10 Gipfel erstersteigen, darunter noch ein weiterer Siebentausender, der 7009 m hohe Kang Guru. Alle diese Berge liegen im Arbeitsgebiet der Expedition, das sich im Quellgebiet des Marsyandi und im Oberlauf des Kalitales (Mustang Khola) sowie am Südfuß des Annapurna-Himals befindet. Es wurden neben dieser bergsteigerischen Tätigkeit ausgedehnte zoologische, botanische Sammlungen und meterologische Beobachtungen angestellt. Es war durch den langen Aufenthalt unter der tibetischen Bevölkerung ein gründliches Studium der Lebensverhältnisse und der Gewohnheiten der Tibeter ermöglicht.[163]

Deutsche Himalaja-Stiftung (Hrsg.): Kurzbericht über die Deutsche Nepal-Expedition 1955, 11. Mai 1955

Die Expedition schreibt immer wieder, dass es nur der gründlichen Vorbereitungen zu verdanken ist, dass alles überall so schnell und reibungslos ging. Den persönlichen Beziehungen der Stiftung resp. des Herrn Notar Bauer ist es zu verdanken, dass in allen Konsulaten, Zollstellen und bei der Gesandtschaft ein Akt mit allen Details vorlag, sodass man dort auf das Kommen der Expedition bestens vorbereitet war und alle Papiere in Ordnung waren.[164]

Der Expeditionsleiter Heinz Steinmetz über die Erstbesteigung der Annapurna IV:

Annapurna IV ist die dritthöchste Erhebung des Annapurna-Himals. Sie hatte bereits einige Versuche über sich ergehen lassen müssen: 1950 war der Engländer Tilman am Berg, er fand den einzig möglichen Weg, scheiterte aber etwa 400 Meter unter dem Gipfel. 1952 und 1953 kamen die Japaner und konnten den Gipfel ebenfalls nicht erreichen. Ihr erster Versuch scheiterte etwa bei

[163]
Zentrales Archiv des DAV, Bestand der DHS.

[164]
Ebenda.

5800 Meter, der zweite bei 7100 Meter, also dort, wo auch Tilman aufgeben mußte.

[...] *In einer Höhe von etwa 5800 Meter sperrte ein großer Eiswulst unseren Weiterweg. Wir wußten bereits durch Tilman von ihm. Er hatte dessen Expedition zwei Tage aufgehalten. Wir waren in der Lage, ihn in zwei Stunden gangbar zu machen, gangbar allerdings in einer Weise, daß man mit steilem Blankeis sehr vertraut sein mußte, um so mehr, als man ja eine Trägerlast auf dem Rücken hatte. Somit war das Gelände für unsere beiden unerfahrenen Sherpas nicht gangbar. Um die Passage auch für sie begehbar zu machen, hätten wir noch viel Arbeit hineinstecken müssen. So beschlossen wir, unsere beiden Burschen zurück ins Hauptlager zu schicken und den Rest allein zu tun. Es war eine ganz glatte Rechnung, die uns zu diesem Entschluß führte. Unsere Sherpas trugen nicht allzuviel – sie waren keine Tiger –, durch ihr Mitgehen waren mehr Zelte, mehr Proviant und mehr Brennstoff vonnöten. Es kam, wenn wir die Sherpas zurückschickten, für uns dieselbe Trägerarbeit zusammen. Wir hatten also nur den Verzicht auf Bedienung, Kochen, Zeltaufschlagen usw. zu leisten.*[165]

[...] *Der Pfingstmontag, der 30. Mai, mußte die Entscheidung bringen! Noch erhoben sich über den in 6450 Meter Höhe stehenden Zelten des dritten Lagers fast 1100 Höhenmeter zum Gipfel. Es sind 1100 Meter in dieser Höhe eine sehr große Etappe. Wir nahmen vorsorglich unsere Biwakausrüstung mit: Zur Daunenjacke noch den Daunenfußsack, eine Luftmatratze für alle drei, einen kleinen Bordekocher, etwas Benzin, einen Zeltsack und Futterwerk für einige Tage. Zum ersten Male waren die Rucksäcke leicht.*

Dann traten wir einen Gang an, der uns allen unvergeßlich bleiben wird. Mit sehr steilem Eis stellte sich uns der Grat entgegen. Alles andere als leicht war dieser Weg, aber wir waren froh darüber, denn so erfaßte uns keine Gleichgültigkeit, die sich in diesen Höhen bei einem sturen Dahinstapfen so leicht einstellt. Es verging der Vormittag, und wir kamen gut voran. Mittags verkrochen wir uns vor dem eiskalten Südwind in eine Gletscherspalte und aßen etwas. Eine Stunde rasteten wir – eine Stunde, gerade Zeit genug, für jeden einen Becher lauwarmen Getränkes bereiten zu können –, und in dieser Stunde formte sich der weitere Angriffsplan. Etwa 400 Meter über uns war der Gipfel. Wir beschlossen, um 14 Uhr zum Gipfel aufzubrechen. Sollten wir erkennen, daß wir den Gipfel an diesem Tag nicht mehr erreichen können, dann wird umgekehrt, in der Spalte biwakiert

Die Annapurna-IV-Expedition von 1955 ist u. a. berühmt geworden, weil sie mit als erste Auslandsbergfahrt auf Träger und den Aufbau einer Lagerkette, wie es bisher üblich war, verzichtete und im Alpenstil, d.h. mit möglichst wenigen Lagern vom Basislager zum Gipfel und zurück, auskam.

und am nächsten Tag der Gipfel angegangen. Sämtliche Ausrüstung bleibt für diesen Zweck in der Spalte. Sollte der Gipfel erreicht werden, dann wird im Abstieg in der Spalte biwakiert, denn das war uns klargeworden, daß ein Abstieg nach Lager III in Verbindung mit dem Gipfelgang an diesem Tag nicht mehr möglich war.

Um 14 Uhr brachen wir wieder auf. Um unsere Rucksäcke erleichtert kamen wir doppelt gut voran. Trotzdem verflogen die Stunden, denn es war ein zwar stetes, aber der Höhe entsprechend langsames Gehen, das uns aufwärts brachte. Manchmal waren – je nach Steilheit des Geländes – zu einem Schritt vier bis fünf Atemzüge nötig. Wir stiegen die Eishänge hinauf, querten zuletzt vor dem zerbrechlichen Grat noch einmal in die brüchigen Felsen der Westflanke, und dann führte uns wieder eine steile Eiswand zum letzten Gratstück empor. Unter uns hatte sich eine dicke Wolkendecke zusammengezogen, die unserem Gang etwas Überirdisches gab. Der Blick in die Täler war hinter einer weiten quellenden Fläche verborgen, aus der nur die höchsten Erhebungen der Umgebung, Annapurna I, Annapurna II und im Westen der Dhaulagiri herausragten.

Abends um 17 Uhr 30 standen wir auf dem höchsten Punkt. Das warme Licht der scheidenden Sonne gab uns das Gefühl der Wärme, wenn es auch bitterkalt war. Wir ließen die Fahnen vom Pickelschaft wehen, die nepalesische, die deutsche und den kleinen AAVM-

Wimpel, der mit uns schon in Peru war und mit Freunden im Karakorum. Im scheidenden Licht des Tages liefen wir so schnell es die Verhältnisse gestatteten wieder hinunter. Wir tauchten in den nun mitlerweile höher gezogenen Nebel, suchten unsere Spalte und gruben uns im Dunkeln ein Loch in eine Seitenwand. Eng kauerten wir uns zusammen, steckten die Beine in den Daunenfußsack, hingen den Zeltsack vor und erwarteten das Ende dieser eiskalten Nacht in 7100 Meter Höhe.[166]

Heinz Steinmetz: Westliche Lamjung-Spitze – der letzte Gipfel

Sonntag ist heute. Es muß Sonntag sein, der mit solcher Pracht beginnt. Wir brechen auf und bei der zweiten Wegbiegung wartet die große Überraschung: da steht der „Vierer" (Annapurna IV), der „Zweier" und neben dem Namun-Paß, der in die endlose Kette eingebettet ist, der fast 7000 Meter hohe Berg, zu dem wir auf dem Weg sind. Klar und ohne eine Wolke in ihren mächtigen, eisblauen und braunfelsigen Flanken ragen sie in der frühen Sonne in den fleckenlosen Himmel. [...]

166
Heinz Steinmetz: Deutsche Nepal-Expedition 1955, in: Jahrbuch des Deutschen Alpenvereins (Alpenvereinszeitschrift, Band 81) 1956, S. 87–94, hier S. 88–91.

Die Annapurna-IV-Expedition von 1955 eröffnete nach dem Krieg eine bis dahin selten praktizierte Form des Expeditionsbergsteigens: kleine Mannschaft, wenige Lager, keine Hochträger. Dadurch wurde die Aufenthaltszeit in der Hochregion verkürzt und so die Schlagkraft gestärkt.

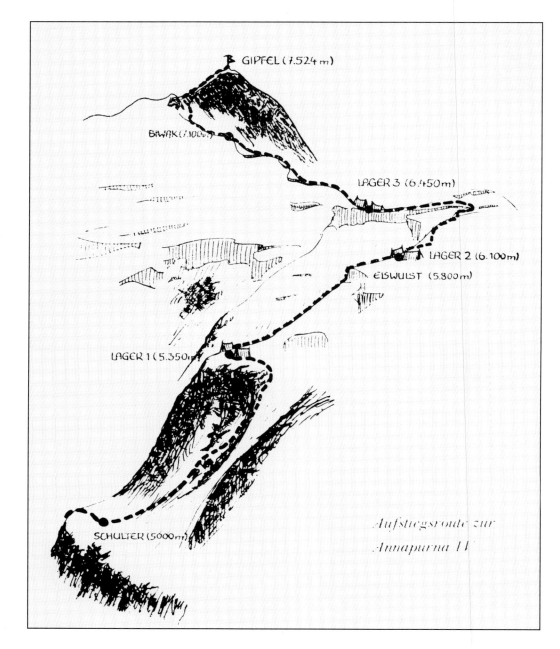

GIPFEL (7.524 m)

BIWAK (7.100 m)

LAGER 3 (6.450m)

LAGER 2 (6.100m)

EISWULST (5.800 m)

LAGER 1 (5.350m)

SCHULTER (5000m)

Aufstiegsroute zur
Annapurna IV

Auf dem Weg von Lager 2 zu Lager 3: Das Kreuz kennzeichnet die Stelle, an der die Bergsteiger in 7100 m Höhe im Absteig biwakierten.

Auch nach dem Krieg blieb der Anmarsch zu den
Expeditionszielen anstrengend: Die Lasten mußten
mit Mulis und Trägern über weite Strecken transportiert
werden. 1955 waren allein drei Träger nötig, um die Geld-
stücke zur Bezahlung ihrer Kollegen zu tragen. In Nepal
gab es damals noch keine Geldscheine.

Aufstieg zum Gipfelgrat der Annapurna IV (7524 m), die am 30.5.1955 von Biller, Steinmetz und Wellenkamp erstmals bestiegen werden konnte.

*Bald führt unser Weg durch hartgefrorenen Neu-
schnee, dann turnen wir über das Blockwerk der großen
Moräne dem Gletscher zu. Steile Hänge voller Lawinen-
brocken steigen wir an, während schon zu unserer Linken
die zerrissene Gletscherzunge herabhängt. Am Beginn
des Eises packen wir uns die Kulilasten noch zusätzlich
auf und schicken die beiden zurück. Während wir die
erste Steilstufe [...] hinaufsteigen, sinkt der Nebel, der
schon seit einiger Zeit um die Berge weht, zu uns ab[,]
und nach einer knappen Stunde „blinden" Ansteigens
sehen wir uns gezwungen, Lager zu schlagen.*

Hier ist kein Weg.
*Der Morgen ist kalt und klar. Und zum ersten Mal
sehe ich jetzt den Ostgrat und auf den ersten Blick
weiss ich, hier ist kein Weg für uns. [...] Unser Gletscher
zieht zu einer abschliessenden Fels-Eisstufe von etwa
500 Meter Höhe, die mit zwei sehr schweren Rinnen
zum Sattel leitet[,] der zwischen dem 6900 Meter hohen
Berg und einem mächtigen, etwa 6200 Meter hohen
eisgekrönten Felshorn, das mit gewaltiger Steilwand
zum Gletscher abfällt, eingebettet liegt. Vom Sattel
ziehen zu dem hohen Berg vier gewaltige scharfe Fels-
türme, tiefverschneit, auf einen Eisgrat hinauf, der scharf
ausgesetzt und verwächtet zu den gangbaren Gipfel-
hängen leitet. Die Entscheidung ist gefallen. Immerhin
aber wollen wir alles daran setzen, um in den Sattel*

*zu kommen, denn wir wollen noch einmal einen Blick
nach Norden tun.*

Über uns Nebel und Sturm.
*Als alles Hab und Gut wieder auf den Schultern lastet,
steigen wir wieder an. Immer eindrucksvoller wird der
wilde Kessel um uns, und als wir durch eine Rinne ganz
gut etwa 500 Meter angestiegen sind und uns in der
steilen Umgebung vergeblich nach einem Fleckchen für
unser Zelt umsehen, da kommt auch schon wieder der
Nebel. Wir beschließen uns in die Felsen des östlichen
Berges zu verkriechen, wo der Sturm nicht so stark ist.
Zuerst war es nur kalt, dann wurde es noch stürmisch
und steil, so steil, wie wir es von unten nicht geahnt
hätten. Es reichte uns, als wir die 250 Meter hinter uns
hatten und uns an die Felsen gedrückt, eine Plattform
bildeten, die mit knapper Not dem Zelt platz bot.
700 Meter unter uns, fast grundlos scheinend[,] lag
der Gletscher mit seinen Spalten, bleigrau und hässlich.
Um uns waren schwarze Felsen mit mächtigen Eisblumen
und über uns Nebel und Sturm. „Adlerhorst" schoß es
mir durch den Kopf.[167] Die ganze Nacht zerrte der Wind*

167
Der „Adlerhorst" war 1929 und 1931 auf den beiden Expeditionen zum
Kangchendzönga ein exponiertes Lager am Nordostsporn des Berges
gewesen.

am Zelt und schüttete das zu Eis gefrorene Kondenswasser über uns.

Von einem Frühstück konnte keine Rede sein. Mit knurrendem Magen machten wir uns an die ausgesetzte Eistraverse zum Sattel. Wir erreichten den Westgrat „unseres" Berges, stiegen im kalten Morgenschatten über steile und steilste Schneehänge an. Endlich kamen wir in die Sonne hinaus. Ihre Wärme tat unsäglich wohl. In weitem Bogen zog nun der Eisgrat zuletzt steil und sehr stark verwächtet zu dem vereisten Felsgipfel des Berges hinauf, in dessen Flanke wir biakiert hatten. Wenn überhaupt etwas ging, dann nur dieser Gipfel. Und zudem wußten wir, daß es schnell, sehr schnell gehen mußte.

Vor uns bäumte sich der Wächtengrat auf, der so schön wie gefährlich aussah. Eine Weile blickten wir zu den Bergen im Norden hinüber, schauten hinunter in das Tal von Manangbhot und hinaus zum Damodar Himal und zum Lamjung Himal, die groß und klar vor unseren Blicken standen. Dann hieß es handeln. Schon beim Aufstieg hatte ich bemerkt, daß es um Harald [Biller] nicht gut stand. Jetzt gab er zögernd zu, daß er sich den Wächtengrat nicht mehr zutrauen dürfe, er würde uns nur zur Last sein. Unter einer Wächte scharrte er sich ein einigermaßen geborgenes Plätzchen.

Mit Jürgen [Wellenkamp] am Seil stiegen wir an und sicherten, so gut es eben ging[,] und nach einigen

Metern gab uns die Beschaffenheit des Schnees Mut und Sicherheit. So stiegen wir stetig auch die steilsten und ausgesetztesten Stücke an, ein Himmelsweg, wie wenige: So etwas bin ich noch nie gegangen. Und dann standen wir ganz plötzlich im Nebel auf dem kleinen Gipfel, gaben uns die Hände – ein „Pfundig wars" war alles. Wir ließen die Wimpel in der Tasche, denn es war zu unsichtig geworden und letztenendes war uns nicht feierlich zumute.

Nun denn. 6200 Meter – Westliche Lamjungspitze soll der Gipfel heißen. Es ist der elfte Berg unserer Expedition, kein Riese, aber ein schöner und schwerer Berg. Es war trotz allem ein würdiger Abschied.[168]

[168]
Bericht über die Ersteigung des letzten Gipfels der Expedition, der 6200 m hohen Westlichen Lamjung-Spitze. Zitiert aus in Abschrift erhaltenen Passagen des Tagebuches von Heinz Steinmetz, Leiter der Deutschen Nepal-Expedition 1955; Zentrales Archiv des DAV, Bestand der DHS.

6.3 Wissenschaftliche Erkundung des unerforschten Hunza-Tales. Die Deutsche Karakorum-Expedition (DKE) 1959

Die Teilnehmer:

Erneut wird eine Bergsteigergruppe mit einer selbständig arbeitenden Wissenschaftlergruppe kombiniert:

Priv.-Doz. Dr. Hans-Jochen Schneider, Universität München (Erdmagnetik, Geologie, Glaziologie),
Expeditionsleiter;

Gerhart Klamert, stellv. Expeditionsleiter
und bergsteigerischer Leiter, „Transportoffizier";

Dipl.-Ing. Rudolf Bardodej (Photogrammetrie), Bergsteiger (Ausrüstungswesen);

Verm.-Ing. Hans Baumert, Technische Hochschule München (Photogrammetrie, Glaziologie, Geodäsie);

Priv.-Doz. Dr. Hermann Berger, Universität Münster (Indologie);

Fritz Lobbichler (Bergsteiger, Geograph, zoologische und botanische Sammlungen; Expeditionsverpflegung);

Dr. Gottfried Neureuther (Bergsteiger, Expeditionsarzt, Sportmedizin, Anthropologie);

Erwin Stocker (Bergsteiger, Rechnungswesen, Kassenführung);

Willy Bogner, München (Expeditionsteilnehmer auf eigene Kosten; Lagerverwalter und Verbindungsmann);

In Pakistan schließen sich der Mannschaft an:
Sahib Shah, Surveyor des Survey of Pakistan, Kartographie, Begleitoffizier der Expedition,
und S. A. Rauf, Meterological Dept. of Pakistan, Meterologie.

Finanzierung durch Mittel des Deutschen Alpenvereins, der Deutschen Forschungsgemeinschaft und der Deutschen Himalaja-Stiftung; Koordination und Planung: Deutsche Himalaja-Stiftung.

Wissenschaftliche und bergsteigerische Ziele:

1. Die Bearbeitung des weiteren Hunza-Talraumes, dabei ein Besteigungsversuch des Diran (7257 m) durch die Bergsteigergruppe.

2. Arbeiten in den Gletschergebieten auf der Südseite des Batura-Hauptkammes, wobei wiederum einer der Hochgipfel erstiegen werden sollte.

3. Erkundung des Karakorum-Westrandes gegen den Hindukusch („Ishkuman-Gebiet") und Ermittlung der günstigsten Aufstiegsmöglichkeiten zum Kampir-Dior (7143 m), dem westlichsten Siebentausender des Karakorum-Gebietes.

4. Die kartographischen und glaziogischen Arbeiten sollen zusammen mit den Ergebnissen der Rebitsch-Expedition 1954 als Grundlage einer Karte des Untersuchungsgebietes dienen (DAV-Karte 0/12: Hunza-Karakorum).

Die Mannschaft von 1959: von links Gerhart Klamert, Sahib Shah (Verbindungsoffizier), Rudolf Barodej,
Dr. Gottfried Neureuther, Hans Baumert, Dr. Hermann Berger, Erwin Stocker, Fritz Lobbichler, Dr. Hans−Jochen Schneider.

Eines der vielen bergsteigerischen Ziele der Expedition war
der 7257 m hohe Diran, dessen Erstbesteigung wegen starken
Schneefalls nicht gelang; im Vordergrund eine Trägerkolonne.

Verlauf der Expedition 1959:[169]

30. April:

Abfahrt des Großteiles der Mannschaft von Genua mit 6,2 Tonnen Gepäck; Klamert fliegt von München nach Karachi voraus, um die Ein- und Weiterreise vorzubereiten; Bogner fliegt später nach.

12. Mai:

Ankunft in Karachi, offizielle Begrüßung durch die Deutsche Botschaft.

15./16. Mai:

Weiterreise nach Rawalpindi; wegen schlechten Wetters sind Flüge von dort nach Gilgit unmöglich. Es warten daher dort bereits drei Expeditionen (Italiener, Schweizer, Engländer) auf ihren Weiterflug; Sahib Shah stößt zur Gruppe.

20./21. Mai:

Mit zwei Maschinen werden die Mannschaft (nun auch mit Sherpas) und das Gepäck nach Gilgit geflogen.

24.–29. Mai:

Errichtung eines Depots in Chalt; Klamert und Lobbichler fahren mit Jeeps nach Minapin im Hunza-Tal, um das Diran-Unternehmen organisieren.

1.–11. Juni:

Gruppe Baumert-Schneider erweitert die geologische und photogrammetrische Aufnahme zum Westrand des Arbeitsgebietes (Chaprot-Tal). Von einem Hochlager (Gapá, 3550 m) werden dabei mehrere Gipfel zwischen 4000 und 4300 Meter überschritten. Am 15. Juni treffen sie in Minapin ein; S. A. Rauf stößt zur Expedition.

Anfang Juni:

Ersteigungsversuch am Diran: Schneider, Klamert, Lobbichler, Stocker sowie Lastenkarawane mit 80 Kulis und 14 Hochträgern verlassen Minapin und errichten auf einer Seitenmoräne des Minapin-Gletschers auf 3400 m ein Zwischenlager, das sie „Tachafari" nennen; in den folgenden Tagen Einrichtung des Hauptlagers in 3900 m mittels Pendelverkehr durch 14 Hochträger.

4. Juni:

Einrichtung von Lager I (4800 m).

5. Juni:

Einrichtung von Lager II (ca. 5400 m) durch Klamert, Stocker und zwei Hochträger. Einsetzender Schneefall behindert das weitere Vorwärtskommen über Lager II hinaus in den folgenden Tagen (Stocker muß kurz vor dem Gipfelgrat bei 5900 m umkehren). Rückzug wegen Lawinengefahr bis ins Hauptlager, das später auch geräumt werden muß.

169

Weitgehend angelehnt an: Hans-Jochen Schneider, Rudolf Bardodej: Der Expeditonsverlauf in Stichworten, Anhang zu: Hans-Jochen Schneider: Zwischen Karakorum und Hindukusch.
Die bergsteigerische und wissenschaftliche Tätigkeit der Deutschen Karakorum-Expedition 1959, in: Jahrbuch des Deutschen Alpenvereins (Alpenvereinszeitschrift, Band 85) 1960, S. 11–129, hier S. 126–128.

18.-21. Juni:
Wiederbesetzung des Hauptlagers und der Hochlager
nach Wetterbesserung; Bardodej und sein Sherpa Kabul
schlagen als Spitzengruppe über dem Gratsattel in
ca. 6000 m Lager III auf; Klamert und Stocker folgen
Baumert, Schneider und Rauf vermessen den Pisan-
und den unteren Minapin-Gletscher.
21. Juni:
Berger, Rauf und Schneider treffen im Lager Tachafari
ein, Baumert bricht zu kartographischen Arbeiten am
Hauptkamm des Batura auf (erst am 6.7. wieder bei
der Expedition).
22./23. Juni:
Bardodej und Kabul müssen 250 m vor dem Gipfel
des Diran wegen erneuten Schlechtwettereinbruches
umkehren, erneute Räumung der Hochlager.
24.-30. Juni:
Abbruch des Diran-Unternehmens; Bardodej folgt
Baumert zum Shispar-Gletscher. Lobbichler beginnt
mit botanischen und zoologischen Untersuchungen.
Neureuther schließt seine höhenphysiologischen
Untersuchungen ab. Schneider beendet vom Basislager
aus seine geologischen und photogrammetrischen
Aufnahmen und räumt dieses am 1. Juli.
3.-5. Juli:
Ungewöhnlich starker Schnee- und Regenfall im gesamten Nordwest-Karakorum (Schnee bis unter 3000 m);

dadurch Bergstürze und Murenabgänge; Siedlungen,
Wege und Feldterrassen werden zerstört.
6.-10. Juli:
Die komplette Expeditionsmannschaft stattet dem
Mir von Hunza und dem Mir von Nagar Höflichkeits-
besuche ab; Berger und Neureuther beginnen ihre
anthropologischen Reihenuntersuchungen im Hunza-
und Nagar-Volk (bis 23. Juli, folgen dann der Mann-
schaft zum Kukuar-Gletscher).
13.-16. Juli:
In Minapin stößt Willy Bogner in Begleitung von
Legationsrat Schmidt aus Karachi zur Expedition; die
Mannschaft zieht nach Chalt um und bereitet das
Unternehmen zur Toltar-Gruppe vor; Baumert schließt
seine Aufnahmen des Chalt-Gebietes ab; Legationsrat
Schmidt reist über Gilgit zurück nach Karachi.
19.-21. Juli:
Unter Leitung von Klamert zieht die Expedition nord-
wärts zum Hauptkamm und errichtet am mittleren
Kukar-Gletscher das Hauptlager „Kutor Dorokush"
(ca. 3300 m).
26. Juli:
Die Gruppe Lobbichler-Schneider geht in das sich westlich anschließende Daintar-Gebiet.
23.-26. Juli:
Die Gruppe Klamert-Bogner-Stocker errichtet am
oberen Kukuar-Gletscher „Lager I" als Basislager für

Der Batura-Hauptkamm mit dem Grabkreuz für die
verunglückten englischen Bergsteiger; Gerhart Klamert
und Erwin Stocker versuchten vergeblich, die vermißten
Bergsteiger zu finden und zu retten.

Ausschnitt aus der Alpenvereinskarte 0/12
Hunza-Karakorum, die aufgrund der Messungen
der Expeditionen von 1954 und 1959 unter Leitung von
Prof. Dr. Rüdiger Finsterwalder 1995 hergestellt wurde.

218

Unternehmungen im Batura-Hauptkamm; Bardodej ersteigt einen 5900 m hohen Firngipfel am Westrand des Arbeitsgebietes; Baumert beginnt mit der Aufnahme des Kukuar-Gletschers.

27.-31. Juli:

Die Gruppe Bogner-Klamert siedelt zum Baltar-Gletscher über. Lobbichler und Schneider erreichen das Hauptlager. Bardodej und Stocker richten am obersten Kukuar-Gletscher „Lager II" ein, welches als Stützpunkt für einen Vorstoß zur Batura-Scharte gedacht ist. Baumert und Stocker beziehen „Lager I" für weitere kartographische Arbeiten.

1. August:

Nachmittags trifft im Hauptlager ein Kurier des Political Agent, Gilgit, mit der Nachricht ein, daß die gleichzeitig stattfindende Britisch-Deutsche Batura-Expedition verunglückt sei. Die DKE soll an der Hilfsaktion teilnehmen; dafür erhält sie die Genehmigung der pakistanischen Regierung zum Betreten der Nordseite des Hauptkammes; Teilung der Expedition in vier Gruppen, die teilweise sieben Tagesmärsche voneinander entfernt operieren müssen:

I. Die Batura-Rettungsgruppe (Klamert, Neureuther, Stocker, Sahib Shah und drei erfahrene Hochträger) bricht unter Leitung Klamerts (1954 hatte er schon mehrmals die Batura-Flanke durchstiegen) am 6. August von Chalt nach Gulmit auf.

Hans-Jochen Schneider bei der Theodolitenarbeit am Minapin-Gletscher.

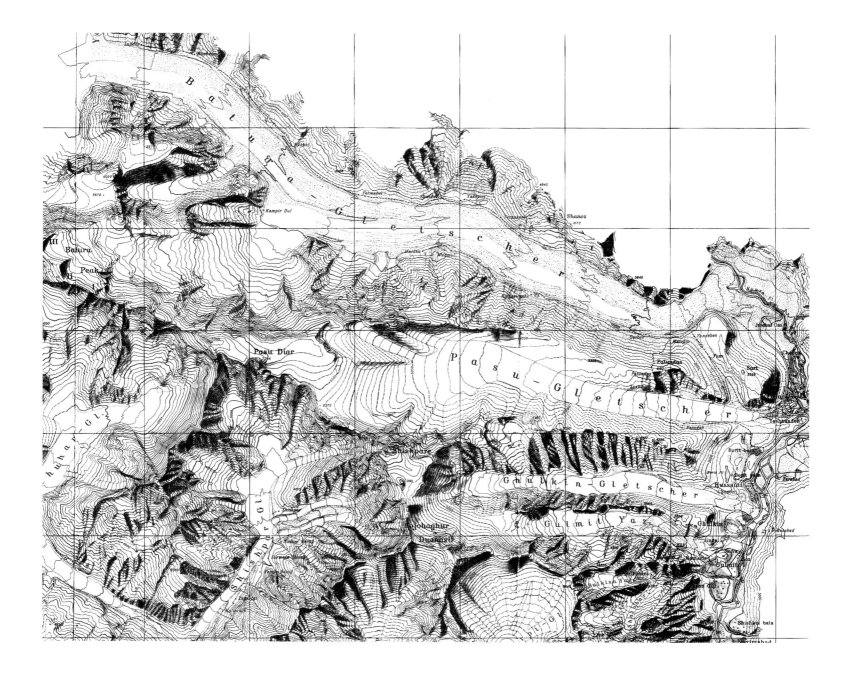

8. August:
Die Gruppe trifft in Gulmit mit dem überlebenden
Expeditionsmitglied Edwards zusammen, der einen
ersten authentischen Bericht abgibt: Seit Ende Juni
fehlt jede Verbindung zwischen den fünf Bergsteigern
in den Hochlagern und Edwards im Hauptlager;
gemeinsame Rückkehr zum Batura-Gletscher.
13. August:
Klamert und Stocker gelangen nach einem vergeblichen
Versuch vom englischen Hauptlagerplatz über einen
steilen Felspfeiler bis auf die Höhe des großen Firn-
kessels, in dem das Lager III der Expedition gestanden
haben muß. Von Bergsteigern oder Zelten ist nichts
zu entdecken; Biwak in 5000 m Höhe.
14. August:
Klamert und Stocker steigen auf einen höheren Felskopf,
von dem sie den Weg bis zum 7785 m hohen Gipfel
übersehen können.
23. August:
Erfolglose Rückkehr der Gruppe nach Gilgit.

II. Baltar-Gruppe (Baumert, Berger, Lobbichler, Rauf)
*Nach Abbruch des Hauptlagers Kutor Dorokush Marsch
zum Baltar-Gletscher;* Dort bezieht die Gruppe das von
der Gruppe Bogner-Klamert zurückgelassene Lager;
Lobbichler schließt seine botanischen und zoologischen
Sammlungen, Berger seine Sprachforschungen ab.

24. August:
Rückkehr der Gruppe nach Gilgit.

III. Erkundungen im Ishkuman-Gebiet:
10. August:
Bardodej zieht von Gilgit aus westwärts zum Karambar-Gletscher, um mit der Erkundung der Kampir-Dior-
Gruppe (7143 m) eine der wichtigsten Aufgaben der
Expedition zu erfüllen. Auf dem mittleren Karambar-
Gletscher gelingt es ihm und drei Hochträgern, über
ein Zwischenlager bis zum innersten Firnkessel vor-
zudringen. Es entsteht dabei wichtiges Bildmaterial
für die weiteren Arbeiten.
22. August:
Rückkehr der Gruppe nach Gilgit.

IV. Schneider trennt sich am 9. August von der Baltar-
Gruppe und schließt seine erdmagnetische Meßreihe
„NW-Karakorum" ab.
19. August:
Von Gilgit bricht er mit zwei Hochträgern und einer
kleinen Karawane von Gilgit zum Ishkuman, dem Ver-
bindungsstück zwischen Karakorum und Hindukusch,
auf, um dort die geplanten geologischen und erdmagne-
tischen Untersuchungen vorzunehmen.
25. August:
Nach einem Erkundungsvorstoß am Karambar-Gletscher

reitet Schneider von Imit nach Phakora. Von dort aus überschreitet er in fünf Tagesmärschen den Grenzkamm zwischen Ishkuman (= Hindukusch) und Hunza-Tal (= Karakorum) über einen vergletscherten Sattel (ca. 4000 m).

31. August:
Durch das Naltar-Tal erreicht er die Oase Nomal im Hunza-Tal.

1. September:
Rückkehr Schneiders nach Gilgit.

1.–7. September:
Abschluß der wissenschaftlichen Arbeiten und Verpackung des Sammlungsmaterials in Gilgit (Bogner ist bereits Mitte August nach Deutschland zurückgekehrt).

5./6. September:
Klamert, Lobbichler, Neureuther und Sahib Shah fliegen mit einem Großteil des Gepäcks nach Rawalpindi.

8.–13. September:
Wegen schlechten Wetters fahren Baumert, Bardodej, Schneider und Stocker mit einem Jeep in mehreren Etappen über den Babusar-Paß durch den Himalaja nach Rawalpindi.

14.–20. September:
Besuch von Lahore und Amritsar. In Karachi Empfang vom pakistanischen Kultusminister und vom deutschen Botschafter Dr. von Trützschler.

20. September:

Abfahrt von Karachi mit dem Schiff „Victoria".

1. Oktober:
Ankunft in Genua.

2. Oktober:
Rückkehr nach München.

Exposé zur Deutschen Karakorum-Expedition 1959:
Das Ziel der DKE 59 *ist die Ergänzung und Abrundung der 1954 durch die „Deutsch-Österreichische Himalaya-Karakorum-Expedition" (Leitung: Mathias Rebitsch) im NW-Karakorum („Hunza-Karakorum" oder „Batura-Muztagh" i.w.S.) begonnenen Arbeiten. Durch die Unternehmung von 1954 war ein bisher fast unbekannter Hochgebirgsraum in den Brennpunkt wissenschaftlicher wie bergsteigerischer Interessen gerückt. Einerseits bietet dieses Gebiet, das sich nördlich des Rakaposhi und des Hunza-Tales ausdehnt, dem Berg-steiger eine große Zahl unbenannter und unbestiegener hoher Siebentausender. In diesem Gebiet der „größten Massenerhebung" unserer Erde stellen die ungewöhnlich wilden Gipfelformen ganz andere bergsteigerische Anforderungen*[,] *als sie sonst auch vom Himalaya bekannt sind. Andererseits bietet dieser Hochgebirgsraum als* Verbindungsglied zwischen dem eigentlichen Zentralasien *(Hindukusch-Pamir)* im NW und dem Himalaya im SE. ein einmaliges Feld für alle naturwissenschaftlichen und kulturhistorischen Forschungszweige.

Das Arbeitsprogramm der DKE 59 liegt im Rahmen des „Internationalen geophysikalischen Jahres". Hier stehen in enger Zusammenarbeit mit den pakistanischen Fachinstitutionen 1959 vor allem glaziologische und erdmagnetische Messungen an erster Stelle. Da der NW-Karakorum eines der am stärksten vergletscherten außerarktischen Gebiete unserer Erde darstellt (mit ca. 25 % seiner Oberfläche vergletschert; zum Vergleich: Alpen ca. 2 % – Himalaya ca. 10 % !) gelten die glaziologischen Messungen vor allem dem derzeitigen Stand der Gletscher, ihrer Bewegungsweise und ihrem „Eishaushalt". Dabei ist besonders wichtig, daß hier verschiedene „Gletschertypen", von den längsten außerarktischen Talgletschern bis zu einer Länge von 62 km über lawinengespeiste Schluchtgletscher bis zum „alpinen Firnmuldengletscher", vertreten sind. Wie bereits 1954 begonnen, sollen von diesen verschiedenen Gletschertypen genaue Kartenunterlagen durch photogrammetrische Aufnahmen gewonnen werden. Der Eishaushalt dieser großen Gletschergebiete ist unter anderem auch ausschlaggebend für die gesamte Bewässerungskultur Pakistans.

Neben diesen geophysikalischen und glaziologisch-klimatologischen Beobachtungen sollen vor allem noch geologische und geographische Untersuchungen den Zusammenhang des Karakorum mit dem Hindukusch zu klären versuchen. – Die bisher nur wenig bekannten Sprachen der hier ansässigen Bergstämme und ihre kulturhistorischen Zusammenhänge bilden das Forschungsziel des die Expedition begleitenden Indologen. – In Verbindung damit wird der Expeditionsarzt, neben seinen sportmedizinischen und höhenphysiologischen Untersuchungen, auch anthropologische Messungen durchführen.[170]

170
Zentrales Archiv des DAV, Bestand der DHS.

Im Hunza-Tal: Einheimische Tänzer
bereiten den Auftritt eines Schamanen vor.

7. Das Ende der Stiftung

Seit den siebziger Jahren beschränkte sich die Arbeit der Himalaja-Stiftung weitgehend auf die Förderung einzelner Expeditionen. Zu eigenständig durchgeführten Expeditionen war sie schon wegen fehlender Geldmittel nicht mehr in der Lage. Vertreter der Stiftung beteiligten sich weiterhin im Ausschuß für Auslandsbergfahrten des Deutschen Alpenvereins sowie in der Arbeitsgemeinschaft für Vergleichende Hochgebirgsforschung e.V.

Betrachtet man die Liste der durch die Stiftung geförderten Expeditionen, dann fällt auf, daß seit der Mitte der siebziger Jahre immer häufiger Kleinstexpeditionen mit nur zwei oder vier Teilnehmern oder sogar Alleinunternehmungen unterstützt wurden. Inzwischen hatte sich nämlich das Expeditionsbergsteigen selbst grundlegend verändert: Zur Fahrt in fremde Gebirge war nicht mehr der große Troß an Ausrüstung und Mannschaft wie in der Vergangenheit nötig. Reinhold Messner und andere Spitzenbergsteiger waren in der Lage, innerhalb weniger Tage die steilsten Himalaja-Wände in Fallinie zu durchsteigen, ein wochenlanges Ausdauern in Höhenlagern, die versorgt werden mußten, war obsolet geworden. Seit dem Tod Maos 1979 öffneten sich allmählich die bisher erschlossenen Bergregionen Tibets und Chinas; Nepal, Indien und Pakistan lernten ebenfalls schnell, Bergsteiger und Trekking-Touristen als wichtige Einnahme-

quelle zu sehen. Die Folge war ein bis heute anwachsender Besucherstrom in diese Länder. Monatelange Vorbereitung von Unternehmungen sind nicht mehr nötig, wenn das Hauptlager am Mount Everest innerhalb weniger Tage von Europa erreicht werden kann. Wie konnte eine Stiftung, die sich seit ihrer Gründung die Erforschung und Erkundung des Himalajas zum Ziel gesetzt hatte, mit ihren bescheidenen Finanzmitteln bei dieser allgemeinen Entwicklung mithalten?

Bis Anfang der neunziger Jahre war die Stiftung in der Lage, an sie herangetragene Expeditionsvorhaben mit Geldern aus eigenem Vermögen zu bezuschussen. Darüber hinaus konnte sie als gemeinnützige Institution Spendenquittungen an Expeditionsvorhaben ausgeben, indem den Expeditionen zugesagte Spenden auf das Konto der Stiftung eingezahlt wurden, die dann umgehend auf die entsprechenden Expeditionskonten umgebucht werden konnten.

1990 verstarb Paul Bauer, der wie kein anderer das deutsche Expeditionsbergsteigen dieses Jahrhunderts geprägt hatte. Damit war auch der letzte der drei Stiftungsgründer von 1936 gestorben. Die Antwort auf die Frage, in welcher Form die Stiftung weiter arbeiten sollte, wurde danach immer dringlicher. Der Stiftungsvorstand Rechtsanwalt Gerhart Klamert suchte Kontakt zum Deutschen Institut für Auslandsforschung, um den Burgfrieden nach dem Tod von Bauer und Herrligkoffer herzustellen. Das Institut war inzwischen eine Stiftung des öffentlichen Rechtes geworden. Gedacht war eine Zusammenlegung der beiden Stiftungen. Nach dem Tod von Bauer und Herrligkoffer († 1991) waren frühere Fehden der Notwendigkeit gewichen, eine Form der Zusammenarbeit zu finden. Nach vorbereitenden Gesprächen trafen sich Vertreter der beiden Stiftungen am 31. März 1992. An diesem Treffen in den Räumen des Summit Club des DAV nahmen auch Siegfried Hupfauer für den Auslandsbergfahrtenausschuß des DAV, sowie Prof. Dr. Herm für die Arbeitsgemeinschaft Vergleichende Hochgebirgsforschung e.V. teil. Am Ende dieser Sitzung hatte man sich auf ein Konzept über das weitere Vorgehen geeinigt: Angestrebt wurde die Einbindung des Instituts für Auslandsforschung in die Himalaja-Stiftung. Die Satzungen der beiden Organisationen sollten dementsprechend überprüft und ein neu zu bildender Beirat paritätisch besetzt werden.[171] Als Alternative dazu wurde in den folgenden Monaten diskutiert, ob nicht eine Neugründung einer Stiftung durch Zusammenlegung der beiden Institutionen denkbar wäre.[172] Rechtsanwalt Gerhart Klamert, Stiftungsvorstand der Himalaja-Stiftung, setzte sich für eine Aufnahme des Instituts für Auslandsforschung in die Stiftung ein. In einem Brief an die Mitglieder des Stiftungsbeirates vom 2. Juli 1992 schrieb er dazu:

Die nunmehr runde 60 Jahre bestehende DHS hat nicht nur aus Anciennitätsgesichtspunkten, sondern aus Gründen, die mit der Geschichte des Deutschen Expeditionswesens überhaupt und der Führungsqualität unserer Altvordern zusammenhängen, Anspruch auf Respektierung unserer Rechte, zumal die Einladung zu einer Zusammenführung von uns ausgegangen ist, und damit das Primat bei uns liegt. Dazu kommt, daß unsere auch schon mehrere Jahrzehnte während Eingliederung in die Organisation des Deutschen Alpenvereines Anspruch gibt, eine nachgegründete Organisation, deren Rechtsfähigkeit erst aufgrund langjährigen „Nachdenkens" beantragt wurde, nicht gleichzusetzen mit unserer Stiftung, deren weitgehender Einfluß auf das Expeditionsgeschehen nun einmal unbestreitbare Tatsache ist.[173]

171
Vgl. Ergebnisnotiz über ein Treffen am 31.3 1992, angefertigt vom Stiftungsvorstand Gerhart Klamert am 2.4.1992; Zentrales Archiv des DAV, Bestand der DHS.

172
Vgl. Schreiben RA Dr. Delp an Manfred Sturm, 25.6.1992; Zentrales Archiv des DAV, Bestand der DHS.

173
Schreiben Gerhart Klamerts an die Mitglieder des Beirates der DHS im DAV, München 2.7.1992; Zentrales Archiv des DAV, Bestand der DHS. Daß ein Zusammengehen mit dem Herrligkoffer-Institut nicht von allen Mitgliedern des Beirates für wünschenswert angesehen wurde,

Mit dem Ergebnis der internen Sondierung wandten sich die Vorstände der Himalaja-Stiftung und des Deutschen Instituts für Auslandsforschung an das Bayerische Kultusministerium, das nach dem Bayerischen Stiftungsgesetz die Oberaufsicht über alle Stiftungen besitzt. In einem Brief Klamerts an den Leitenden Ministerialrat Pohley vom 8. September 1992 heißt es:

Die Stiftungen „Himalaja-Stiftung im Deutschen Alpenverein" und „Deutsches Institut für Auslandsforschung" sind im Laufe der Jahre, da die Mittel, die zur Verfügung standen, ausnahmslos Spenden von Privatpersonen zu verdanken waren, notleidend geworden, weil zwei nebeneinander mit gleichen Zielen geworben haben. Damit sind beide Stiftungen in ihrer Legitimität zu bestreiten.

Zweck einer beabsichtigten Zusammenlegung, [...] wäre einfach eine bessere Nutzenmaximierung, um zu erreichen, daß gewisse Verteilungsformen der angesammelten Gelder, da bisher aus zwei Töpfen stammend, als unerwünscht erachtet wurden.

Wir haben aus den Fehlern der Vergangenheit gelernt und wollen vereinfachen. Wir wollen durch Zusammenlegung einen Zustand schaffen, der von den beiderseitigen Organen besser als der bisherige empfunden wird. Das ist angesichts begrenzter Ressourcen eine Notwendigkeit zur Fortsetzung der Arbeit und sichert ein gewisses Spendenaufkommen wesentlich besser ab.[174]

Das Kultusministerium konnte allerdings dem Anliegen der beiden Stiftungen nicht entsprechen. In seiner Antwort teilte Ministerialrat Pohley mit, daß juristisch gesehen die Zusammenlegung zweier Stiftungen nur dann möglich sei, wenn beide ihren jeweiligen Stiftungszweck nicht mehr erfüllen könnten. Da beim Deutschen Institut für Auslandsforschung ein größeres Grundstockvermögen als bei der Himalaja-Stiftung noch vorhanden sei, verbliebe nach Pohley die Möglichkeit, „[...] daß die Himalaja-Stiftung aufgehoben und ihr Restvermögen unter Beachtung des bisherigen Zweckes der Stiftung „Deutsches Institut für Auslandsforschung" zugeführt wird."[175]

zeigt ein Brief des Schatzmeisters Dr. Walter Dieck an Klamert vom 31.8.1992 (Zentrales Archiv des DAV, Bestand der DHS). Es heißt darin u.a.: „Ich sehe darüber hinaus keinen Anlaß, die ohnehin schon schwierige *sinnvolle* Zukunft der DHS mit der noch dunkleren Zukunft des Herrligkoffer-Instituts zu verquicken."

174
Schreiben Gerhart Klamerts an das Bayer. Staatsministerium für Unterricht, Kultus, Wissenschaft und Kunst, Herrn Ltd. Ministerialrat Pohley, München, 8.9.1992; Zentrales Archiv des DAV, Bestand der DHS.

175
Schreiben des Ltd. Ministerialrates Pohley an die Himalaja-Stiftung, Senator E.h. Gerhart Klamert, München 9.12.1992; Zentrales Archiv des DAV, Bestand der DHS.

Es war klar, daß die Stiftung die hiermit vorgeschlagene Unterordnung unter das Institut für Auslandsforschung nicht eingehen wollte und konnte: Der Wert einer Stiftung war ihrer Meinung nach nicht nach dem materiellen Vermögen allein zu bemessen, die Stiftung war schließlich der eigentliche Traditionsträger des deutschen Expeditionsbergsteigens. Es bahnte sich eine Auseinandersetzung über die Auslegung des Stiftungsgesetzes zwischen den zuständigen Behörden – Bayerisches Kultusministerium und Stiftungsaufsicht bei der Regierung von Oberbayern – auf der einen Seite und der Himalaja-Stiftung auf der anderen Seite an. Klamert wollte eine Zusammenlegung, um eine Auflösung zu vermeiden. Nach der Interpretation des Ministeriums war die Zusammenlegung zweier Stiftungen dagegen nur ein Sonderfall einer Umwandlung des Stiftungszweckes. Diesen konnten allerdings nach der Ansicht der Stiftungsbehörde beide mit ihrem Vermögen noch erfüllen. Eine Aufhebung durch die Genehmigungsbehörde sei deshalb nur noch möglich, falls durch die Stiftungen das Gemeinwohl gefährdet würde, was bei beiden Stiftungen aber nicht der Fall war.[176]

Auch der Versuch Klamerts, in einem persönlichen Gespräch mit Staatssekretär Bernd Kränzle eine Einigung über die weitere Zukunft der beiden Stiftungen zu finden, hatte keinen Erfolg. Kränzle bestätigte die Aussagen seiner untergebenen Dienststellen, daß eine Zusammenlegung von Stiftungen wegen der gesetzlichen Vorgaben im Bürgerlichen Gesetzbuch und im Stiftungsgesetz nicht genehmigungsfähig seien. Unabhängig davon bestünden allerdings gegen eine verstärkte Zusammenarbeit der Stiftungen etwa im Rahmen der „Arbeitsgemeinschaft Himalaja" keine Einwände.[177]

Die Option, beide Institutionen unter das Dach des Deutschen Alpenvereins zu stellen, wurde immer wahrscheinlicher. Im selben Zeitraum wurde bereits das Archivmaterial der Himalaja-Stiftung nach Abschluß eines Übernahmevertrages in das Zentrale Archiv des Deutschen Alpenvereins auf der Münchener Praterinsel überführt, gleichzeitig der Kontakt zwischen den Stiftungen und dem Alpenverein durch die Bildung eines neues Arbeitskreises „Verbund Alpinforschung" intensiviert. Da beide Stiftungen sich nicht unter einem neuen Namen zusammenschließen durften, bildeten

176
Vgl. Schreiben des Ministerialdirigenten Dr. Hunger an die Arbeitsgemeinschaft Himalaja, München 30.7.1993; Zentrales Archiv des DAV, Bestand der DHS.

177
Vgl. Schreiben von Staatssekretär Bernd Kränzle an Gerhart Klamert, München, 25.2.1994; Zentrales Archiv des DAV, Bestand der DHS.

Manfred Sturm und Gerhart Klamert durch eine Vereinbarung vom 1. Januar 1995 eine „Arbeitsgemeinschaft Himalaya".[178]

Jede Stiftung blieb danach für sich selbständig, bildete mit der jeweils anderen allerdings gemeinsame Kommissionen, die mit der Arbeitsgemeinschaft für Vergleichende Hochgebirgsforschung e.V. aufs engste zusammenarbeitete. Ferner wurde vereinbart, daß beide Stiftungen zum Jahresende 1996 aufgelöst werden sollten und der DAV für beide Stiftungen als Heimfallberechtigter vorgesehen sei.

Demgemäß richtete Klamert am 6. August 1996 ein Schreiben an die Regierung von Oberbayern, in dem er offiziell die Aufhebung der Stiftung beantragte. Es heißt darin:

Der eigentliche Zweck der Stiftung – die Erforschung des Himalaya und anderer, wenig erschlossener Gebiete der Erde – ist heute praktisch erfüllt.

Was zur Zeit der Gründung der Stiftung ein ungeheures Unternehmen war, nämlich eine Expedition zu planen, zu finanzieren, sie auszurüsten und durchzuführen, wird heute als Trekkingtour von vielen Reiseunternehmen angeboten. [...]

Über einen eigentlichen Stifter (als Person) verfügt die DHS nicht. Das ist wichtig, weil die Achtung vor dem Stifterwillen für Aufhebungs- [und] *für Erlöschungsfragen oberste Richtschnur zu sein hat. [...]*

Wir können den Stiftungszweck durch die Stiftungsarbeit nicht mehr konkretisieren.

Eine Stiftung sollte Zentrum von Aktivitäten sein, Anregungen geben, zukunftsweisende Programme entwickeln und realisieren, zu realisieren versuchen wenigstens, und sich nicht – wie bei uns – durch mühsame Verteilung von unzureichend kleinen Zuwendungen an einen mehr oder weniger fest umrissenen Destinatärkreis erschöpfen. [...]

Unsere wissenschaftlichen Aktivitäten haben wir vorausschauend seit Jahren gottseidank in die „Arbeitsgemeinschaft für vergleichende Hochgebirgsforschung e.V." eingebracht, die ebenfalls im Rahmen des Deutschen Alpenvereins (sozusagen als wissenschaftlicher Unterausschuß) Tätigkeit entfaltet und damit von einer großen Gemeinschaft getragen u. unterstützt von der Deutschen Forschungsgemeinschaft wird. Damit ist auf diesem, für uns immer wichtig gewesenen Teilgebiet der Stifterwille in bestmöglicher, aber veränderter Form realisiert worden.

Wir bitten daher, nach der am 11. September 1996 erfolgenden Beschlußfassung im Beirat der Stiftung

[178] Vgl. Vereinbarung zur Bildung der Arbeitsgemeinschaft Himalaya, 1.1.1995; Zentrales Archiv des DAV, Bestand der DHS.

unserem Begehren die Stiftung aufzuheben, nach-kommen zu wollen.[179]

Die in diesem Brief erwähnte Sitzung war die letzte des Stiftungsbeirates. Auf ihr wurde nach einer intensiven Aussprache der einstimmige Beschluß gefaßt, die Stiftung aufzulösen. Nach der Beseitigung juristischer Einzelfragen über den Modus der Auflösung konnte der Leitende Regierungsdirektor Kapfer am 6. Juni 1997 an die Himalaja-Stiftung schreiben:

Sehr geehrter Herr Klamert,
entsprechend Ihrem Antrag vom 06.08.1996 und dem Aufhebungsbeschluß des Stiftungsbeirats vom 11.09.1996 heben wir hiermit die Himalaja-Stiftung im Deutschen Alpenverein gemäß § 87 BGB und Art. 15 Abs. 1 und 3, Art. 16 BayStG auf.

Das Restvermögen der Stiftung fällt gemäß § 12 der Satzung nach Ablauf eines Jahres nach Bekanntmachung der Liquidation (§§ 50, 51 BGB) dem Deutschen Alpenverein e.V. zu, der es in einer dem Stiftungszweck entsprechenden Weise im Zusammenwirken mit dem letzten Vorstand zu verwenden hat.

Die Aufhebung der Stiftung erfolgt, nachdem der Zweck der Stiftung, den Himalaja und andere wenig erschlossene Gebiete zu erforschen, aus den vorhandenen Erträgen nicht mehr erfüllbar ist. Zudem ist die Erforschung dieser Gebiete durch die modernen Techniken abgelöst worden.

Für den stetigen Einsatz im Dienst der Stiftung dürfen wir Ihnen und den Stiftungsbeiratsmitgliedern abschließend Dank sagen.[180]

Der Stiftungsvorstand Gerhart Klamert wurde als Auflösungsbevollmächtigter bestellt, der nach den gesetzlichen Bestimmungen in einer Zeitung, in diesem Falle der Süddeutschen Zeitung, die Auflösung der Stiftung öffentlich bekanntmachen mußte. In der Ausgabe vom 15. Juli 1997 wurde diese Mitteilung abgedruckt. Nach einer Sperrfrist von einem Jahr endete somit im Juli 1998 die Tätigkeit der Himalaja-Stiftung.

179
Schreiben der Himalaja-Stiftung im DAV (DHS), Gerhart Klamert an die Ltd. Reg.Dir. Kapfer, Stiftungsaufsicht bei der Regierung von Oberbayern; Zentrales Archiv des DAV, Bestand der DHS.

180
Schreiben der Regierung von Oberbayern, Ltd. Regierungsdirektor Kapfer, an Gerhart Klamert, Himalaja-Stiftung im Deutschen Alpenverein, München 6.6.1997; Zentrales Archiv des DAV, Bestand der DHS.

Schlußwort

Vom Nationalsozialismus waren die unterschiedlichsten Bereiche des gesellschaftlichen und politischen Lebens kontaminiert; der totalitäre Charakter des Systems ließ es nicht zu, sich abzusondern. Und gleichzeitig ermöglichte dieses System, daß auch partielle Deckungsgleichheiten mit dem NS-System zu Strategien der Anpassung und zu spezifischen Karrieremustern führen konnten.

Inzwischen ist die Frage nach Affinitäten und Kollaboration der Eliten zum Gegenstand des öffentlichen Disputs geworden. Die Geschäfte der Banken und Versicherungsgesellschaften während des Nationalsozialismus werden zum Teil auf öffentlichen und damit wirtschaftlichen Druck hin von den beteiligten Firmen offengelegt und erforscht. In der Schweiz hat das enorme öffentliche Interesse an der Verstrickung der Alpenrepublik in den Goldhandel aus den Vernichtungslagern dazu geführt, daß etliche junge Historiker aus der Schweiz die deutschen Archive nach Aktenmaterial durchforsten. Die aktuellen Verhandlungen über Entschädigungszahlungen der deutschen Großindustrie an ehemalige Zwangsarbeiter ist nur die Spitze eines Bewältigungsberges, der von den unterschiedlichsten Seiten aus ungleichen Motiven angegangen wird. Nicht nur die leidenschaftlichen Diskussionen und Streitigkeiten um eine Beteiligung der Wehrmacht an den Verbrechen im Zweiten Weltkrieg, wie sie seit der

Wehrmachtsausstellung oder seit dem Streit um die Benennung einer Kaserne der Bundeswehr nach einem Weltkriegsgeneral uns allen bekannt sind, zeigen dies deutlich. Anscheinend unpolitische Organisationen wie die Olympische Bewegung werden gleichermaßen angegriffen und verteidigt. Die Rolle einzelner Personen, wie die des Cheforganisators der Spiele 1936, Carl Diem, fällt auf das aktuelle Renommee eines ganzen Verbandes zurück, wodurch sich dieser gezwungen sieht, seine ganze Vergangenheit auszuleuchten. Deren Bewältigung hat also insgesamt Konjunktur.

Die Palette ließe sich beliebig erweitern. Unsere Buchläden sind voll mit Streitschriften über das Verhalten einzelner Verbände, selbst dasjenige einzelner Personen. Komponisten, Regisseure, Künstler, Historiker und Mediziner – sie alle sind zum Thema der unterschiedlichen Wahrnehmung und Beurteilung der nationalsozialistischen Gesellschaft geworden.

In diesem Zusammenhang gehört in einem weiteren Sinn auch das Thema Nationalsozialismus und Alpinismus, das nicht zufällig Teil der öffentlichen Diskussion geworden ist. Immer wieder standen und stehen Vorwürfe gegen den organisierten Alpinismus in Deutschland im Raum, die auf eine weitgehende Übereinstimmung von Bergsteigerbekenntissen und der nationalsozialistischen Programmatik hinweisen.

Gleichwohl hat der Deutsche Alpenverein als bedeutendste Organisation des offiziellen Alpinismus sich selbstkritisch und offen seiner Geschichte in der Zeit zwischen 1918 und 1945 intensiv gewidmet. Diese Arbeit will der Verein auch in Zukunft fortsetzen. Die Reaktionen, die durch diese Aufarbeitung in der Öffentlichkeit, aber vor allem in der alpinistischen Szene verursacht wurden, fielen sehr unterschiedlich aus.

Ganz ähnlich verhält es sich mit der Deutschen Himalaja-Stiftung. Die Gründungsgeschichte und die weitere Entwicklung dieser Organisation, die die Expeditionen zum Nanga Parbat seit 1936 plante und durchführte, ist ein Spezialfall des übergeordneten Themas Alpinismus im Hitlerstaat. Und so ist es auch nicht verwunderlich, daß man bei der Beschäftigung mit diesem Spezialfall mit Einstellungen und Haltungen konfrontiert ist, die von Verweigerung und Verdrängung bis zu Abwehrreaktionen und Bereitschaft zur Auseinandersetzung reichen. Die öffentliche Diskussion um das Profil der Stiftung bewegt sich zwischen einer völlig unzulässigen Verengung auf Persönliches auf der einen Seite und einer generellen Anklage und Verurteilung auf der anderen Seite. Die Ambivalenz der Erinnerung wird in diesem Falle noch dadurch gesteigert, daß die Himalaja-Stiftung verbunden ist mit stattlichen alpinistischen Erfolgen und Pioniertaten im Expeditionsbergsteigen einerseits, andererseits aber auch mit einigen

der größten Katastrophen in der Geschichte des Bergsteigens, wie etwa dem Unglück am Nanga Parbat 1937.

Diesen verschiedenen Sichtweisen in allen Verästelungen nachzugehen war nicht das Thema dieses Buches, und dies soll auch in dieser Schlußbetrachtung nicht im Vordergrund stehen. Gleichwohl handelt es sich dabei um ein wichtiges Thema, das der Bearbeitung weiterhin harrt; es ist als Rahmenbedingung bei jeder Beschäftigung mit der Geschichte der Deutschen Himalaja-Stiftung mitzudenken.

Im Mittelpunkt dieses Buches stand – und das ergab sich aus der Form einer Auftragsarbeit – die Darstellung der Geschichte der Deutschen Himalaja-Stiftung. Gerade nicht die von ihr durchgeführten Expeditionen, die allesamt ein Teil der Alpinismusgeschichte geworden sind, sondern die nüchterne Beschreibung der Verlaufsgeschichte der Organisation sollte im Zentrum stehen. Der zeitliche Rahmen von 1936 bis 1998 wurde gefüllt mit einer Beschreibung der Stiftungsgründung im Jahre 1936, mit der Diskussion der Rolle der Stiftung in der Zeit des Nationalsozialismus, mit der Darstellung der Anfangsprobleme der Stiftung nach 1945 und mit der Schilderung ihrer Auflösung in den neunziger Jahren. Es ging also um eine an den Fakten, Daten und Quellenzeugnissen orientierte Rekonstruktion der

Geschichte der Stiftung. Dabei konnten tatsächlich diverse Präzisierungen und Klarstellungen geleistet werden. Ein Beispiel: Es könnte der Einwand gebracht werden, daß in diesem Buch auf die Streitigkeiten zwischen Schneider und Bauer nach der Katastrophe von 1934 am Nanga Parbat zu intensiv eingegangen wird. Im betreffenden Kapitel wird jedoch deutlich, daß die persönliche Auseinandersetzung zwischen Schneider und Bauer sicherlich nur eine erste Ebene ist, die untersucht werden sollte. Denn die beiden waren Exponenten zweier Gruppierungen, die um das Anrecht auf Auslandsbergfahrten im Anschluß an die Nanga-Parbat-Expedition 1934 in Konkurrenz zueinander traten: der Freundeskreis um Paul Bauer aus dem Akademischen Alpenverein München auf der einen Seite und Erwin Schneider mit dem DuÖAV auf der anderen Seite. Die Katastrophe am Nanga Parbat, der sich anschließende Streit, der durch eine Ehrengerichtssitzung beim Reichssportführer von Tschammer und Osten entschieden wurde, uferte aus zur grundsätzlichen Debatte um die Kompetenz zur Durchführung weiterer Auslandsbergfahrten. Erst die Gründung der Deutschen Himalaja-Stiftung beendete diesen Wettbewerb. Bauer als Fachamtsleiter des Deutschen Reichsbundes für Leibesübungen und als Führer des Deutschen Bergsteigerverbandes setzte sich gegenüber dem Alpenverein und Schneider durch. Die Stiftung besaß von da an das Monopol zur Ausrichtung von Auslandsbergfahrten zwischen 1936 und dem Kriegsbeginn 1939. Nach 1945 verlor die Stiftung diesen Ausschließlichkeitsanspruch, da neue Formen im Bergsteigen gefunden wurden, Konkurrenten erfolgreich auftraten und sich die politischen Rahmenbedingungen vollkommen geändert hatten.

Doch bei dieser Schlußbetrachtung soll es nicht um eine Zusammenfassung der Einzelergebnisse gehen, sondern zumindest um den Hinweis auf die größeren, übergeordneten Zusammenhänge, in denen die Geschichte der Deutschen Himalaja-Stiftung zu sehen ist.

Die Geschichte der Stiftung erscheint eingebettet in drei verschiedene Kontexte, die ihrerseits enge Wechselbeziehungen zueinander aufweisen:

1. Die Himalaja-Stiftung ist nur richtig einzuordnen und zu verstehen, wenn man sie im Kontext des Expeditionsbergsteigens in diesem Jahrhundert sieht. Es läßt sich eine, in Teilen autonom zu behandelnde, Entwicklungsgeschichte des Bergsteigens denken, die auf die technischen und alpinistischen Veränderungen von den zwanziger Jahren bis in unsere Zeit einzugehen hätte. Allein die Ausrüstung und die logistischen Ressourcen bestimmten den Ablauf einer Expedition entscheidend. Auslandsbergfahrten in ferne Gebirge waren in den

zwanziger Jahren nur in der Form von groß angelegten Expeditionen möglich. Jahrelange Vorbereitung und das monatelange Reisen in Asien erforderten eine strategisch exakte, gleichsam militärische Planung. Bergsteiger vom Typ der „Bergvagabunden" hatten überhaupt keine Chance, in den Himalaja zu reisen, da ihnen die Organisationsformen und Finanzierungsmöglichkeiten fehlten. Nach 1945 kam es zu einem vollständigen Paradigmenwechsel im Expeditionsbergsteigen: War vor 1945 eine weitausgreifende Organisation bei der Planung und Durchführung von Expeditionen unabdingbar, waren nun primär andere Fähigkeiten wie PR-Aktivitäten und die Schaffung von Sponsorenkontakten gefragt. Mußte vor 1945 eine Ausrichtung nach staatlichen Institutionen erfolgen, war jetzt ein Geschick für die Nutzung marktwirtschaftlicher Gegebenheiten gefordert. In den dreißiger Jahren war es – aus welchen Gründen auch immer – nützlich gewesen, daß die Rechtsform einer Stiftung die Organisation von Auslandsbergfahrten übernahm. Nach 1945 wurde diese Form des institutionalisierten Bergsteigens wegen ihrer mangelhaften Transparenz eher hinderlich.

Auch die alpinistischen Grundlagen veränderten sich in den fünfziger Jahren grundlegend: Eine Himalaja-Fahrt in den dreißiger Jahren war nur mit einer relativ großen Bergsteigergruppe und vielen Trägern möglich.

In den Fünfzigern dagegen zeichnete sich allmählich die Kleinexpedition ab. Die Gipfel des Himalaja konnten nun im sogenannten Westalpenstil bestiegen werden: Mannschaften mit etwa vier Teilnehmern ohne Hochgebirgsträger und den bisher nötigen Versorgungsaufwand waren im Gebirge sehr mobil und hatten auf ihren Fahrten großen Erfolg.

Eine intensive Erforschung der technischen und organisatorischen Veränderungen mit den jeweils konkurrierenden Modellen und den mittelfristigen Trendveränderungen fehlt in der alpinistischen Literatur und ist als Desiderat zu nennen.

2. Die Geschichte der Deutschen Himalaja-Stiftung ist zweitens eingebettet in die Beantwortung der Frage nach der gesellschaftlichen und geistesgeschichtlichen Plazierung des Bergsteigens vor 1933. In der Zeitgeschichtsforschung ist es längst ein Allgemeinplatz, daß es in den verschiedensten gesellschaftlichen Bereichen Vordenker gab, derer sich der Nationalsozialismus bedienen konnte. Den speziellen Affinitäten des Alpinismus zum Nationalsozialismus und umgekehrt, die bereits in den zwanziger Jahren zu betrachten sind, müßte viel intensiver nachgegangen werden. Hierher gehört etwa die Beobachtung, daß die Bergsteiger um Paul Bauer geprägt waren durch die Erfahrungen des Ersten Weltkrieges; sie waren nach dem Krieg oftmals

Mitglieder von Freikorps gewesen und fanden im Akademischen Alpenverein München geeignetes Umfeld, ihren Maximen der disziplinierten Kameradschaft und des Elitebergsteigens zu leben. Die konkreten Biographien jener Bergsteiger, würde man sie denn systematisch rekonstruieren, könnten in der Tat Aussagen über ein bereits vor 1933 bestehendes Gedankengut ermöglichen, das die Nationalsozialisten dann für ihre Zwecke instrumentalisieren konnten. Das Bergsteigen in den zwanziger und dreißiger Jahren weist, soviel ist heute schon zu erkennen, eine ganze Reihe von Affinitäten zur nationalsozialistischen Ideologie auf. Im Kern geht es um Nationalismus, Militarisierung und Heroisierung. Eine Expedition von Bergsteigern und Wissenschaftlern wurde zur Sache der ganzen Nation. Der „Kampf" um den Berg wurde zu einem Ersatzfeld militärischer Bewährung, Bergbezwinger und Tote am Berg wurden gleichermaßen zu Helden stilisiert, noch bevor der Nanga Parbat in der Mitte der dreißiger Jahre zum „Schicksalsberg der Deutschen" wurde. Gleichwohl wird man sich vor trivialer Kurzschlüssigkeit hüten: Gerade der internationale Vergleich könnte dazu beitragen, das spezifisch Deutsche in diesem Zusammenhang herauszuarbeiten. Es zeigt sich, daß auch andere Bergsteigernationen das Expeditionsbergsteigen nationalistisch aufluden. Soweit man sieht, gab es allerdings sowohl bei den Engländern als auch bei den Schweizern diesen ausgeprägten Mannschaftsgedanken und die soldatische Disziplin nicht.

3. Der dritte Kontext, in dem die Geschichte der Deutschen Himalaja-Stiftung und ihrer Protagonisten zu sehen ist, ergibt sich aus den spezifischen Problemen der Wechselbeziehungen von Bergsteigen und Nationalsozialismus nach 1933.

Das Bergsteigen an sich und selbstverständlich auch die sich damit beschäftigenden Organisationen wurden vom politischen System nach 1933 vereinnahmt und formal nach und nach gleichgeschaltet. Spitzenleistungen auf allen Gebieten und so auch beim Bergsteigen wurden vom nationalsozialistischen Staat zur Sache der Nation erhoben. Im Vergleich aber zu anderen Sportarten, wie den Disziplinen der Leichtathletik, ergaben sich beim Extrembergsteigen – einem Sport in der Natur mit existientieller Bedrohung des Lebens – für die nationalsozialistische Propaganda ganz andere Möglichkeiten, einen spezifischen Heroismus zu stilisieren. Im einzelnen wäre danach zu fragen, wo die Disposition des Extrembergsteigens nach 1933 die Vereinnahmung durch das NS-System selbst anbot, wenn nicht provozierte, und wo die nationalsozialistische Propaganda einen Zugriff auf das Bergsteigen praktizierte, der sich von anderen Formen der totalitären Durchdringung in nichts unterschied.

Gleichzeitig ist unübersehbar, daß die Bergsteiger ihrerseits das Systems benutzten oder glaubten, das System benutzen zu können, wenn es im Sinne ihrer eigenen Ambitionen sinnvoll erschien. Für ihr Ziel, auf die höchsten Berge der Welt zu kommen, ließen sich Bergsteiger auf das System ein. Die Frage, wie man sich in diesem zu verhalten hatte, um seine eigenen Ziele zu erreichen, ist der Ausgangspunkt für eine recht bekannte Rechtfertigungs- und Verteidigungsstrategie, die in ihrer bekanntesten Variante Wernher von Braun formuliert hat: Die Raketenbauer von Peenemünde wollten – so beteuerten sie nach 1945 – eigentlich eine Rakete zum Mond schießen. Um die Grundlagenforschung für diesen Plan während der Zeit des Nationalsozialismus überhaupt betreiben zu können, seien sie auf die Wünsche der Nazis eingegangen und hätten an einer Rakete gegen London gearbeitet. Das eigentliche Ziel sei aber weiterhin der Mond geblieben. Ganz ähnlich würde es bei den Bergsteigern heißen: Um auf die Berge zu kommen, hätten sie das politische System der Nationalsozialisten für ihre Ziele benutzt, ohne die politischen Konnotationen und die ideologischen Prämissen übernommen zu haben.

Prinzipiell bieten sich somit drei Erklärungsvarianten an, wie das Verhältnis zwischen den Bergsteigern und dem politischen System des Nationalsozialismus zu sehen ist:

Die erste Variante zielt darauf ab, daß beim Verhältnis zwischen der Bergsteigerei und der NS-Bewegung von einer autochthonen Gleichgestimmtheit auszugehen sei, weil beide vergleichbare Wurzeln gehabt hätten.

Eine zweite Variante stellt die Vereinnahmungsthese in den Vordergrund. Zwar geschah diese Instrumentalisierung auch bei anderen Sportarten – auch wenn der Bergsteiger Probleme damit hat, als Sportler bezeichnet zu werden –, doch im Bereich des Alpinismus fiel diese besonders leicht, weil es hier erhebliche und sehr naheliegende Verknüpfungsmöglichkeiten zum Sozialdarwinismus nationalsozialistischer Prägung gab.

Die dritte Variante geht vom Bergsteiger als Opportunisten aus. Die Spitzenbergsteiger der dreißiger Jahre wollten in die Berge des Himalaja. Sie waren dabei auf staatliche Unterstützung angewiesen und ließen sich deshalb wie die Raketenbauer von Peenemünde auf den Nationalsozialismus ein.

Eine genauere Untersuchung, die sich intensiv mit dem Quellenmaterial zu beschäftigen hätte, würde zur Präzisierung dieser Verhaltensweisen beitragen. Nicht zu verkennen ist allerdings in allen diesen Fällen auch das persönliche Moment. Quasi im Brennspiegel des Interesses um die Geschichte der Deutschen Himalaja-Stiftung steht die Person Paul Bauer, der über Jahrzehnte deren treibende Kraft war. Er ist wegen

seiner Aktivitäten im Fachamt Bergsteigen im Reichsbund für Leibesübungen bis heute nicht unumstritten.
Seine Erfolge als Bergsteiger und Organisator stellen
ihn auf eine Stufe mit anderen prägenden Persönlichkeiten der Alpinismusgeschichte. Hierauf gründet
sein internationales Ansehen bis heute. Vor allem bei
denen, die ihm persönlich nahestanden, schwingen
ganz andere Motive mit, wenn über Paul Bauer und sein
Verhalten während der Zeit des Nationalsozialismus
gesprochen wird. Die verfügbaren Quellen allein sind
nicht in der Lage, diese Person letztendlich einzuordnen
und ihr gerecht zu werden. Der Historiker kann auf die
Lücken in der Überlieferung aufmerksam machen, sie
zu schließen, indem er den Boden der Überprüfbarkeit
verläßt, steht ihm allerdings nicht zu.

Das Kapitel Deutsche Himalaja-Stiftung ist nun
geschlossen. Der Geschichtswissenschaft hat sie neben
einem umfangreichen Archiv sich sozusagen selbst als
Objekt erhalten. Der sorgfältige und sensible Umgang
mit der Vergangenheit der Stiftung verpflichtet zur
Objektivität und verzichtet auf überlieferte Lobeshym-
nen und vorschnelle Verurteilungen.
Mit diesem Buch sollte ein weiterer Schritt zur
Aufarbeitung des wechselvollen Verhältnisses zwischen
dem Alpinismus und der Gesellschaft getan werden.
Weitere werden folgen.

Von der Himalaja-Stiftung geförderte Expeditionen

1936	Kundfahrt zum Siniolchu, Leitung: Paul Bauer
1937	Deutsche Nanga-Parbat-Expedtion, Leitung: Dr. Karl Wien
1937	Bergungsfahrt zum Nanga Parbat, Leitung: Paul Bauer
1938	Deutsche Nanga-Parbat-Expedition, Leitung: Paul Bauer
1939	Deutsche Nanga-Parbat-Kundfahrt, Leitung: Peter Aufschnaiter
1953	Deutsche Kordilleren-Kundfahrt, Leitung: Fritz März
1954	Deutsch-Österreichische Himalaja-Karakorum-Expedition, Leitung: Mathias Rebitsch
1955	Deutsche Nepal-Expedition, Leitung: Heinz Steinmetz
1955	Frankfurter Himalaja-Expedition, Leitung: Reinhard Sander (Ziel: zum Chogo-Lungma-Gletscher im Karakorum, Besteigung des Pyramid Peak und des Mount Lungma)
1959	Deutsche Karakorum-Expedition, Leitung: Dr. Hans-Jochen Schneider
1969	Deutsche Kangchendzönga-Expedition, Leitung: Dipl.-Phys. Dietrich von Dobeneck, Erstbesteigung des Süd- (8494 m) und des Westgipfels (8438 m) des Kangchendzönga
1970	Karakorum-Kundfahrt
1972	Manaslu-Expedition
1973	Deutsche Himalaja-Expedition, Leitung: Dr. Klaus Schreckenbach
1974	Österreichische Himalaya-Expedition 1974 zum Makalu (8481 m), Leitung: Wolfgang Nairz
1974	I. Polnisch-Deutsche Akademische Karakorum-Expedition
1975	Deutsch-Österreichische Himalaja-Expedition (Kangchendzönga-Westgipfel), Leitung: Siegfrid Aeberli
1976	Himalaja-Expedition der Sektion „Alpenclub Berggeist"
1976	Schwäbische Himalaja-Expedition, Leitung: Dr. Gerhard Schmatz, Schirmherrschaft: Deutsche Himalaja-Stiftung, Ministerpräsident Dr. Hans Filbinger
1976	Göppinger Himalaja-Karakorum-Expedition (Erstbesteigung des Batura I)
1978	ÖAV-Expedition zum Mount Everest/Lhotse
1978	Tso-Morari-Kundfahrt (Westtibet), Leitung: Horst Huber
1978	Nepal-Kundfahrt 1978, u.a. Dietrich von Dobeneck
1978	Internationale Makalu-Expedition
1978	Forschungsfahrt Langtang 1978, Leitung: Prof. Dr. Helmut Heuberger
1979	Deutsche TSANGPO Kajak Expedition, Leitung: Otto Huber
1979	K2-Expedition 1979 (Erstbesteigung des Südpfeilers ohne Sauerstoffgerät), Reinhold Messner und Michael Dacher
1979	Schwäbische Mount-Everest-Expedition, Leitung: Dr. Gerhard Schmatz

1979   Coburger Andenfahrt
1980   Deutsche Skiexpedition zur Annapurna I (8091 m), Leitung: Gustav Harder,
        Organisation: Gustav Harder und Günter Sturm, DAV Berg- und Skischule
1980   Erste Deutsche Tibetexpedition zum Shisha Pangma (8046 m), Leitung: Günter Sturm
1980   Everest-Solo Nord (Reinhold Messner)
1982   Anden-Expedition des Akademischen Skiclubs München, Leitung: D. von Dobeneck
1982   Gasherbrum-I-(8068 m)-NW-Wand, Günter Sturm
1982   Reinhold-Messner-Expedition
1982   Cho-Oyu-Expedition, Leitung: Wolgang Nairz
1983   Manaslu-Expedition des DAV; Erstbegehung des Südgrates, Leitung: Günter Härter
1983   Geologische Feldforschung in Tibet
1984   Reinhold-Messner-Expedition
1984   Süd- und Nordtiroler Himalaya-Expedition (Dhaulagiri, 8172 m)
1984   Deutsche Minya-Konka-Expedition (Gongga Shan, China), Leitung: Dr. Gerhard Schmatz
1984   Manaslu-Expedition 1984
1985   Diamir-Flanke des Nanga Parbat und Dhaulagiri, Michael Dacher
1985   Nanga Parbat '85, Leitung: Dr. Georg Schmatz
1986   Manaslu und Broad Peak, Michael Dacher
1987   DAV-Expedition zum Gasherbrum, Leitung: Michael Dacher
1987   Tibet-Expedition des Akademischen Skiclubs München (ASCM)
1988   Deutsche Makalu-Expedition
1988   Nanga-Parbat-Expedition, Leitung: Dr. H. Gundelach
1988/89 Karakorum-Expedition, Deutsche Bergfahrer-Expedition
1988   DAV-Expedition zum Gasherbrum, Leitung: Michael Dacher
1989   Makalu-Expedition, Leitung: Michael Dacher
1989   Cho-Oyu-Expedition (8000 m), Leitung: Sigi Hupfauer
1990   Ama-Dablam, Nepal; Leitung: Rainer Bolesch
1990   Exploration Nepal durch den DAV Summit Club
1991   DAV-Expedition zum Mount Everest
1991   Karakorum-Expedition zum K 2, Leitung: Sigi Hupfauer, Schirmherr: Bundesminister Dr. Theo Waigel
1992   AAVM Kangchenjunga-Expedition, Leitung: Wolfgang Sinnwell
1993   Mount-Everest-Expedition

Bergsteiger und Wissenschaftler der Expeditionen zwischen 1929 und 1959

Allwein, Eugen (1900–1982): 1929, 1931
Aschenbrenner, Peter (1902–1998): 1932, 1934
Aufschnaiter, Peter (1899–1973): 1929, 1931, 1939

Balke, Bruno: 1938
Bardodej, Rudolf (1912–?): 1959
Bauer, Paul (1896–1990): 1929, 1931, 1936, 1937, 1938
Baumert, Hans (1914–?): 1959
Bechtold, Fritz (1901–1961): 1932, 1934,1937, 1938
Beigel, Ernst (1923–1940): 1929
Berger, Hermann (1926–?): 1959
Bernard, Willi (1903–?): 1934
Bernett, Paul: 1954
Biller, Harald (1930–1980): 1955
Bogner, Willy sen. (1909–1977): 1959
Brenner, Julius (1896–1967): 1929, 1931

Chicken, Lutz (*1915): 1939
Chlingensperg, Rolf von (1906–1945): 1938

Drexel, Alfred (1900–1934): 1934

Ebermann, Alfred (1908–1951): 1938

Fendt, Wilhelm (1904–1994): 1929, 1931
Fankhauser, Pert (1909–1937): 1937
Finsterwalder, Richard (1899–1963): 1934

Göttner, Adolf (Adi) (1914–1937): 1936, 1937

Hamberger, Hugo: 1932
Harrer, Heinrich: (*1912): 1939
Hartmann, Hans (1908–1937): 1931, 1937
Heckler, Karl (?–1954): 1954
Heckmair, Andreas (Anderl) (*1906): 1954
Hepp, Günter (1909–1937): 1936, 1937
Hieronimus, Hanns: 1934

Klamert, Gerhart (*1924): 1954, 1959
Kraus, Karl von (1906–1968): 1936, 1937
Kuhn, Emil: 1937
Kunigk, Herbert (?–1980): 1932

Leupold, Joachim (1903–1983): 1929, 1931
Lobbichler, Fritz (1926): 1954, 1959

Lobenhoffer, Hans: 1939
Luft, Ulrich C. (1908–1991): 1937, 1938

Mense, Rudolf (Bordfunker der Ju 52): 1938
Merkl, Wilhelm (Willy) (1900–1934): 1932, 1934
Meyer, Dolf: 1954
Misch, Peter: 1934
Müllritter, Peter (1906–1937): 1934, 1937

Neureuther, Gottfried (1914–1998): 1959

Pfaffen, Karl Heinz: 1954
Pfeffer, Martin (1908–1937): 1937
Pillewizer, Wolfgang: 1954
Pircher, Hans (1909–1994): 1931

Raechl, Walter (1902–1934, Watzmann): 1934
Rebitsch, Mathias (1911–1966): 1938, 1954
Ruths, Hans-Herbert (1910–1966): 1938

Schaller, Hermann (1906–1931): 1931
Schließler, Martin (Martl) (*1929): 1954
Schneider, Erwin (1906–1987): 1934
Schneider, Hans-Jochen (*1923): 1959
Schumacher, Eugen (?–1973): 1954
Simon, Felix (1886–1966): 1932
Spengler, Otto (Bordmonteur der Ju 52) (1886–1962): 1938
Steinmetz, Heinz (*1927): 1955
Stocker, Erwin (*1928): 1959

Thoenes, Alexander (Lex) (1906–1944): 1929, 1931, 1938
Troll, Carl (1899–1975): 1937

Wellenkamp, Jürgen (1930–1956): 1955
Welzenbach, Wilhelm (Willo) (1900–1934): 1934
Wieland, Ulrich (?–1934): 1934
Wien, Karl (Carlo) (1906–1937): 1931, 1936, 1937
Wienert, Karl (1913–1992): 1954
Wießner, Fritz (1900–1988): 1932

Zeitter, Hans: 1954
Zuck, Stefan (?–1941): 1938

Mitglieder des Beirates von 1950 bis 1996 der Deutschen Himalaja-Stiftung

Ab 1957: Himalaja-Stiftung im DAV, Deutsche Himalaja-Stiftung

Dr. Eugen Allwein †, Arzt in München

Peter Aufschnaiter †, Dipl. Landwirt,
 Kathmandu/Kitzbühel

Paul Bauer †, Notar i.R., München

Fritz Bechtold †, Ing., Roth bei Nürnberg

Prof. Dr. Rudolf Brendel †, Ludwig-Maximilians-
 Universität München

Dr. Walter Dieck, Bank-Vorstandsmitglied, München

Dietrich von Dobeneck, Dipl. Physiker, München

Prof. Dr. Norman G. Dyhrenfurth, Salzburg

Wilhelm Fendt †, Dipl. Kfm., München

Ernst Grob †, Fabrikant, Schweiz

Dr. Bernhard Hauser, Rechtsanwalt, München

Prof. Dr. Helmut Heuberger, Geograph,
 Universität Salzburg

Prof. Dr. Walter Hellmich †, Zoologe an der
 Universität München

Dr. Konrad Kirch, Jurist, München

Senator E.h. Gerhart Klamert, Rechtsanwalt,
 München/Samerberg

Dr. phil. Heinrich Klier, Schriftsteller, Innsbruck

Dr. Karl von Kraus †, Arzt in München/Dresden

Herbert Kunigk †, Dipl. Ing., München

Joachim Leupold †, Dipl. Kfm., München

Fritz Lobbichler, Studiendirektor, Bozen

Dr. Ulrich C. Luft †, Physiker, Pasadena/USA

Ludwig Müller, Ministerialdirigent in München

Wolfgang Nairz, Bergführer, Innsbruck/Tirol

Dr. Gottfried Neureuther †,
 Arzt in Garmisch-Partenkirchen

Prof. Dr. Wolfgang Pillewizer †,
 Geograph an der Universität Wien

Professor Mathias Rebitsch †, Innsbruck

Dr. Herbert Richter, Botschafter i.R., München

Dr. Gerhard Schmatz, Notar, Ulm

Prof. Dr. Hans-Jochen Schneider, Geologe, Simbach/Inn

Heinz Steinmetz, Industriekaufmann, Riegsee/Murnau

Günter Sturm, Bergführer/Kaufmann, Beuerberg

Prof. Dr. Walter Welsch, Professor für Erdvermessung
 an der Universität der Bundeswehr, München,
 sowie Referent für Wissenschaft und Kultur
 des DAV

Erst 1950 wurde der Beirat der Stiftung gegründet. Davor gab es
den Aufsichtskreis der Stiftung, dem der Reichssportführer vorstand.
Vgl. dazu Brief Paul Bauers als gesetzlicher Vertreter der Deutschen
Himalaja-Stiftung an die Regierung von Oberbayern, München, vom
22.12.1950, Archiv der Stiftungsaufsicht bei der Regierung von
Oberbayern, München.

Glossar

AAVM	Akademischer Alpenverein München, ein kleiner selbständiger Alpenverein außerhalb des DuÖAV bzw. des heutigen DAV, der sich als Elitegemeinschaft verstand.
DAV	Deutscher Alpenverein a) der 1869 gegründete und 1873 mit dem ÖAV verschmolzene Verein b) der 1938 als großdeutscher Verein aus dem DuÖAV entstandene Deutsche Alpenverein. c) der neugegründete, bzw. wiedergegründete Deutsche Alpenverein nach dem Zweiten Weltkrieg.
DHE 1934	Deutsche Himalaya-Expedition 1934
DHS	Deutsche Himalaja-Stiftung, die 1936 gegründet und 1998 aufgelöst wurde. Offizielle Bezeichnung seit ihrem Beitritt zum DAV im Jahr 1957: Himalaja-Stiftung im DAV (Deutsche Himalaja-Stiftung).
DKE	Deutsche Karakorum-Expedition 1959
DNE	Deutsche Nanga-Parbat-Expedition 1937 bzw. 1938
DÖHKE	Deutsch-Österreichische Himalaja-Karakorum-Expedition 1954
DuÖAV	(auch DuOeAV) Der Deutsche und Österreichische Alpenverein, der 1873 aus dem Zusammenschluß des ÖAV (OeAV), gegründet 1863, und des DAV, gegründet 1869, entstand.
HV	Hauptversammlung des Gesamtvereins DuÖAV oder DAV
NPE	Nanga-Parbat-Expedition
NSDAP	Nationalsozialistische Deutsche Arbeiterpartei
ÖAK	Österreichischer Alpenklub
SS	Schutzstaffel
VA	Verwaltungsausschuß des DuÖAV oder des DAV

Quellenverzeichnis

Ungedruckte Quellen:
Dem Verfasser stand das umfangreiche Archivmaterial der Deutschen Himalaja-Stiftung zur Verfügung. Es lagert im Zentralen Archiv des Deutschen Alpenvereins auf der Praterinsel in München. Mit der Auflösung der Deutschen Himalaja-Stiftung sind diese Unterlagen Eigentum des Deutschen Alpenvereins geworden. Der Aktenbestand konnte jedoch bisher noch nicht systematisch geordnet und mit Signaturen versehen werden.

Gedruckte Quellen:
Periodika:
Der Bergsteiger,
Hakenkreuzbanner Mannheim,
Jahrbuch des Deutschen Alpenvereins (Alpenvereinszeitschrift),
Mitteilungen des Deutschen Alpenvereins,
Mitteilungen des D.u.Ö.A.V.,
Mitteilungen des Fachamtes Bergsteigen im Deutschen Bergsteiger- und Wanderverband im Deutschen Reichsbund für Leibesübungen,
Mitteilungen des ÖAV,
Münchner Neueste Nachrichten,
Neue Berliner Zeitung,
Neues Münchener Tagblatt,
Österreichische Alpenzeitung,
Süddeutsche Zeitung,
Statesman,
Vereinsnachrichten des Hauptausschusses des D.u.Ö.A.V.
Völkischer Beobachter,
Zeitschrift des D.u.Ö.A.V. (Jahrbuch)

Bildverzeichnis:
Nahezu alle Abbildungen dieses Buches stammen aus dem Archiv der Deutschen Himalaja-Stiftung, das als eigener Bestand im Zentralarchiv des DAV auf der Praterinsel in München geführt wird.
Darüber hinaus wurden folgende Bilder zur Verfügung gestellt:
S. 9 Mitte: Zentralarchiv des DAV, Nachlaß Fritz Schmitt; S. 9 rechts: entnommen aus: Dieter Steinhöfer, Hans von Tschammer und Osten, Berlin 1973, S. 17; S. 27: Familie Dr. Eugen Allwein; S. 52 rechts: Prof. Dr.-Ing. Rüdiger Finsterwalder

Allwein, Eugen: Deutsche Himalaja-Expedition 1929, in: Österreichische Alpenzeitung. Organ des Österreichischen Alpenklubs, 52. Jahrg. 1930, Folge 1093–1104, S. 89–93.

Ders.: Willo Welzenbachs Bergfahrten. Unter Mitwirkung von Eugen Allwein, hrsg. vom Akademischen Alpenverein München, Berlin 1935 (1.–3. Tsd.).

Bauer, Paul: Der Vorstoß zum Kangchendzönga. Vorläufiger Bericht über die Deutsche Himalajaexpedition 1929, in: Jahresbericht d. Akademischen Alpenvereins München, 1929.

Ders.: Deutsche Himalayafahrt 1929, in: Velhagen und Klasings Monatshefte, Jg. 44, Heft 11, Berlin 1930, S. 497–505.

Ders.: Im Kampf um den Himalaja. Der erste deutsche Angriff auf den Kangchendzönga 1929, 1. u. 2. Aufl. München 1931.

Ders.: Die Deutsche Himalaja-Expedition 1931 (Schlußbericht), in: Österreichische Alpenzeitung, Organ des Österreichischen Alpenklubs, 54. Jahrg. 1932, Folge 1117–1128, S. 74–79.

Ders.: Um den Kantsch. Der zweite deutsche Angriff auf den Kangchendzönga 1931, München 1933.

Ders.: Kampf um den Himalaja. Das Ringen der Deutschen um den Kantsch, den zweithöchsten Berg der Erde, 1. Aufl. München 1934, 3. Aufl. München 1943.

Ders.: Auftreten der deutschen Bergsteiger im Ausland, in: Deutscher Bergsteiger- und Wanderverband, Mitteilungen des Fachamtes Bergsteigen im Deutschen Reichsbund für Leibesübungen, Nummer 2, November 1934, S. 1.

Ders. (Hrsg.): Auf Kundfahrt im Himalaja. Siniolchu und Nanga Parbat – Tat und Schicksal deutscher Bergsteiger, München 1937, englische Auflage London 1938.

Ders.: Die Bezwingung des Siniolchu, in: Deutsche Rundschau 1937, Jg. 64, Nov.-Heft, S. 93–102.

Ders.: Kampf um den Himalaja. Mit 4 Karten- und 19 Bild-Skizzen, Donauwörth 1949.

Ders.: Das Ringen um den Nanga Parbat 1856–1953. Hundert Jahre bergsteigerischer Geschichte, München 1955.

Paul Bauer. Wegbereiter für die Gipfelsiege von heute. Zusammengestellt aus Paul Bauers Bergbüchern und Expeditionsberichten, hrsg. von der Himalaja-Stiftung im DAV, Deutsche Himalaja-Stiftung Berwang/Tirol 1987.

Bechtold, Fritz: Deutsche am Nanga Parbat. Der Angriff 1934 (21.–30. Tsd.) München 1934; (41.–50. Tsd.) München 1934; Deutsche am Nanga Parbat, 9. Aufl. München 1940; Deutsche am Nanga Parbat, 12. Aufl. München 1944.

Ders.: Der Kampf um den Nanga Parbat, in: Finsterwalder, Richard, Walter Raechl (†), Peter Misch, Fritz Bechtold: Forschung am Nanga Parbat. Deutsche Himalaya-Expedition 1934 (= Sonderveröffentlichung der Geographischen Gesellschaft zu Hannover), Hannover 1935, S. 127 ff.

Brauen, Martin (Hrsg.): Peter Aufschnaiter. Sein Leben in Tibet, Innsbruck 1983.

Deutsche Himalaja-Stiftung München (Hrsg.): Nanga Parbat. Berg der Kameraden. Bericht der Deutschen Himalaya-Expedition 1938, aus Tagebüchern von Bruno Balke, Fritz Bechtold, Rolf v. Chlingensperg, Alfred Ebermann, Uli Luft, Herbert Ruths, Lex Thoenes, mit einem Vorwort von Paul Bauer, Berlin 1943.

Dyhrenfurth, Günter Oskar: Die Internationale Himalaya-Expedition 1930, in: Zeitschrift der Gesellschaft für Erdkunde zu Berlin, Nr. 1/2 1931, S. 14–34.

Ders.: Das Buch vom Nanga Parbat, Die Geschichte seiner Besteigung 1895–1953, München 1954.

Ders.: Das Buch vom Kantsch, Die Geschichte seiner Besteigung, München 1955.

Ders.: Der Dritte Pol, München 1960.

Ertl, Hans: Meine wilden dreißiger Jahre, München–Berlin 1982.

Finsterwalder, Richard; Raechl, Walter (†); Misch, Peter; Bechtold, Fritz: Forschung am Nanga Parbat. Deutsche Himalaya-Expedition 1934 (= Sonderveröffentlichung der Geographischen Gesellschaft zu Hannover), Hannover 1935

Harrer, Carina: Heinrich Harrer, Alle Träume des Lebens beginnen in der Jugend, Innsbruck–Frankfurt a. Main 1988.

Hartmann Hans: Das Absinken der oberen Hörgrenze als Indikator für die Beeinträchtigung der sensorischen Funktionen bei Sauerstoffmangel, von Hans Hartmann und Fr. Noltenius, München-Berlin 1936.

Ders. (†): Ziel Nanga Parbat. Tagebuchblätter einer Himalaja-Expedition, Berlin 1938 .

Ders. (†), Hepp, Günter (†), Luft, Ulrich: Physiologische Beobachtungen am Nanga Parbat 1937/38, 1941.

Herrligkoffer, Karl Maria: Nanga Parbat, Sieben Jahrzehnte Gipfelkampf in Sonnenglut und Eis, Berlin–Frankfurt–Wien 1967.

Ders.: Kampf und Sieg am Nanga Parbat, Stuttgart–Salzburg–Zürich 1971.

Ders.: Sieg am Kanchenjunga, München, 1. Aufl. 1983.

Herzog, Theodor (Hrsg.): Der Kampf um die Weltberge, München 1934.

Kick, Wilhelm (†) (Hrsg.): Forschung am Nanga Parbat, Geschichte und Ergebnisse (= Beiträge und Materialien zur Regionalen Geographie, Heft 8), Berlin 1996.

Kurz, Marcel: Fünfte Deutsche Nanga-Parbat-Expedition 1939, in: Die Alpen. Monatsschrift des Schweizer Alpenclubs, Januar 1940, S. 182–189.

Luft, Ulrich: Die Steigerung der Höhenfestigkeit durch Anpassung, aus: Wiener klinische Wochenschrift, Jg. 52, 1939, Nr. 37.

Ders.: Zur Verwendung von Höhenatemgeräten auf Himalajaexpeditionen, aus: Luftfahrtmedizin, Bd. 6 1941, H. 1, S. 45–48.

März, Fritz; Steinmetz, Heinz; Wellenkamp, Jürgen: Deutsche Kordilleren-Kundfahrt 1953, in: Jahrbuch des Deutschen Alpenvereins (Alpenvereinszeitschrift, Band 79) 1954, S. 24–38.

Messner, Reinhold: Die rote Rakete am Nanga Parbat. Drehbuch zu einem Film, der nie gezeigt werden kann, München 1971.

Ders.; Höfler, Horst (Hrsg.): Hermann Buhl, Kompromißlos nach oben, Augsburg 1997.

Müller, Tilman; Lehner, Gerald: Ein Held mit braunen Flecken, in: stern 23/1997, S. 250–30.

Rebitsch, Mathias: Bergfahrten im Süd-Perú („Von der Österreichisch-italienisch-schwedischen Cordilleren-Expedition 1952"), in: Jahrbuch des Deutschen Alpenvereins (Alpenvereinszeitschrift, Band 78) 1953, S. 79–85.

Ders.: Deutsch-Österreichische Himalaja-Karakorum Expedition 1954, in: Jahrbuch des Deutschen Alpenvereins (Alpenvereinszeitschrift, Band 80) 1955, S. 103–115.

Skuhra, Rudolf: Sturm auf die Throne der Götter, 1. Aufl. München 1939, erweiterte Ausgabe mit dem Zusatz: Himalaja-Expeditionen 1921–1948, Berlin 1950.

Schneider, Erwin: Die 1. Besteigung des Huascarans, in: Der Bergsteiger. Deutsche Monatsschrift für Bergsteigen, Wandern und Skilaufen, Herausgegeben vom D.u.Ö. Alpenverein, 3. Jahrgang, 1. Band Oktober 1932 bis September 1933, S. 57–62.

Schneider, Hans-Jochen: Zwischen Karakorum und Hindukusch. Die bergsteigerische und wissenschaftliche Tätigkeit der Deutschen Karakorum-Expedition 1959, in: Jahrbuch des Deutschen Alpenvereins (Alpenvereinszeitschrift, Band 85) 1960, S. 117–129.

Steinmetz, Heinz: Vier im Himalaya. Erlebnisbericht zur Deutschen-Nepal-Expedition 1955, München 1956.

Ders.: Deutsche Nepal-Expedition 1955, in: Jahrbuch des Deutschen Alpenvereins (Alpenvereinszeitschrift, Band 81) 1956, S. 87–94.

Ders.; Wellenkamp, Jürgen: Nepal. Ein Sommer am Rande der Welt. Bildband der Deutschen Nepal-Expedition 1955, München 1955.

Trenker, Luis: Die Helden vom Nanga Parbat, in: ders.: Helden am Berg, Stuttgart 1956, S. 252–302.

Trenker, Luis; Dumler, Helmut: Die höchsten Berge der Welt. Erlebnisse der Erstbesteiger, München 1974, 2. Aufl. 1980.

Weg und Ziel Nanga Parbat 1895–1953. Nach einem Manuskript von Bergführer Hans Reischl völlig neu bearbeitet von Arthur Werner, Wien 1954.

Welzenbach, Wilhelm (Willo): Wilhelm Welzenbachs Bergfahrten, 1.–3. Tausend, Berlin 1935, 6.–10. Tsd. Berlin 1942.

Weyer, Helfried; Dyhrenfurth, Norman G.: Nanga Parbat. Der Schicksalsberg der Deutschen, Karlsruhe 1980.

Wien, Karl (Hrsg.): Das Kantschtagebuch. Von Hans Hartmann, 1. Aufl. München 1934, neubearb. Aufl. München 1937.

Dank

248

Dank gilt zunächst Senator E.h. Gerhart Klamert, dem langjährigen Vorsitzenden der Deutschen Himalaja-Stiftung. Es war ihm ein persönliches Anliegen, daß diese Arbeit entstand und als Buch erscheint. Ferner Dr. Helmuth Zebhauser, dem Kulturbeauftragten des DAV, für seine intensive Unterstützung, für viel Verständnis und wertvolle Kritik – ohne ihn wäre dieses Buch nie zustande gekommen –, Maike Trentin-Meyer M. A., der Leiterin des Alpinen Museums, für ihre ideelle Unterstützung der Arbeit, Prof. Dr. Hans-Michael Körner, Lehrstuhlinhaber für die Didaktik der Geschichte an der Ludwig-Maximilians-Universität München, für seine fachliche und redaktionelle Hilfe, die mir die Arbeit mit diesem Thema ungemein erleichterte. Prof. Dr. Walter Welsch, Referent für Wissenschaft und Kultur des DAV, und Heinz Steinmetz halfen mit kritischen Fragen als Insider.

Dank an Reinhold Messner für sein Vorwort zu Paul Bauer. An Waltraud Eberharter, Sachbearbeiterin bei der Stiftungsaufsicht bei der Regierung von Oberbayern in München, und an alle Mitarbeiter des Alpinen Museum und der Bibliothek des Deutschen Alpenvereins.

Ganz herzlich möchte ich mich aber bei meinen Eltern bedanken, die mir ideell und materiell unter die Arme griffen. Bei meinen Freunden für ihre Unterstützung und ihre Kritik.

Der Herausgeber dankt Herrn Dr. Walter Dieck, der über Jahrzehnte mit seiner Sekretärin Anne Wierer deren Bücher führte, sowie Frau Roswitha Tausche, die 25 Jahre für die Deutsche Himalaja-Stiftung tätig war.

Peter Mierau